L'AUTRE, CET INFINI

DES MÊMES AUTEURS

Pauline BEBE

Le Judaïsme libéral, Grancher, 1993
Isha : dictionnaire des femmes et du judaïsme, Calmann-Lévy, 2001
Peut-on faire le bonheur de ses enfants ?, Éd. de l'Atelier, 2003
Qu'est-ce que le judaïsme libéral ?, Calmann-Lévy, 2006
À l'ombre du tamaris : une philosophie de la vie pour aujourd'hui, Presses de la Renaissance, 2010

Catherine BENSAID

Aime-toi, la vie t'aimera, Robert Laffont, 1992
Histoires d'amour, histoire d'aimer, Robert Laffont, 1996
Je t'aime, la vie, Robert Laffont, 2000
La Musique des anges, Robert Laffont, 2003
Qui aime quand je t'aime (avec Jean-Yves Leloup), Albin Michel, 2005

CATHERINE BENSAID
PAULINE BEBE

L'AUTRE, CET INFINI

Dialogue autour de l'amour et de l'amitié

ROBERT LAFFONT

Nous souhaitons remercier, à Tel-Aviv, la maison d'édition Dvir pour son aimable autorisation à reproduire en hébreu les quatre midrashim du Sefer Ha-Aggada, de Hayim Nahman Bialik et Yehoshua Hana Ravnitzky, publiés pour la première fois à Odessa en 1908-1911, et dont l'édition fut révisée en 1952.

ISBN : 978-2-221-10997-7

À la mémoire de mes parents
Éliane Nathan-Bebe et Maurice Bebe,

Au rabbin Tom Cohen,
À Tali, Shana, Elon et Galit Cohen,

Et à tous ceux qui ont inspiré l'écriture de ce livre.

Introduction

Deux rencontres à l'origine de ce livre : celle avec le rabbin Pauline Bebe, et celle que cette rencontre a initiée avec la pensée juive. Reste toujours un mystère le chemin qui nous mène vers l'autre, et le temps où l'on se met en route, ensemble.

Le rabbin Pauline Bebe m'a peu à peu laissée venir à un judaïsme dont j'ignorais presque tout. Elle m'a autorisée à l'approcher, à ma façon ; sans son esprit ouvert, « libéral » et profondément rigoureux, sans l'intelligence et la chaleur de son accueil, je me serais maintenue loin de mes propres origines. Je ne suis pas la seule à être juive, sans savoir comment je le suis. À avoir laissé filtrer dans mes mots et ma forme de pensée un judaïsme dont, cependant, je n'avais pas connaissance – j'insiste, car je m'en étonne encore. C'est la découverte du midrash, la jubilation à étudier, la passion du Texte, le bonheur de lire certains auteurs qui m'ancrent de plus en plus dans la connaissance de ma langue maternelle et paternelle ; langue que mes parents portaient en eux, mais qu'ils ne parlaient pas. Ils étaient juifs, dans leur cœur et dans leur âme, mais leur immense curiosité et leur grande culture ne s'étaient pas orientées vers une connaissance des textes bibliques, ni l'observance de rites religieux. Une médecine profondément humaniste pour mon père, toujours attentif à la qualité et la justesse de la relation à l'autre ; « un médecin dans son temps » est le titre d'un recueil de ses articles (parus en

1995, aux éditions du Seuil) ; il signe un esprit en éveil et toujours concerné par son époque, tant sur un plan médical, psychanalytique, social, littéraire que politique. Et pour ma mère, musique, musique… et encore musique. La musique des langues et le langage de la musique, ainsi que d'autres champs d'intérêt que la passion de l'opéra et de la voix avait éveillés en elle : une connaissance du corps dans une approche plus énergétique (yoga, respiration, mécanismes en jeu dans la pratique du chant), amour de la littérature, des biographies, de la poésie et des dictionnaires… L'un et l'autre cultivaient un humour et une autodérision permanents. Humour juif?

En ce sens, mon judaïsme, car je suis convaincue que nous avons chacun le nôtre, n'est pas de revenir à mes racines connues mais inconnues. Ce après avoir pris d'autres chemins, tels le bouddhisme et le taoïsme qui ont accompagné mes études et ma pratique de l'acupuncture, et la psychanalyse, qui a des points communs avec le judaïsme. Tels l'art de l'écoute et de l'interprétation, l'amour des mots et leurs multiples facettes, mais aussi celui de répondre à une question par une autre question, offrant ainsi à l'interlocuteur l'espace nécessaire pour trouver sa propre inspiration et découvrir par lui-même la réponse la mieux appropriée. Certains juifs, comme Freud, sont allés puiser chez les Grecs ce que d'autres cherchent en Orient. Là encore je me souviens d'une phrase, celle d'une cousine qui « pratiquait » : « Tu vas chercher dans les philosophies orientales ce que tu ne veux pas voir dans ta propre religion. » Mes lectures de textes philosophiques, poétiques et psychanalytiques bien entendu, ne s'étaient pas orientées vers la Bible. Je l'ai découverte, lors de traversées dans le désert, par l'enseignement de Jean-Yves Leloup qui parcourait la Genèse, ainsi que la vie des Patriarches et des Prophètes, Abraham, Élie, Moïse… Ce fut une révélation. Et mon esprit vierge de toute éducation religieuse, laquelle peut laisser de belles mais parfois difficiles empreintes, recevait avec enthousiasme une tradition dont la richesse et la justesse me bouleversaient. Les textes me parlaient, et je pourrais dire que j'y voyais écrit, si merveilleusement écrit, l'écho de mes propres pensées. Ils me rejoignaient dans une recherche qui était la mienne depuis si longtemps.

Introduction

Je sais combien il est difficile pour certains d'évoquer le nom de Dieu, nom impensable avant d'être imprononçable. Chacun a ses raisons et peut voir du côté de la déraison de « croire en Dieu ». Pour ma part, il ne s'agit pas de croire ou de ne pas croire, l'évidence de la Présence est au-delà des mots ; même si la lecture des Textes occupe une place essentielle... Dans ce livre, nous avons commenté quatre midrashim. Le midrash, parfois commentaire d'un verset biblique, se présente comme une courte histoire humoristique et poétique, tout en étant très réaliste et pleine de sagesse. Il n'est pas pure spéculation intellectuelle, car il trouve son application directe dans chaque acte du quotidien : il est éthique de la relation à l'autre, inspirée par la relation au tout Autre. « Le Dieu qui, de toute éternité, est en toi, ne doit pas y résider comme étranger à toi, mais comme l'Autre de ton intimité même. À la fois infiniment autre, et infiniment proche[1]. »

Ce conte métaphorique fait toujours référence à l'autre, cet infini. Cet autre en nous, toujours en devenir et qui nous demande d'être à son écoute. Cet autre face à nous qui altère et désaltère, fait de nous un « je » unique et responsable, et questionne autant dans la différence que dans la similitude. Cet Autre qui nous transcende, élève à l'Infini et que je ne peux nommer autrement que Lumière d'une Infinie Présence ou Silence de l'Infini.

Ce livre est un partage : celui du bonheur et du privilège d'avoir pu dialoguer avec le rabbin Pauline Bebe, de nos découvertes et des étincelles de joie que la lecture des textes et l'autorisation de les commenter à l'infini m'ont procurées. La force de ce dialogue étant d'écrire ce que l'une ou l'autre n'aurait jamais écrit seule, sans le souffle d'une inspiration transmise à tout instant de l'une à l'autre et dont chacune se fait l'écho, avec ses mots, son expérience et son histoire. En écho à d'autres dialogues et écritures, passées et à venir, dont la lecture réjouit merveilleusement l'âme et le cœur.

Catherine Bensaid, janvier 2013

---

1. Claude Vigée, *Dans le silence de l'Aleph*, Albin Michel, coll. « Spiritualités vivantes », 1992, p. 22.

Qu'est-ce qu'un midrash ? Un midrash est une parabole, un texte qui par ses métaphores suggère d'emblée un au-delà du mot. C'est un tremplin pour les rêves, pour l'imaginaire et une leçon de vie.

Comme un sculpteur taille une pierre précieuse, son lecteur cisèle le texte et fait apparaître sans cesse de nouveaux éclats, de nouvelles interprétations. Il ajoute une vague à l'océan des possibles, s'assoit au creux d'un rocher pour humer la brise nouvelle. Petit écrin contenant des étincelles de lumière, il dévoile peu à peu ses secrets au gré de l'étude et de la discussion. Un mot s'ajoute à un autre mot, pour constituer une pile de mots à l'équilibre facétieux, qui invite à d'autres sens, change notre perspective. À la manière d'une fable ou d'une saynète, le midrash propose une image et sa résolution, une énigme et ses clés pour saisir la vie sous un regard transformé. Ainsi la tradition juive, loin des théories arides, emploie des images très concrètes qui font référence à des situations tangibles de la vie et nous transportent vers des horizons inconnus, là où le rêve se transforme en réalité et rend le merveilleux possible. Le midrash nous conduit dans un voyage spirituel qui nous fait revenir à une question originelle en y portant un regard différent, assagis d'une nouvelle expérience. Par son ingéniosité, sa subtilité, son imprévu, il nous surprend, nous étonne et nous fait sortir des sentiers battus.

La racine du mot midrash, *d.r.sh.* signifie « creuser », « chercher », « exiger ». Le midrash est souvent une manière de scruter le texte biblique dans une exigence infinie de la recherche éthique. Ce que de longs discours théoriques ne parviennent pas toujours à nous expliquer, le midrash, par son aspect très réel, nous le présente dans une compréhension immédiate et accessible. C'est le quotidien de la vie qui est source de spiritualité, et des mots simples nous guident dans les relations humaines.

On découvrira ainsi quatre textes : la consultation d'un couple qui se rend chez le rabbin parce qu'il n'arrive pas à concevoir, une matrone romaine qui veut prendre la place de Dieu et faire des mariages, la description de ce que deux amis partagent et une scène chez le boucher où le Nom divin est mis en cause. Ces petits tableaux sont autant d'occasions de parler d'amour et d'amitié, deux sentiments qui, au quotidien, tissent la relation à l'autre.

Le genre littéraire du midrash est difficile à dater. Les quatre midrashim que nous avons choisis ont pu être écrits entre le IIIe et le IXe siècle de notre ère. Ils sont issus de la Genèse Rabba et du Cantique Rabba, commentaires de la Genèse et du Cantique des Cantiques, puis de Avoth de Rabi Nathan et Yoma, deux traités talmudiques. Certains mettent en scène des maîtres du Ier siècle et ont été sans doute transmis oralement avant d'être consignés par écrit. Ils font tous les quatre référence au texte biblique qui peut lui-même être considéré comme un premier midrash. Pour faciliter la lecture, nous avons utilisé la version hébraïque du Sefer Ha-Aggada de Hayim Nahman Bialik et Yehoshua Hana Ravnitzky, deux grands maîtres de la aggada, publié pour la première fois à Odessa en 1909-1911.

C'est sous forme de dialogue que ce livre a été écrit car, comme le veut la tradition juive, l'étude doit se faire au minimum à deux. Le dialogue nous a conduites, l'une et l'autre, à un dépassement et à un enrichissement réciproque. Le texte fut comme un trait d'union et une merveilleuse source de sagesse. C'est cette sagesse millénaire que nous voulions partager avec le lecteur, quelle que soit sa tradition, ses croyances, son chemin. Nous avons connu le bonheur de cette rencontre, celle de la psychanalyste avec le rabbin. Chacune a apporté ses connaissances et son expérience professionnelle et humaine et, à travers nous, nous avons aussi fait dialoguer des références et des cultures différentes dans la tradition et la modernité. Nous espérons que ce dialogue fera connaître et aimer ces textes, et que la joie, le rire et la complicité qui ont accompagné nos rencontres seront perceptibles au fil des pages.

Pauline Bebe, janvier 2013

IL N'EST RIEN QUE JE DÉSIRE PLUS QUE TOI

מעשה באשה אחת בצידן
ששהתה עשר שנים עם בעלה ולא ילדה
באו אצל ר' שמעון בן יוחאי
והיו רוצים להתפרש זה מזה
אמר להם
חייכם כשם שנזדווגתם זה לזה במאכל ובמשתה
כך אין אתם מתפרשים אלא מתוך מאכל ובמשתה
הלכו בדרכיו ועשו לעצמם יום טוב
ועשו סעודה גדולה ושכרתו יותר מדי
כון שנתישבה דעתו עליו אמר לה
בתי ראי כל חפץ טוב שיש לי בבית וטלי אותו ולכי לבית אביך
מה עשתה היא
לאחר שישן רמזה לעבדיה ולשפחותיה ואמרה להם
שאוהו במטה וקחו אותו והוליכוהו לבית אבא
בחצי הלילה ננער משנתו כון שפג יינו
אמר לה
בתי היכן אני נתון
אמרה לו
בבית אבא
אמר לה
מה לי לבית אביך
אמרה לו
ולא כך אמרת לי בערב
כל חפץ טוב שיש בביתי טלי אותו ולכי לבית אביך
אין חפץ טוב לי לעולם יותר ממך
הלכו להם אצל ר' שמעון בן יוחאי
ועמד והתפלל עליהם ונפקדו

מדרש רבה שהש"ר א:ד

Il était une femme, originaire de Sidon
Qui était mariée depuis dix ans et n'avait pas eu d'enfant.
Elle se rendit avec son mari consulter le rabbin Shimon b. Yoh̲aï
Dans l'intention de se séparer.
Il leur dit :
« Sur votre vie, vous vous êtes unis en mangeant et en buvant,
de même séparez-vous en mangeant et en buvant. »
Ils rentrèrent chez eux et s'offrirent une soirée de fête.
Ils firent un très bon repas où elle lui versa un peu trop de vin.
Dans le bien-être et détendu, il lui dit :
« Ma chérie, prends tout ce que tu désires dans ma maison et emmène-le dans la maison de ton père. »
Qu'a-t-elle fait ?
Une fois qu'il était endormi,
Elle appela ses serviteurs et servantes et leur dit :
« Portez-le dans son lit et emmenez-le dans la maison de mon père. »
Au milieu de la nuit, après que l'effet du vin se fut dissipé, il sortit de son sommeil
et lui demanda :
« Ma chérie, où suis-je ?
— Dans la maison de mon père. »
— Pourquoi suis-je dans la maison de ton père... ?
— Hier soir, ne m'as-tu pas dit : « Prends tout ce que tu désires dans ma maison et emmène-le dans la maison de ton père ? »
Il n'y a rien que je désire plus que toi. »
Ils retournèrent chez le rabbin Shimon b. Yoh̲aï
Qui se leva et pria pour eux ; et ils conçurent.

Midrash Rabba, Cantique des Cantiques, 1 : 4

LA FIN D'UN MARIAGE ?

Catherine BENSAID — C'est une belle histoire d'amour qui nous est contée. Elle soulève des questions essentielles : celle de la stérilité, mais aussi de la fécondité dans le couple, de l'amour, de la sexualité et des raisons plus ou moins justifiées de se séparer, ainsi que des possibilités de se retrouver. Commençons par ce qui apparaît d'emblée : un homme et une femme décident de se séparer car ils n'ont pas d'enfant. Cela correspond-il à la tradition juive ? Est-ce une obligation selon la loi ?

Pauline BEBE — Le statut de la loi est essentiel dans la tradition juive qui se présente comme une *praxis*, une philosophie du comportement où les commandements, מצוות *mitswoth*, constituent une sorte de colonne vertébrale de la tradition, grammaire de la vie. La relation à l'autre prime sur toute forme de transcendance, et l'on peut dire que c'est dans la rencontre avec l'autre que l'on peut percevoir le Tout-Autre. Ainsi la question fondamentale est : « Comment se comporter à l'égard d'autrui ? » Quelle est la manière la plus éthique de tourner mon visage et de considérer celui qui est en face de moi, quelle que soit la relation, professionnelle, amicale ou amoureuse ? Comment respecter au mieux l'étincelle divine qui illumine son visage, et le reflet qu'elle trouve dans le mien ? C'est en étudiant les textes traditionnels, en s'adonnant à un commentaire infini et sans cesse renouvelé que les sages ont tenté d'approcher une éthique de la relation humaine.

C. B. — C'est bien en ce sens qu'une psychanalyste peut se passionner pour l'étude de ces petits textes pleins de sagesse : celui d'une éthique de la relation à l'autre. Les difficultés rencontrées depuis le plus jeune âge dans notre mode de relation à l'autre constituent la base de toute consultation. Elles traduisent ces blessures de l'enfance qui, laissant des traces dans notre corps et notre esprit telles des inscriptions profondes, influent sur le cours de notre existence et le font dévier de sa source. Être à l'écoute de ces bleus de l'âme nous mène à la découverte de leur origine, permet de trouver les mots qui guérissent et favorise un retour à la vie : une vie plus juste et meilleure. La lecture de la Bible ne participe-t-elle pas aussi de cette guérison de l'âme et de l'esprit grâce à l'interprétation infinie qui en est faite, la quête de sens et de vérité, la recherche d'une parole juste ? Mais il importe de préciser ce que l'on entend par Bible.

P. B. — La Bible, autrement appelé « loi écrite » et le Talmud, « loi orale », ainsi que tous les commentaires écrits jusqu'à aujourd'hui sont les sources de nombreux enseignements. Le philosophe Abraham Heschel décrit la centralité de la loi : « La signification de la loi juive est claire lorsqu'on la comprend comme une prosodie sacrée. Le divin chante à travers nos actes de justice, il se révèle à travers nos actes sacrés ; ainsi notre effort n'est qu'un contrepoint dans la musique de Sa volonté[1] ». Le Zohar, œuvre mystique va même jusqu'à dire que la שכינה *shekhina*, la présence divine est dans la *mitswa*, le commandement. On ne peut imaginer une vie sans loi, car la société a besoin pour exister d'une structure légale. L'être humain dans la Bible est d'emblée présenté dans la

1. Abraham Heschel, *Dieu en quête de l'homme, Philosophie du judaïsme*, Seuil, 1968, p. 331.

Genèse comme une liberté qui décide d'obéir ou de désobéir au premier ordre de Dieu.

C. B. — Obéir ou désobéir, abdiquer au désir de l'autre ou poser le sien, se soumettre ou se révolter sont des libertés qui nous sont toujours offertes. Qu'allons-nous décider de faire et ne faut-il pas parfois oser transgresser une loi posée par d'autres, nous écarter d'une voie toute tracée qui ne nous convient pas ? Nous y gagnons des expériences inédites et « sensationnelles », la découverte d'espaces inconnus ouvrant à l'infini.

P. B. — C'est en désobéissant au premier interdit de ne pas consommer le fruit de l'arbre de la connaissance du bien et du mal qu'Adam et Ève, le premier couple, peuvent goûter au libre arbitre et apprendre à mesurer la conséquence de leurs actes.

Comme la loi est fondamentale, le couple de notre midrash va consulter un rabbin ou docteur de la loi, sans doute celui qui a présidé à leur cérémonie de mariage. Ils semblent qu'ils soient au fait d'une possible séparation après dix années sans avoir eu d'enfants (mentionnée dans la *Mishna* à partir de l'exemple de Sarah et Abraham qui sont restés en Canaan dix ans sans avoir d'enfant). Peut-être que, secrètement, ils espèrent une autre solution. L'exemple de ce midrash sera par la suite cité par d'autres rabbins qui ont fait évoluer cette coutume la trouvant trop sévère. La légitimité de la séparation est en effet sujette à discussion dans le Talmud. Il y est question de l'état de santé des deux conjoints qui peut adoucir la décision. On y cite l'exception d'Isaac et Rébecca qui restent vingt années mariés sans avoir eu d'enfant et les codes de lois postérieurs finissent par conclure que « l'on n'interfère pas dans les décisions d'un couple ».

Ce midrash d'une humanité extraordinaire a peut-être été écrit précisément pour opposer les sentiments à la loi, pour nous dire qu'en matière d'amour, le couperet d'une décision légale qui ne tiendrait pas compte des personnes impliquées serait profondément injuste et cruel. Comment en effet séparer deux êtres qui s'aiment parce qu'ils ne sont pas féconds, d'autant que le couple dans la tradition juive n'est pas considéré comme un simple cadre de la procréation – il est aussi l'envers de la solitude, le lieu de l'amour. Le judaïsme nous montre souvent un exemple de rigueur en même temps que de souplesse, alliant la loi à l'humanité. Le Talmud nous dit qu'en matière de jugement, il faut être compréhensif comme Hillel et non strict comme Shammaï, deux maîtres du Talmud du Ier siècle qui s'opposent souvent.

C. B. — Le mot « chamaillerie » aurait pour origine le nom de Shammaï ! Nous constatons que les noms des deux maîtres qu'étaient Hillel et Shammaï sont toujours mentionnés l'un avec l'autre par le fait de leurs disputes incessantes et de leurs prises de position si souvent opposées. Ainsi faut-il associer dans notre pensée la rigueur de l'un avec la souplesse de l'autre : la rigueur d'une justice, avec ses lois implacables mais nécessaires, et la souplesse d'un cœur juste et bon qui s'adapte à toute situation. On peut ainsi se réjouir que des lois soient objet de discussions et n'aient pas pour effet une décision parfois arbitraire et intransigeante ; tout en sachant qu'une loi est faite pour recevoir l'approbation et l'accord du plus grand nombre et vaut alors d'être appliquée, même si elle ne va pas dans l'intérêt de certains.

P. B. — Oui fondamentalement, la loi garantit le droit de chacun et la structure de la société. Un des noms de Dieu en hébreu est *Elohim*, qui signifie « les juges ». Le nom est au pluriel malgré l'unicité de Dieu. La conception juive de la justice est de composer entre un attribut de rectitude, מדת הדין *midat hadin*, et un attribut de compassion, מדת הרחמים *midat harakhamim*. Le premier est celui de l'application stricte de la loi qui sanctionne, le second, dont l'étymologie vient d'utérus, רחם *rekhem*, est celui d'une douceur humaniste. Ainsi toute personne en position de jugement devrait équilibrer la sévérité et l'indulgence, chercher des compromis sans compromission, respecter l'intégrité de la loi tout en saluant l'humanité et la spécificité de chaque être. La tradition attribue même à

Shammaï, réputé pour être sévère cette phrase : « Accueille tout le monde avec affabilité » (M. Avoth I : 15).

La création même de l'être humain, אדם *adam*, est présentée comme le résultat d'un compromis. R. Berekhia dit : « Lorsque le Saint béni soit-Il vint créer le premier être humain, Il vit par avance que des personnes justes et des personnes iniques seraient issues de lui. Il se dit : Si je le crée, des iniques apparaîtront dans sa descendance. Si je ne le crée pas, comment les justes pourront-ils en être issus ? Que fit le Saint béni soit-Il ? Il détourna Sa face de la voie des méchants, associa à Son œuvre l'attribut de compassion et créa l'être humain » (Gen. R. 8 :4).

Ce midrash soulève les questions si préoccupantes du bien et du mal et de la difficulté de prendre des décisions en sachant peser le pour et le contre de chaque situation, même pour Dieu ! Chaque pas dans la vie est un choix, riche de nombreuses alternatives – il n'est pas toujours aisé de savoir prendre la meilleure direction, la décision juste. « Il est effrayant, écrit Victor Hugo, de penser que cette chose qu'on a en soi, le jugement, n'est pas la justice. Le jugement, c'est le relatif. La justice, c'est l'absolu. Réfléchissez à la différence entre un juge et un juste[1]. » Nous tâtonnons souvent entre ordre et fantaisie, intransigeance et souplesse, y compris dans l'éducation des enfants, où souvent l'un et l'autre parent prennent des positions différentes ; s'ils se consultent, l'enfant peut négocier face à un front unitaire et se construit ; s'ils s'ignorent, l'enfant essaye d'obtenir de l'un la permission qu'il n'a pas de l'autre, il s'immisce dans la faille de la dissension et face à la relativité de la loi, éprouve plus de difficulté à construire son identité. C'est ainsi que le monothéisme ou le polythéisme – une ou plusieurs autorités – se joue au sein d'une famille. La loi morale doit être une et unique, mais il n'est pas toujours aisé de la définir et d'assumer ses incertitudes.

C. B. — La loi morale est une pour tous, or chacun de nous est unique. N'aurait-elle pas un caractère relatif au regard de nos diffé-

1. Victor Hugo, *L'Homme qui rit*, Flammarion, coll. « GF ».

rences, ce qui peut apparaître comme des incohérences ? C'est pourquoi nous devons l'intégrer, mais aussi reconnaître ses incertitudes et parfois ses limites. « Celui qui étudie les lois et ne comprend pas leur sens ou ne peut pas expliquer leurs contradictions n'est qu'un panier plein de livres », dit Rashi. Et pour ce que nous ne comprenons ni n'acceptons facilement dans le comportement de l'autre, n'est-il pas un lieu où nous pouvons prendre conseil : celui de notre cœur ? Ne faut-il pas nous interroger : « Quand je juge, suis-je juste avec la personne que je juge ? » Car celui ou celle qui juge est injuste s'il obéit à sa loi, convaincu que « c'est la loi » ; seul le cœur permet de tempérer la croyance en une vérité unique pour tous. Aussi, l'apprentissage de la loi, tout autant que l'exemple d'une ouverture du cœur doivent-ils être présents dans l'éducation d'un enfant ; l'un et l'autre porteront leurs fruits dans la vie active et relationnelle. Si les limites et les interdits, en même temps que des actes de générosité et d'attentions aux autres sont posés au sein de la famille, afin d'être peu à peu acquis et intériorisés, l'enfant puis l'adolescent, et ensuite l'adulte, viendront d'autant moins se confronter aux rigueurs d'une loi sociale comme aux souffrances d'une « absence de cœur ». La loi se pose toujours dans un contexte relationnel, ainsi que nous pouvons le constater dans les Dix Commandements. Elle signifie que l'on ne peut pas tout avoir, ni « faire tout ce qui nous plaît », ce « tout » qui s'inscrit dans l'illusion de la « toute-puissance » ? L'intelligence du cœur vient appuyer cette notion fondamentale qu'« il ne faut pas faire à son prochain ce que nous n'aimerions pas qu'il nous fasse ». N'est-ce pas ainsi qu'Hillel avait résumé l'enseignement de la Torah ?

P. B. — Lorsque quelqu'un lui avait demandé de lui enseigner la Torah pendant qu'il se tenait sur un pied, c'est-à-dire dans l'immédiat, Hillel avait répondu par cette règle d'or, son interprétation du verset « Tu aimeras ton prochain comme toi-même » (Lév. 19 :18), suivie par deux mots « Va étudier ! » (TB, Shab. 31a). Les deux mots d'invitation à l'approfondissement des connaissances sont fondamentaux car cette règle n'est pas suffisante pour assurer un comportement éthique. En effet, si l'on est masochiste, « aimer son prochain comme soi-même » signifiera mal l'aimer. On fera alors du mal aux autres. Si l'on se voit trop petit, on ne pourra pas donner à l'autre toute sa grandeur. C'est pour cette raison que la loi est extérieure au moi et que, bien que formulée par des êtres humains, elle relève d'une transcendance garante d'une éthique universelle.

C. B. — Pour ne pas faire de mal à l'autre, chacun peut s'inspirer du mal qui lui est fait ou pourrait lui être fait afin de ne pas agir comme il n'aimerait pas qu'on le fasse à son égard. Mais cela ne suffit pas. Il importe aussi d'être éduqué, « élevé » par l'étude des lois de l'univers, ainsi que celles qui régissent les comportements humains et de connaître les limites inhérentes à toute vie en société, à commencer par celles de la famille. Accepter les limites imposées à notre désir est aussi nécessaire pour la santé de notre vie psychique ; on sait combien la psychanalyse insiste sur l'interdit de l'inceste. L'absence de loi, au sens de croire tout possible et d'être convaincu d'avoir des droits bien plus que des devoirs, est à l'origine des manifestations de violence : violence contre l'autre qui n'advient pas à notre désir alors que nous pensons qu'il devrait y répondre sur-le-champ, et violence contre soi-même quand l'intolérance à la frustration est telle qu'elle induit une très grande souffrance. Cependant, un trop strict respect de la loi qui ne tiendrait pas compte de l'individu et ferait fi des circonstances propres à son récit serait aussi d'une grande violence. On revient à la nécessité de conjuguer le respect de la loi entre les humains avec celui de l'« humanité » particulière à chacun : une loi qui ne frappe pas à l'aveugle, mais est capable de s'adapter à l'histoire unique d'une personne. Ainsi dans le cas de la stérilité, il importe que la loi ait pu évoluer avec le temps, limitant son ingérence dans ce qui appartient à l'intimité d'une relation entre un homme et une femme. Car, à la souffrance d'être stérile faudrait-il ajouter une sanction sociale, morale et affective ?

P. B. — Certaines personnes ne désirent pas avoir d'enfant, parce qu'elles ne s'en sentent pas capables ou parce qu'elles estiment que le monde est déjà surpeuplé. Dans le Talmud, un rabbin dit même qu'il doit étudier la Torah jour et nuit et qu'il n'a pas le temps ! Il est important de désirer des enfants pour pouvoir au mieux les aimer : ceux qui n'ont pas été désirés sont souvent mal-aimés et en souffrent. On ne saurait forcer quelqu'un à être père ou mère et aujourd'hui avec la contraception, nous avons la chance d'avoir le choix. Et c'est un choix qu'il faut respecter.

Mais pour ceux qui désirent avoir des enfants, la stérilité est toujours une souffrance ; Rabbi Josué ben Levi explique dans le Talmud qu'« être sans enfant, c'est comme si l'on était mort » (Ned. 64b). Le renoncement est terrible et il faut apprendre à vivre autrement. La stérilité est vécue comme un échec, une incapacité, une impuissance. C'est un rêve qui se brise comme une vague qui vient se heurter au rocher des illusions perdues, d'une nature péremptoire qui dit « non » au désir, un arrêt à l'au-delà de soi, à la réalisation d'un couple dans un troisième. Le désir d'enfant est très puissant chez les hommes et chez les femmes comme une volonté de repousser la mort, de la rendre plus douce, voir son œuvre se poursuivre dans un lendemain qui nous échappe. Et puis c'est un hymne à la vie, une louange à la création, l'expérience du merveilleux au quotidien, la reconnaissance d'un miracle qui nous dépasse, issu de l'intimité la plus grande entre un homme et une femme, où amour et sexualité se rencontrent. Celui ou celle qui a été un enfant, veut devenir parent à son tour, corriger les erreurs du passé, écrire l'avenir, transmettre ses passions, son essence à ce petit ange qui lui ressemble... un peu.

Faire le deuil de tout cela est si douloureux et la pression sociale est forte, en particulier dans la communauté juive où l'enfant est un prophète, une bénédiction. Mais ce midrash est une leçon d'espoir, celle de transformer une désespérance en espérance, peut-être la même, peut-être une autre. Des portes verrouillées peuvent parfois s'ouvrir, l'enfant que l'on tient dans ses bras sera peut-être celui d'un autre, peut-être son élève, son ami à qui l'on transmet un peu de soi.

C. B. — Les « enfants » sont aussi les âmes que l'on accouche. Ainsi enfantent les maîtres, les psychanalystes, les professeurs, les amis... Claude Vigée le dit si bien : « Je suis devenu un poète et un médecin de la vie profonde. Par là, on guérit des âmes et surtout par là on fait naître des âmes. Comme professeur, j'ai essayé d'accoucher l'étincelle spirituelle et le souffle de רוח *rouah̲* (en hébreu, le souffle divin créateur, insufflé à Adam) chez les meilleurs de mes étudiants. Et je crois que ce n'était pas tellement raté. Cela valait le coup[1]. » Enfanter, n'est-ce pas insuffler du vivant là où la vie se meurt, orienter l'autre vers une vie nouvelle et meilleure, l'ouvrir à une conscience élargie sur lui-même et sur le monde qui l'entoure ? Nous participons aussi à cet état d'éveil, car nous sommes reliés à la même source de vie, « un » avec l'étincelle présente en chacun.

P. B. — Il est dit d'ailleurs à propos de Sarah et d'Abraham qu'avant d'avoir des enfants, ils « ont fabriqué des âmes » (Gen. 12 : 5). Pour les rabbins, il s'agissait de transmettre le monothéisme qu'ils avaient récemment découvert et les valeurs auxquelles ils croyaient. Aujourd'hui, si la stérilité d'un couple qui veut avoir des enfants peut être soignée, elle doit l'être ; l'adoption est aussi une solution. Selon le Talmud Meirav, la sœur de Mikhal donna naissance à des enfants, Mikhal les éleva, c'est pourquoi ils sont appelés par son nom. Cela nous enseigne que quiconque élève un orphelin dans sa maison, l'Écriture le considère comme s'il lui avait donné naissance » (Sanh. 19b). Au-delà de la naissance biologique, l'instruction est prise en compte : « Rabbi Samuel fils de Nah̲mani dit au nom de rabbi Yoh̲anan, quiconque enseigne la Torah au fils de son ami, l'Écriture le considère comme s'il l'avait mis au monde (Sanh. 19b) ». La mitswa, le commandement de la procréation que l'on trouve dans la Genèse (1, 28), peut donc se traduire non seulement en termes biologiques, mais aussi en termes spirituels.

1. Claude Vigée, entretien avec Victor Malka, France Culture, le 21 septembre 2008.

LES FEMMES STÉRILES DANS LA BIBLE : SARAH, RÉBECCA, RACHEL ET LES AUTRES

C. B. — La stérilité est le point de départ de ce midrash, mais elle est aussi très présente dans le texte biblique ; Sarah fut stérile jusqu'à l'âge de quatre-vingt-dix ans, et d'autres femmes furent confrontées à un désir d'enfant qu'elles n'ont pu satisfaire. Que dit le récit biblique sur la façon dont elles ont vécu ces limites imposées : dans l'acceptation ou la révolte ?

P. B. — Ce n'est jamais dans une acceptation tacite que la stérilité est vécue à l'époque biblique, comme d'ailleurs aujourd'hui. Parfois des solutions sont envisagées comme la maternité par procuration, parfois l'angoisse des personnages s'exprime dans des cris de désespoir comme celui très émouvant de Rachel à son époux Jacob : « Donne-moi des enfants sinon j'en mourrai ! » Et la réaction de colère de Jacob : « Suis-je à la place de Dieu qui t'a refusé la fécondité ? » (Gen. 30 :2) soulève la désapprobation des rabbins qui le trouve peu compréhensif.

Dans un commentaire étonnamment moderne, Isaac Arama, talmudiste espagnol du XVe siècle (Akedat Yitshak sur Gen. 3 :20) explique que si Jacob est courroucé, c'est que Rachel n'a pas compris qu'elle n'avait pas besoin d'être mère pour être femme et remplir sa mission d'être humain. Il cite le prophète Isaïe (56 :5) à propos des hommes et des femmes stériles : « À eux, j'accorderai, dans ma maison et dans mes murs, un monument, un titre, qui vaudra mieux que des fils et des filles » ; et Rashi commente : « La descendance des justes est faite de bonnes actions » (sur Gen. 6 :9). Ainsi le regard sur la stérilité change peu à peu dans la tradition juive.

À l'époque biblique, la prière a raison de l'absence de fécondité puisque toutes les femmes stériles – Rébecca, Rachel, Hanna et la Sunamite (II Rois 4 :8) – finissent par avoir des enfants. Les rabbins s'interrogent sur ce mal répandu : « Pourquoi nos ancêtres étaient-ils stériles ? Parce que le Saint béni soit-Il aime entendre la prière des Justes » (Yev 64a). Mais cette réponse soulève de nombreuses autres questions ! Car la prière n'est pas magique et de nombreuses prières restent sans réponse. Pour les rabbins, il s'agissait peut-être de dire que la procréation n'était pas qu'un acte biologique. Il fallait savoir exprimer le désir d'avoir un enfant et obtenir ainsi une permission divine, une manière de dire que Dieu participe à l'enfantement, lequel tient du miracle.

Dans le Talmud, conformément à l'idée que la stérilité n'est pas une condamnation, les rabbins commencent à conseiller des remèdes et imaginent des alternatives. Car la maternité de substitution choisie par Abraham et Sarah, le premier couple fondateur de l'Histoire, n'est plus d'actualité. Sarah avait en effet donné à Abraham sa servante égyptienne Hagar pour qu'elle puisse avoir un enfant par elle, comme c'était la coutume de l'époque où la polygamie existait encore. Cette maternité de substitution est mentionnée également dans le code d'Hammourabi qui précise qu'une esclave élevée par sa maîtresse au rang de concubine ne doit et ne peut prétendre à l'égalité. C'était la maîtresse qui avait autorité sur l'enfant. Ainsi la Bible nous montre, par les différends qui opposent Sarah et Hagar, que cette solution de substitution n'est pas simple, loin de là !

C. B. — Oui, instructif exemple que celui de Sarah et Hagar. Sarah ne renonce pas à avoir une descendance et elle utilise le ventre fécond de sa servante pour parer à sa stérilité ; c'était une pratique possible et reconnue à cette époque. « Sarah prit Hagar pour la donner comme femme à Abram, son mari » (16 :3). À défaut de donner un enfant, Sarah « donne » sa servante à son mari : là où elle subissait une situation douloureuse, c'est un moyen pour elle d'être active. Elle n'entend cependant pas perdre sa place privilégiée ! Toute mère porteuse pallie l'incapacité d'une femme à porter elle-même un enfant : mais, sitôt l'enfant né, la femme ne souhaite-t-elle pas que « disparaisse » la mère porteuse afin d'oublier sa difficulté à enfanter et de vivre pleinement sa nouvelle maternité ?

P. B. — Et pourtant une fois que l'on a porté un enfant, les liens sont impossibles à rompre. On voit la souffrance des mères porteuses, et la conséquence de la réduction de l'autre à un statut de géniteur. La première histoire de mère porteuse se termine avec des tensions entre les deux femmes et un renvoi de Hagar qui se moque de sa maîtresse Sarah, comme si le texte voulait nous prévenir des difficultés d'une telle situation, source inhérente de jalousie et de souffrance de part et d'autre.

C. B. — Effectivement, Hagar se moqua de Sarah : « Quand elle se vit enceinte, sa maîtresse ne compta plus à ses yeux » (16 : 4). De « mère porteuse », Hagar est devenue mère à part entière ; et sa maternité lui a donné un sentiment de supériorité. L'objet s'est fait sujet ; plus précisément, l'objet qui avait permis à Sarah de se faire sujet devient à son tour sujet. La servante de Sarah n'est plus à son service ; on pourrait même dire qu'elle l'asservit. Pleine de cet enfant qu'elle porte dans son ventre, elle n'accomplit plus ses devoirs vis-à-vis de sa maîtresse, la délaisse et la prend de haut ; Sarah ne le lui pardonne pas. Elle se tourne alors vers Abraham pour retrouver son statut perdu : « Tu es responsable de l'injure qui m'est faite. C'est moi qui ai mis sur ton sein ma servante. Dès qu'elle s'est vue enceinte, je n'ai plus compté à ses yeux. Que l'Éternel décide entre toi et moi. » (16 :5) À quoi Abraham répondit : « Voici ta servante en ton pouvoir, fais-lui ce qui est bon à tes yeux. » (Ibid. 6) « Sarah la maltraita et celle-ci prit la fuite. »

Ces deux femmes ont souffert et chacune a eu la sensation d'avoir été abusée par l'autre : Sarah par Hagar à qui elle avait donné sa confiance, et qui, une fois enceinte, néglige son rôle de servante et ne tient plus compte d'elle, et Hagar d'avoir été utilisée, puis maltraitée. Sarah n'éprouve-t-elle pas un sentiment de dépit et de trahison, tel que chacun peut le vivre en voyant un autre profiter de la situation qui lui a été donnée et prendre le pouvoir. Et Hagar, comme tant d'hommes et de femmes, souffre d'avoir accompli une tâche pour satisfaire les besoins d'un autre et d'être ensuite niée en tant que personne. Il est certain que ce n'est pas un exemple à suivre! Précisons que les «mères porteuses» sont interdites en France. Et cela met en évidence, si besoin est, la rivalité archaïque qui est ainsi révélée entre deux femmes, non seulement par rapport à un homme, mais dans ce que chacune représente au regard de l'autre. Il en est ainsi entre deux sœurs qui s'aiment tout autant qu'elles se jalousent et peuvent éprouver une grande souffrance si l'une est mère, et l'autre pas. N'est-ce pas l'exemple de Léa et Rachel?

P. B. — En effet, l'histoire des deux sœurs se présente comme un drame. Leur père Laban les substitue le soir de la nuit de noces, alors que Jacob avait travaillé sept années pour obtenir la main de Rachel. Méir Shalev décrit de manière poignante ce qu'elles ressentent : «Jacob comprit alors la misère des deux sœurs. Celle qui avait dormi dans son lit et avait cette nuit-là ressenti la chaleur de son ardeur et de son désir, tout en sachant qu'ils ne lui étaient pas destinés. Celle qui resta éveillée jusqu'à l'aube, allongée en silence sous une autre tente, imaginant tout ce qui se passait sur la couche du jeune couple. Un tel imbroglio ne pouvait être que l'œuvre d'un grand stratège. Nous, simples lecteurs, ne pouvons qu'imaginer ou supputer la puissance des sentiments, des désirs et de la douleur qui plana cette nuit dans le ciel de Harân[1].» À cela s'ajoutent la fécondité de Léa, épouse non désirée, puis la stérilité de Rachel, la femme aimée et belle. Les deux sœurs entrent alors dans une course sordide à l'enfant, pour s'assurer de l'amour de Jacob. S'y mêlent leurs servantes respectives Bilha et Zilpa, utilisées comme faire-valoir pour leur maîtresse.

Le récit est tragique, même si les deux sœurs finissent par dépasser leur rivalité pour s'unir contre leur père. Et comme l'exprime ce verset dans le livre de Ruth (4 :11) : «Que l'Éternel rende l'épouse qui va entrer dans ta maison semblable à Rachel et à Léa, qui ont

1. Méir Shalev, *Ma Bible est une autre Bible*, traduit par Katherine Werchowski, Gallimard, coll. «Folio», 2011, p. 34.

deux la maison d'Israël. » Le contraste entre la beauté et la fertilité est déjà présent dans l'archétype de la femme biblique Ève et son opposée midrashique Lilith. Lilith est la femme séductrice qui veut être l'égale de l'homme, n'accepte pas d'être en dessous pendant l'acte sexuel et qui, dans la mystique juive, provoque la mort des enfants. Ève est son contraire, la femme qui accepte d'être soumise à Adam et qui, elle, peut donner la vie. La réconciliation des deux reste encore souvent à faire dans l'imaginaire des hommes et des femmes.

C. B. — « La douleur qui plana cette nuit dans le ciel de Harân » ! Une femme est torturée de savoir la place auprès de l'homme aimé prise *par* une autre, et celle-ci supporte non sans souffrance d'être prise *pour* une autre. Léa, celle qui n'est pas aimée est féconde, tandis que Rachel, la femme aimée, est stérile : « L'Éternel vit que Léa n'était pas aimée et il la rendit féconde, tandis que Rachel demeurait stérile » (Gen. 29 :31).

Et, à l'origine de notre humanité, Lilith, l'insoumise, provoque la mort des enfants, alors qu'Ève, qui est ensuite aux côtés d'Adam, porte dans son nom la vie חווה – H̲ava – et la donne. Une femme ne pourrait-elle recevoir l'amour d'un homme *et* « lui faire de beaux enfants » ? Aurait-elle à payer son souhait d'indépendance par l'absence d'un homme « à ses côtés » et la négation de cette vie qu'elle porte en elle ? Être aimée, avoir des enfants et atteindre l'épanouissement professionnel sont des potentialités présentes dans l'imaginaire des femmes qui peuvent aussi se concilier dans leur vie.

Nombreuses sont celles qui ont acquis leur autonomie tout en étant femmes et mères. Ces exemples de la Bible mettent cependant l'accent sur les difficultés rencontrées dans ce chemin d'accomplissement ; difficultés qu'il importe de ne pas nier afin de les affronter, puis de les dépasser. Il est des peurs qui se transmettent de génération en génération et font craindre de ne pas pouvoir concilier l'état de femme et de mère. N'est-il pas dit que certains hommes ne désirent plus leur femme à la suite d'un accouchement ? Aussi certaines craignent-elles, dès lors qu'elles sont mères, de n'être plus femmes. La venue d'un enfant ne va-t-elle pas interrompre l'harmonie du « deux amoureux » tel qu'il se vivait auparavant ; elle représente un défi pour le couple qui doute de savoir faire face au bouleversement mis en place. L'enfant ne risque-t-il pas d'éloigner le mari et la femme, même s'il représente pour eux un lien essentiel et « pour toujours » ? Quand les amants ne sont plus que parents, reportant sur l'enfant cet amour qu'ils ne se portent plus, il manque désormais à cette triangulation le lien fort et unique qui les unissait.

Mais le fait de ne pas avoir d'enfant peut aussi créer un manque et creuser une distance entre des amants qui souffrent de n'être pas parents. Si chacun peut se réjouir d'avoir l'autre tout à soi, de ne rien perdre de sa liberté – et ce peut être un véritable choix que de vivre ainsi –, il en est d'autres qui souffrent et gardent le silence. Ainsi, il importe que la douleur de ne pas avoir d'enfant puisse être dite, afin d'être partagée et de renforcer le lien au lieu de le dissoudre. « Les couples d'aujourd'hui qui portent la même demande que Hannah, que Sarah, Rébecca ou Léa – un enfant –, la même prière devant Dieu en la renouvelant avec autant d'intensité auprès du corps médical, ces hommes et ces femmes finissent par découvrir leur manque, par s'entendre eux-mêmes, par forger dans la souffrance une solidité que la facilité d'enfanter ne donne pas toujours aux autres[1] », dit le rabbin Haïm Korsia.

P. B. — Et puis, comme dans toute épreuve, c'est parfois l'inverse : le couple ne résiste pas à la sexualité dictée par les thermomètres, à l'exposition de leurs corps aux regards impudiques de la science, à l'introduction du mécanique dans l'amour, du prosaïque dans la poésie. Lorsqu'un couple résiste, c'est que l'amour est fort. La vie est pleine de surprises : Sarah finit par avoir un enfant, alors qu'elle en a passé l'âge. L'annonce de cette grossesse tardive la fait rire comme elle fait rire Abraham car il a cent ans et elle quatre-vingt-dix. Ils rient de ce rire incrédule et Sarah dit : « L'Éternel m'a

1. Rabbin Haïm Korsia, *À corps et à toi*, Actes Sud, coll. « Le souffle de l'esprit », 2006, p. 50-51.

apporté le rire, quiconque entendra, rira pour moi» (Gen. 21 :6). C'est un rire qui se communique aux générations suivantes, un rire dont les éclats résonnent dans le lointain des temps, défiant toute réalité, porteur d'audace et d'espoir. Le rire peut être prophétique et paradoxalement porter un message emprunt de sagesse et de gravité, comme le dit Raymond Devos : «Le rire est une chose sérieuse avec laquelle il ne faut pas plaisanter.»

C. B. — Oui, le rire est une chose sérieuse! À laisser résonner en soi et non à raisonner le pourquoi. Or Sarah n'a pas pris son rire au sérieux, comme si ce rire était une secousse en plusieurs temps : la surprise, la joie certainement, puis la dénégation d'une telle nouvelle adressée à elle, une vieille femme qui «n'a plus ce que les femmes ont», comme à son mari qui est un vieillard. «Maintenant que je suis usée, je connaîtrais le plaisir!» Souvent ne rit-on pas de cette joie pure d'être vivant là où, croyait-on, la vie s'en était allée, de se sentir vibrant encore dans ses entrailles quand on croyait n'avoir plus rien à donner, pas le moindre signe d'une possible fertilité; n'est-ce pas la «joie d'un éclat de vie qui va fonder une transmission. Justement celle qui franchit la mort[1]», ainsi que le dit Daniel Sibony. Sarah, comme tant de femmes et d'hommes, se refuse un temps à accepter d'être encore vivante et à nouveau aimée; elle n'y croyait plus. Aussi porte-t-elle sur sa personne comme sur son existence, un regard de dérision; elle rit «en elle-même», de la même façon qu'Abraham avait ri «en lui-même» en apprenant l'annonce d'un fils à venir. C'est un rire invisible de tous, mais non de l'Éternel qui demande à Abraham : «Pourquoi Sarah a-t-elle ri», se disant à elle-même : «Vraiment, vais-je encore enfanter, alors que je suis devenue vieille? Y a-t-il rien de trop merveilleux pour l'Éternel? Au temps du renouveau, je reviendrai et Sarah aura un fils.»

Sarah va nier ensuite avoir ri. Or s'il est une chose avec laquelle il ne faut pas plaisanter, n'est-ce pas cette part de merveilleux qui peut

1. Daniel Sibony, *Le Sens du rire et de l'humour*, Odile Jacob, 2010, p. 65-67.

encore nous être donnée? Bien souvent, le rire fait écho à un désir profond, souhait si intime qu'on n'ose se le formuler à soi-même. Aussi quand une réponse est donnée à cet espoir muet, quel bouleversement, que de frissons de joie (mêlée de craintes cependant) accueillent cet imprévu. Certaines déclarations d'amour, honnêtes propositions, comme de gentils compliments, dits avec spontanéité et dans un élan de générosité, éveillent des réflexions ironiques : «Ne te moques-tu pas de moi en proférant de telles absurdités? Je n'ai jamais entendu que reproches et critiques, comment peux-tu maintenant me dire que je plais, que mes compétences sont appréciées, que ma compagnie est agréable et désirée? Je ne peux y croire!» Quand nous ne pouvons acquiescer au bon qui nous est donné à entendre, ne devenons-nous pas sarcastiques, et même blessants, à la mesure de nos propres blessures : celles du manque de gentillesse que toute caresse vient éveiller, d'une absence de plaisir que ce cadeau de la vie met soudain en évidence? Quelle belle leçon de vie que les rires d'Abraham et Sarah! Elle apprend à s'éloigner du rire moqueur, de celui qui ne laisse pas d'espace à un «possible renouveau».

«Ils rient de n'être pas finis; un brin d'infini leur arrive, comme une pure nouveauté[1]», ajoute Daniel Sibony. Ne pas croire, ou ne plus croire, en une prochaine saison féconde sème un doute perpétuel et ouvre le champ à une plainte infinie. Alors que si nous cueillons la vie, là même où nous ne l'attendions plus, jaillit une étincelle de complicité avec l'Éternel, un rire qui n'éclate pas au grand jour, mais se transmet dans la plus grande intimité. Ce rire est magie de l'inattendu, du destin qui nous bouscule et nous prend au dépourvu : nous n'étions pas prêts à entendre telle vérité, à vivre telle expérience, et pourtant nous disons «oui» et nous en rions, de tout cœur. Le rire traverse notre corps et le remet en mouvement. C'est un rire pour ne pas mourir.

1. *Ibid.*, p. 68.

P. B. — Cette explosion de joie a quelque chose de prophétique. Ce rire qui défit la mort sera inscrit dans le nom même de son enfant Isaac (יצחק yitsh̲ak) – « il rira ». La capacité à rire est un don merveilleux car le monde ne manque pas de raison d'être triste, mais être capable de rire et de sourire, c'est déjà transformer la réalité qui nous entoure. Un éclat de rire est comme un rayon de soleil dans un ciel orageux : il raconte l'ingénu, dit l'impossible, brise la nostalgie, écrit le peut-être, la vie tout simplement. « La joie, disait le Maharal de Prague au XVIe siècle, introduit de l'illimité au sein du limité » ; et Abraham Heschel, « celui qui sait élever son âme au-dessus des mesquineries de la signification éphémère recevra la bénédiction de la joie[1] ». Le rire de Sarah fait éclater les limites du possible, brise les murs du simple « moi » et dit « oui » à l'avenir.

C. B. — « Oui » à l'avenir que tant de « non » avaient obscurci. Quand la chance nous déserte, car la vie tant espérée ne vient pas – ce peut-être un enfant, mais aussi la sensation d'être vivant –, l'Éternel semble s'être éloigné de notre chemin. Le « oui » est un rappel à la vie, une transmission devenue possible, inscription du renouvellement dans la continuité. Dans le judaïsme, l'essentiel n'est-il pas d'aller dans le sens du vivant ? Il est dit : « Voici je mets devant toi le bien et le mal, la vie et la mort, et tu choisiras la vie, afin que tu vives, toi et ta postérité » (Deutéronome 30,19). Le premier commandement de la Bible n'est-il pas « Fructifiez et multipliez » ?

LE PREMIER COMMANDEMENT, « FRUCTIFIEZ ET MULTIPLIEZ »

P. B. — Le premier commandement donné aux êtres humains dans le livre de la Genèse est celui de la procréation : « Dieu créa

1. Abrahm Heschel, *Dieu en quête de l'homme*, Seuil, 1968, p. 374.

l'être humain à son image, c'est à l'image de Dieu qu'il le créa. Mâle et femelle furent créés à la fois. Dieu les bénit en leur disant : פרו ורבו *perou ourevou*, fructifiez et multipliez» (Gen. 1 : 22,28). On peut remarquer que dès que l'être humain est créé, il est immédiatement béni et que cette bénédiction est contenue dans la capacité de créer à son tour. Le Créateur Divin partage avec sa créature la capacité de s'épanouir et de grandir comme un fruit (פרי *peri*), et beaucoup (רב *rav*). Avec la création de l'humain vient la transmission du pouvoir de créer et l'affirmation que la vie est un don précieux. Nehama Leibowitz[1] (sur Gen. 1 :22) note que les poissons sont bénis avant les humains. Mais, à la différence des poissons, Dieu s'adresse directement au premier couple pour les bénir. Les animaux ont la capacité de se reproduire, les humains ont en plus la conscience de cette bénédiction. Les rabbins expliquent que cette conscience est une preuve de l'amour de Dieu.

C. B. — L'être humain est doté d'une conscience, laquelle n'est que très relative chez l'animal, mue par son instinct. De ce fait, il est responsable et capable de faire des choix qui orientent sa vie présente et future : le choix de son partenaire, les conditions les plus favorables pour donner la vie, comme du moment opportun. Il ne s'agit pas de féconder pour l'acte seul de féconder; la procréation est un acte lucide et réfléchi qui dépasse l'élan pulsionnel de l'instant et prend en considération le devenir de l'enfant. Le fruit ne vaut d'être produit en abondance que s'il peut parvenir à une belle et bonne maturité.

Concernant la terre et ses multiples dons, cela signifie de la chérir ainsi que ses semences, de s'en occuper et d'en prendre soin : ne pas considérer seul le droit de s'en nourrir, mais comme un devoir de la nourrir. La terre et l'être humain sont féconds; n'est-ce pas une bénédiction? L'être humain ne peut que remercier pour cette magie répétée que lui offre la nature, mais il lui faut aussi la «dominer»,

1. *Iyounim Besefer Bereshith*, Alpha Press, 1972 : *En méditant le Sidra Berechit «La Genèse»*, Keren Hasefer ve-Halimoud, 1981 (éd. française).

de la même façon qu'il domine ses pulsions, composant avec ses bons et mauvais instincts. Ne se sait-il pas capable, lui aussi, de productions mortelles et vénéneuses ? L'être humain, ainsi que le fait la nature, ne peut se multiplier avec le même foisonnement anarchique et incontrôlé : ce serait « irresponsable » de sa part. À l'instar d'un jardin qui, laissé à l'abandon, ne serait plus que ronces et mauvaises herbes, il ne suffit pas à l'être humain de donner naissance à une petite graine de vie ; il doit accompagner sa croissance et offrir les meilleures conditions possibles afin d'éviter d'en faire ultérieurement une « mauvaise graine ».

L'Éternel a mis entre nos mains un cadeau, et comme tout cadeau, il peut nous réjouir et embellir notre vie, mais dès lors qu'il n'est pas désiré, ou mal accueilli, il nous empoisonne l'existence. Quoi de plus beau que ce premier commandement de donner la vie, sous toutes ses formes. Le respecter, c'est aussi en respecter tous ses aspects, du plus ardu au merveilleux.

P. B. — C'est un cadeau divin dont nous devons prendre soin. Avoir des enfants, les élever et leur donner les moyens de grandir eux aussi est une des missions les plus difficiles qui soient et pour laquelle personne n'est véritablement formé ou préparé. Le mot qui signifie éducation en hébreu חינוך h̲inoukh, veut dire aussi inauguration. Dans toute éducation il y a un renouvellement, une découverte de l'autre et de soi et un apprentissage de la transmission. בניך בוניך « Banaïkh bonaïkh » (Ber. 64a), dans un jeu de mots, le Talmud nous dit que nos enfants sont nos bâtisseurs, ils nous construisent en se construisant eux-mêmes, comme nos élèves ou tous ceux à qui nous souhaitons transmettre. C'est ainsi que la transmission est une création sans cesse renouvelée.

פרו ורבו *Perou ourevou* « fructifiez et multipliez », alors que la Bible ne fait pas de distinction entre l'homme et la femme à ce sujet, le Talmud discute de l'application de ce commandement. À partir de combien d'enfants s'est-on acquitté de cette obligation ? S'applique-t-il aux hommes et aux femmes ? Dans un contexte patriarcal, les rabbins ont considéré que les femmes étaient exemptes de certains commandements dans la mesure où elles s'occupaient des enfants. Ces catégories relevant d'époques et de circonstances particulières sont remises en question dans les mouvements religieux égalitaires. Même si une opinion rabbinique est d'avis que le commandement s'adresse aux femmes comme aux hommes, la loi juive a décidé qu'il ne s'adressait qu'aux hommes. La seule explication, certes apologétique mais acceptable aujourd'hui, est celle donnée par le rabbin Meir Simha hakohen de Dvinsk : « Les femmes dont la vie est mise en danger par la conception et la naissance ne sont pas liées par cette obligation (Meshekh Hokhma sur Gen. 9 :7). Mais cette inégalité dans la loi a pour conséquence positive de permettre aux femmes d'utiliser des contraceptifs dans le Talmud et par la suite. La procréation est donc choisie et il est des circonstances où elle n'est pas souhaitable.

C. B. — Les femmes, souvent fragilisées par les grossesses voire en danger pour leur propre vie, auraient un droit de regard sur leur maternité. On ne peut que louer cette attention portée à leur corps et à leur santé, le respect alors de leurs souhaits de ne pas être mères – pour des raisons personnelles ou médicales – et, par conséquent, l'autorisation à utiliser la contraception. Cependant, leur désir d'avoir un enfant doublé de l'injonction sociale d'« avoir des enfants » ont une telle force qu'ils peuvent prendre le pas sur tout risque éventuel et sur la liberté de choisir ce qui est bon pour elles, ou ne l'est pas. Si le besoin d'avoir un enfant est intime et si personnel à chaque femme, il est impossible d'ignorer le contexte familial et social dans lequel il prend forme, et la pression morale qui s'exerce sur elle – pression parfois si forte que l'éventuelle grossesse s'inscrit dans une perspective de réussite ou d'échec.

Ainsi, il y a celles qui sont « mères » et celles qui ne parviennent pas à l'être, les femmes stériles. L'exemple de Sarah et d'Hagar est une illustration de ces deux positionnements face à la maternité : l'une a un enfant, l'autre pas. Avoir ou ne pas avoir... là est la question ! Question qui se pose dans de nombreuses circonstances et concerne tout autant les hommes que les femmes, question à l'origine de tant de rivalités et de jalousies. Mais la femme n'en souffre-t-elle pas davantage quand, pour cause de stérilité, elle peut être mise à l'écart et remplacée par une autre ? S'il lui est imposé le devoir de donner un enfant à son époux, qui plus est, si un héritier mâle est attendu dans l'impatience et l'anxiété par les familles respectives, la femme est réduite à n'être qu'un ventre fécond, ou bien improductif. Peu importent alors les liens autres qui unissent l'homme et la femme, le couple est mis de côté, l'amour n'a plus droit de parole face à cette impossible naissance.

P. B. — Oui, le regard de la société sur les femmes ou les hommes stériles peut être terrible et vécu comme une véritable exclusion. Également pour ceux qui choisissent volontairement de ne pas avoir d'enfants, ou bien encore ceux qui vivent seuls. L'humanité doit faire encore de grands progrès d'ouverture envers des choix de vie qui ne sont pas forcément ceux d'une famille classique. Et mêler Dieu à cela ne sert à rien. La reconnaissance que chaque être est différent, que chacun a des capacités que l'autre n'a pas est essentielle. Lorsque le texte de la Genèse nous parle de « domination », il s'agit pour les rabbins de dominer les instincts de guerre, d'exclusion et de haine face à la différence. Si l'être humain a été créé unique, c'est dans un but pacifique et pour que personne ne puisse dire « mon père était plus grand que le tien » (Sanh. 88b).

C. B. — Nous venons tous d'Adam ! Mais aussi d'Ève que Dieu a mise à ses côtés pour engendrer une postérité. Par la suite, Abraham dit à l'Éternel : « Tu ne m'as pas donné de descendance », et Isaac, son fils, « implora à son tour l'Éternel pour sa femme, car elle était stérile ; et l'Éternel l'exauça ». L'homme demande à Dieu que lui soit donnée une descendance. « L'Éternel visita Sara comme Il l'avait dit. Sara conçut et enfanta un fils à Abraham déjà vieux, au temps que Dieu avait marqué. » La stérilité met l'accent sur le miracle renouvelé de toute naissance et, de ce fait, sur l'impossibilité pour l'homme et la femme de s'illusionner quant à leur toute-puissance, d'oublier que toute descendance est le fruit d'une bénédiction. Dans le bel exemple d'Isaac et Rébecca, chacun prie pour l'autre, prêt à renoncer à son propre bonheur à condition que l'autre puisse trouver le sien dans une possible descendance. La femme « ne fait pas un enfant toute seule », le désir qu'elle porte à un homme ainsi que celui de l'homme pour elle accompagnent sa fécondité. Désir qui participe d'une étincelle divine.

LA PRÉSENCE DIVINE AU SEIN DE LA CRÉATION

P. B. — Les rabbins interprètent la stérilité de ces femmes de la Bible comme étant l'expression de la volonté de Dieu d'entendre des prières, comme s'il ne pouvait y avoir de reproduction sans l'aval divin. Il s'agit peut-être là de trace de ces mythologies dans lesquelles les dieux s'unissaient aux femmes pour les rendre fertiles. L'être humain peut se sentir tout-puissant à ce moment où il est capable de créer à son tour, de donner naissance. La prière servirait de rappel que la création est un partenariat entre le divin et l'humain.

La stérilité est comprise dans le texte biblique comme le résultat d'une volonté divine, ce qui pose problème aux théologiens modernes qui ne peuvent la comprendre comme une punition. On ne peut lire en effet la réalité qui nous entoure en termes de récompenses et de châtiments comme aux temps anciens. D'ailleurs le livre des Psaumes soulevait déjà la question du mal qui fleurit et des justes qui souffrent, et cette réflexion est encore davantage développée dans le livre de Job à propos duquel André Neher écrit : « Non, Job est absolument innocent, et, dans la projection historique de son cas, le peuple juif, lorsqu'il est victime de Nabuchodonosor et d'Hitler, est, lui aussi, innocent dans l'absolu. C'est cette innocence même qui constitue la condition indispensable au sens de la lutte, au sein du silence[1]. » Malheureusement, il existe toujours des personnes bien-pensantes comme les « amis philosophes » de Job, pour trouver des raisons au malheur et cela de tout temps.

Toute personne souffrante à un moment de son existence ne s'est-elle pas entendu dire : « Mais ce n'est pas parce que tu as fait ceci, ou parce que tu n'as pas fait cela... ? », par de faux amis qui veulent scruter son passé pour y trouver des taches qui lui permettraient de déceler un sens à la souffrance ? Il est tellement facile de plaquer des réponses toutes faites au tourment, si difficile de rester dans l'incertitude et le doute. Mais si l'on veut être juste et non inique, compréhensif et non agressif, si l'on veut écouter sans pointer un doigt accusateur, il faut s'abstenir de tout jugement et écouter les questions sans y apporter de réponses immédiates, laisser place à la révolte, seule réponse légitime à l'injustice. Et on a envie de crier avec Einstein : « Deux choses sont infinies : l'Univers et la bêtise humaine. Mais en ce qui concerne l'Univers, je n'en ai pas encore acquis la certitude absolue » !

C. B. — On dit bien que la bêtise est sans limites ! Et dire ou faire des bêtises ne signent-ils pas une absence de limites à ce que l'on croit savoir ? Les « amis » de Job affirment d'un ton sentencieux : « Écoute-moi, fais silence, et je t'enseignerai la sagesse. » À Job accablé de tous les maux – à la perte de ses enfants s'ajoute celle de tous ses biens, puis une maladie le contraint, sur son tas de cendres, à se gratter avec un tesson – ils cherchent à trouver des explications, dont aucune ne le console et, bien au contraire, l'accablent. « Que de fois ai-je entendu de tels propos, et quels pénibles consolateurs vous faites ! » Phrase que tant d'entre nous pourraient prononcer quand certains « amis » viennent, animés des meilleures intentions, nous « faire la leçon » alors que nous souffrons dans notre chair et notre vie de maux divers, désespérés par trop d'infortunes : « Réfléchis bien, qu'as-tu fait qui soit à l'origine de tes mal-

1. André Neher, *L'Exil de la parole : Du silence biblique au silence d'Auschwitz*, Seuil, 1970, p. 213.

heurs, qu'as-tu “mal” fait? S'il en est ainsi, n'est-ce pas que tu le mérites : seuls les “méchants” subissent les effets de leurs “fautes”? Si tu ne sais pas en quoi tu es coupable, tu l'es cependant. »

« Coupable, forcément coupable », a-t-on envie de dire dans la continuité de ce qu'avait écrit Marguerite Duras, « sublime, forcément sublime » au sujet de la mère du petit Grégory qu'elle considérait comme coupable. Or Job ne cesse de clamer son innocence, en même temps qu'il exprime sa révolte et un profond sentiment d'injustice : « Encore aujourd'hui ma plainte est une révolte; ma main comprime mon gémissement. » Sa douleur est tout autant physique que morale : celle de ne pas comprendre pourquoi Dieu agit ainsi avec lui, alors qu'il a toujours été intègre. Pourquoi toutes ces souffrances lui sont imposées? Ces paroles de Job, si belles et si humaines, rejoignent nos questions sur l'origine du bien et du mal. N'enseignent-elles pas que le bien ne serait pas qu'une juste récompense au bien que nous avons fait, à l'intégrité de nos actions et à notre foi dans le divin; et le mal, la conséquence du mal que nous aurions fait, punition d'un grave manquement ou on ne sait quelle transgression?

Restons dans le domaine de la stérilité. Cette sentence que subissent des femmes, ainsi que des hommes, pères potentiels, ne les accable-t-elle pas d'autant plus qu'ils sont face à une profonde incompréhension? « Pourquoi moi? » « Pour quelle faute, dois-je payer? » « Que n'ai-je pas bien fait? » ou « Qu'ai-je mal fait? » Les embryons de réponse, si je puis dire, les conseils médicaux et amicaux ne sont pas dénués de reproches, voire de critiques aussi intolérables à entendre que dénués de sens. Pour citer à nouveau Job : « Instruisez-moi, alors je me tairai; montrez-moi en quoi j'ai pu errer. On supporte sans peine des discours équitables, mais vos critiques, que visent-elles? » (Job 6 24/ 25).

Voir la stérilité, pire encore la perte d'un enfant, telle une punition divine est une notion qui, malheureusement, est encore trop répandue dans les esprits. Doit-on laisser se perpétuer des pensées aussi archaïques, absurdes et intolérables? Nous avons l'habitude de penser le « mal » que l'on subit, la survenue d'événements douloureux à vivre, et parfois dramatiques, en cherchant à trouver une explication ou un responsable à qui en imputer la faute. N'a-t-on pas le réflexe de considérer, si ce n'est pas la faute d'un autre, que c'est forcément la nôtre ; et si ce n'est la nôtre, forcément celle d'un autre ? Face à la souffrance, il est préférable de s'abstenir de vérités toutes faites, d'être à l'affût de relations soi-disant objectives de cause à effet : celles-ci pour un temps nous rassurent, mais leur caractère intransigeant va davantage dans le sens d'une rigidité et d'une intolérance qu'il nous fait gagner en humanité. Shammaï prend le pas sur Hillel ! « Et si l'un d'entre vous punit au nom de la droiture et plante la hache dans l'arbre du mal, qu'il en considère aussi les racines ; et en vérité il trouvera les racines du bon et du mauvais, du porteur de fruit et du stérile, entrelacées dans le cœur silencieux de la terre[1]. »

P. B. — Bien sûr, il est des maux scientifiquement explicables – on sait que certains comportements par exemple ont des conséquences sur la santé, que l'imprudence provoque des accidents, que le tabac et la drogue entraînent des maladies et parfois la mort – mais il reste des maux inexpliqués et inexplicables, et notre devoir éthique est de dire « je ne sais pas ». On peut parfois expliquer le comment, quelles causes ont produit quels effets, mais le pourquoi nous échappe et reste enveloppé de mystère. Si la stérilité a des causes scientifiques, elle ne saurait être justifiée par la volonté divine et être à l'origine d'une quelconque culpabilité : « Il est blasphématoire, écrit le rabbin John Rayner d'attribuer à un Dieu bon et compatissant des mots violents, expression d'un caractère humain vindicatif. » Et ainsi est-il inacceptable de tracer des équations simples entre le comportement et la stérilité.

C. B. — Bien au contraire, il nous faut accepter le mystère du pourquoi. Car ce que l'on croit être le fait d'une volonté extérieure peut être celui de notre inconscient ! Il est une explication que la

1. Khalil Gibran, *Le Prophète*, Casterman, 1956, p. 42.

psychanalyse peut, sinon affirmer, suggérer : celle de l'ambivalence présente dans nombre de nos désirs. Face à la difficulté prolongée d'avoir un enfant chez une femme, on peut s'interroger sur ce que représente pour elle le désir d'enfant. Ce dernier qui apparaît si naturel est porteur d'une multitude de désirs, plus ou moins présents et conscients : celui déjà de « tomber enceinte », de se prouver qu'elle peut être capable d'accueillir dans son corps la vie et ainsi se sentir une femme à part entière, pleine de l'amour d'un homme et de son amour ainsi proclamé pour lui : amour visible, tangible, mis en avant, dont la protubérance ne peut échapper au regard d'autrui.

Désir aussi du bonheur pressenti de porter un bébé dans son ventre, d'éprouver la sensation de sa présence, la perception de sa croissance. Désir de le mettre au monde, de vivre cette expérience d'accoucher : expérience dont on dit la douleur, mais aussi la joie ineffable. Désir de prendre soin d'un bébé, de donner libre cours à son instinct maternel, et de réparer au besoin les manques, abandons, rejets des premiers instants de sa vie. Désir d'éduquer un enfant, de lui apprendre à vivre, de le consoler, de l'accompagner et d'être pour lui unique et à la fois indispensable, recevant un amour inconditionnel tout en l'éprouvant à son égard comme jamais auparavant, de tout son cœur, de toute son âme. Désir de partager les premiers pas, balbutiements, mots prononcés avec le père de cet enfant.

Désir de construire une famille, et y découvrir aussi bien les plaisirs que la chaleur, ainsi qu'une forme de sécurité. Désir d'être une mère dans le regard des autres, de la société et déjà dans sa propre famille ; car on fait aussi un bébé pour les parents, les beaux-parents, les grands-parents ; on en fait un en même temps qu'une sœur, que les copines, car la trentaine approche, a fortiori la quarantaine. On en veut un, deux, trois, quatre ou plus... Et chaque chiffre porte sa symbolique : avec le premier, devenir mère, le deuxième, ne pas faire un enfant unique, « en tenir un dans chaque main », avec le troisième, « on est tellement heureux d'avoir un petit dernier »... On veut un garçon, car on n'a « eu que des filles ». On espère une fille « après des garçons », on a envie de « jouer à la poupée », etc.

Chacun de ces désirs, plus il est l'objet d'un enjeu vital et plus il est lourd d'une grande charge émotionnelle. Plus la réalisation en est imaginaire, et de ce fait idéalisée, plus il devient l'objet d'une peur panique : peur aussi bien de voir son désir réalisé, et de le confronter à l'image idéalisée, que d'affronter l'incapacité à le voir prendre forme. « Ai-je droit d'avoir ce à quoi je tiens le plus : un enfant pour moi ? » C'est alors que certaines pensées – « Je veux et je ne suis pas certaine de mériter ce bonheur... » ou « ce dont je rêve est si parfait, je ne veux pas être déçue » – se transforment en : « Je veux... mais je ne peux pas ». Ou « je peux... mais je ne veux pas ». Ignorante pour elle-même des causes profondes de son ambivalence, la femme est convaincue de connaître son désir : « Je veux absolument avoir un enfant », affirme-t-elle. Elle vit avec un profond sentiment d'impuissance sa stérilité et elle ressent parfois une forme d'anéantissement : « Si je n'ai pas d'enfant, je ne suis rien. » S'opposant à la fécondité, évidence d'une vie qui se transmet, la stérilité est associée à une terre aride et stérile : un ventre incapable de donner des fruits. « Je me sens comme l'oiseau blessé d'une flèche qui ne peut plus voler[1] », dit une femme qui a « failli » à son devoir de faire un garçon. Se trouver coupée de ce qui est naturel, coupable d'avoir arrêté la lignée, peut être un vécu de castration.

P. B. — Le mot עקרות *akarouth* qui signifie en hébreu stérilité, provient de עיקר *ikar*, le principe, la racine, l'essence, l'axiome. עקור *akour* veut dire déraciné, déplacé, extirpé. Pourquoi ? Sans doute parce que la plante déracinée devient stérile et ne peut plus produire, avoir des fruits. Un arbre sans racine est sans bourgeon et condamné à mourir. De même, une idée spéculative, qui ne s'enracine pas dans le réel, serait comme une idole qui ne produit qu'elle-même dans un cercle fermé : « Leurs idoles sont d'or et d'argent, façonnées par des mains humaines. Elles ont une bouche et ne parlent pas, des yeux et ne voient pas. Elles ont des oreilles et n'entendent pas, des narines et n'ont point d'odorat. Malgré leurs mains,

1. Tracy Chevalier, *La Dame à la licorne*, traduit par Marie-Odile Fortier-Masek, Éditions Quai Voltaire, 2003.

elles n'ont pas le sens du toucher; malgré leurs pieds, elles ne sauraient marcher; leur gorge n'émet aucun son» (Psaume 115). Au fond, l'idole se suffit à elle-même. Être stérile pourrait signifier dans un sens symbolique être comme un sol aride, qui ne produit pas. Et la racine peut être le lien à l'histoire, au passé, mais peut être également l'enracinement que nous créons par nos actions qui s'inscrivent dans la réalité. Car celui qui n'a pas de racine, ne peut produire de fruit comme on le lit dans le Traité des principes (III, 22) : «Celui dont la science surpasse les œuvres ressemble à un arbre qui a beaucoup de branches et peu de racines; vienne une tempête, il est déraciné et jeté à terre, [...]. Mais celui dont les œuvres surpassent la science ressemble à un arbre qui a peu de branches et beaucoup de racines; tous les vents du monde se déchaîneraient contre lui qu'ils ne parviendraient pas à l'ébranler.» L'enracinement dans le réel qui a pour conséquence de pouvoir «porter ses fruits» est expliqué ici comme une action qui transforme le monde dans lequel nous vivons.

La stérilité serait comprise ici, non comme l'impossibilité d'avoir des enfants, mais l'incapacité à changer le monde par nos actions, à avoir un impact positif sur le réel, ce que les mystiques appellent le תיקון עולם *tikoun olam* ou la «réparation du monde». Une science qui serait une simple accumulation de connaissances théoriques sans traduction dans la vie de tous les jours serait inutile, tandis que des connaissances qui cèdent leur place à une inscription concrète dans des actes de bonté et de générosité prendraient tout leur sens.

C. B. — Ce sont nos œuvres et nos actions qui créent en effet nos racines, constituent le socle de notre vie future. Ainsi, les soins que nous donnons à une terre, à une maison nous enracinent dans un lieu; et l'amour comme l'amitié que nous avons cultivés avec art et patience nous enracinent dans une histoire au fur et à mesure que nous lui donnons vie. Nos racines ne seraient pas limitées à l'héritage que nous avons reçu à la naissance et qui aurait le pouvoir de déterminer une grande part de notre existence.

On pense bien souvent que seuls des aïeuls ancrés dans une histoire heureuse confèrent à leur descendance un bonheur d'être au monde, que des femmes épanouies dans leur vie de femme et leur maternité laissent à leur fille et à leur petite-fille la conviction qu'elles peuvent en faire tout autant, que des hommes ayant des valeurs solides peuvent les transmettre à leur progéniture. Oui, certainement, nos propres fruits ne sont pas étrangers à notre arbre généalogique. Mais il est stérile de penser que « si on n'avait pas la famille qu'on a », nous serions des êtres parfaitement sereins, installés dans une légitimité quant à nos acquis et nos droits, capables d'avoir une vie à la mesure de nos rêves.

L'idée que nous sommes impuissants à vivre le bonheur ou voués à ne connaître que des échecs nous fragilise. Il importe de ne pas prendre pour référence les modèles que nous idéalisons chez autrui : « Chez les autres, c'est mieux ! » emporte la conviction de beaucoup. « Ah, si on m'avait aidé ! disait Devos, j'aurais été un héros... » Or de puissantes racines peuvent se construire dans une famille malade, et de bien fragiles résulter d'une famille très « comme il faut ». Il est intéressant de constater qu'Isaac, né sous le signe du rire puisque c'est ainsi qu'il se nomme, est peu décrit dans la Bible, mais ce qui est dit de lui montre un homme passif et objet de son destin, particulièrement dans cet épisode où il est si près d'être sacrifié par son père. Il participe à des révélations majeures dans la vie de ses parents : sa mère découvre la maternité à un âge très avancé, son père fait l'épreuve de sa confiance absolue en l'Éternel. Des parents avec un destin hors du commun peuvent ne pas laisser à un enfant la place d'exister à part entière : ce dernier est conforme à ce que l'on a fait de lui. Ainsi nos racines sont-elles d'autant plus développées que nous avons à nous distinguer d'un modèle familial pour nous imposer tels que nous sommes ; et d'autant plus faibles que nous suivons la voie toute tracée de l'histoire familiale. Aussi, car il représente un modèle imaginaire impossible à réaliser, le bonheur des parents n'induit pas toujours celui des enfants.

Notre force se situe dans la reconnaissance de ce qui nous a été donné, mais sans nous y arrêter, ni nous limiter, et dans l'acceptation de nos racines telles qu'elles sont, sans les juger trop fragiles ou insuffisantes ; auquel cas la peur d'être stérile envahit le champ psychique dans tous les domaines de notre vie. Nous sommes tous porteurs de racines d'une puissance et d'un potentiel infinis ; et nous avons plus de racines que nous ne pouvons porter de fruits. Même quand les feuilles tombent, que les fruits se font rares et les fleurs absentes, la sève est là, présente et vivante, prometteuse de feuilles, de fruits et de fleurs qui ne demandent qu'à éclore. Nos racines nous viennent de la terre et du ciel conjugués. Elles peuvent être comparées à la Torah dont les potentialités de lectures sont sans fin, car ainsi que l'entend Levinas, le *pouvoir* du texte est toujours supérieur à son *vouloir* dire. « En chaque mot et chaque lettre, écrit-il encore, il y a un oiseau aux ailes repliées qui attend le souffle du lecteur. Et lorsque le lecteur interprète, l'oiseau déploie ses ailes, et il ne faut pas oublier de monter sur son dos pour monter vers l'infini[1]. » Dans chaque être, il est des racines qui ne demandent qu'à croître et qui attendent pour se développer l'influx d'un souffle créateur, pour s'épanouir dans élan vers l'autre en un don d'amour.

P. B. — La terre et le ciel, nous sommes un peu des traits d'union entre les deux : « Des racines et des ailes », dit le Talmud. Les racines sont soit des inspirations du passé, soit celles que nous créons au présent, ces œuvres de bienfaisance et de générosité qui nous donnent des ailes, une ouverture à l'autre qui permet de grandir, de fructifier et de rayonner vers l'extérieur de soi. Einstein disait encore : « Ce qui fait la vraie valeur d'un être humain, c'est de s'être délivré de son petit moi. » Lorsque l'on est délivré de « son petit moi », on peut ouvrir les yeux et regarder l'autre ; ce regard est un regard de créativité, il créé la relation à l'autre : il n'est plus stérile et autosuffisant. On raconte l'histoire de deux habitants de Chelm – Chelm est un village de Pologne où, dans le folklore juif, on se pose des questions étranges et où l'on trouve des réponses encore plus étranges – qui se demandaient : Comment grandissent les gens ? Du bas vers le haut ou du haut vers le bas ? L'un disait que les gens grandissaient du bas vers le haut : « Regarde, dit-il, si tu

1. Emmanuel Levinas, *Au-delà du verset*, Éditions de Minuit, 1982, p. 135.

observes un peloton de soldats, leurs pieds touchent tous le sol mais leur tête arrive à des hauteurs différentes, ce qui prouve que l'on grandit des pieds à la tête. – Mais non, rétorque son compère, les gens grandissent de la tête vers les pieds : si tu regardes une fanfare, le bas des pantalons arrive à différents niveaux ce qui prouve que les gens grandissent de la tête vers les pieds. » Ne parvenant pas à trouver une solution à leur querelle, ils allèrent consulter le rabbin. Tour à tour, ils exposèrent leur théorie et le rabbin les écouta attentivement. Puis il dit : « Vous n'avez raison ni l'un ni l'autre, les gens ne grandissent ni des pieds vers la tête, ni de la tête vers les pieds, ils grandissent de l'intérieur vers l'extérieur car, quand ils accomplissent des actes de générosité, leur cœur grandit ! »

C. B. — Il est une fécondité du cœur qui le fait grandir au fur et à mesure que ses dons se multiplient. À l'inverse d'un cœur stérile, sec et improductif, il cultive en lui sa petite graine d'amour et en sème beaucoup autour de lui. Un grand cœur a les mains grandes ouvertes : « Toi qui m'as tant enrichie, mon Dieu, permets-moi aussi de donner à pleines mains. » Ne sommes-nous pas, ainsi que le dit Etty Hillesum « un cœur pensant » ? Un parler philosophique pourrait-il ignorer la sagesse de l'amour ? Car seul l'amour est créateur, non seulement d'actes et de belles paroles, mais d'une vie véritable. Nos belles pensées demeurent lettres mortes si elles ne sont pas tournées vers les autres.

La parole fécondante n'est pas une parole en l'air : elle s'ancre dans le vif du sujet, fait accoucher de nouvelles idées, éveille à la conscience et à toujours plus de lucidité. Est-elle vérité celle que l'on émet depuis sa tour d'ivoire, sans direction, sans intention ? Elle ne parle que pour elle et manque de cœur ; elle est stérile. Ainsi le sont des regards absents et un certain toucher. « Tant que vous êtes en demande, vous ne pouvez pas toucher un corps : vous pensez toucher le corps de l'autre, mais vous n'entrez en contact qu'avec vous-même ; vous rencontrez votre propre problématique. Quand vous n'éprouvez plus le besoin de toucher et d'être touché, vous caressez autrement, autre chose se passe[1] », écrit Éric Baret dans *De l'abandon.* La stérilité est absence d'altérité ; merveilleuse fécondité, le don de soi. Tandis que le regard fécondant fait apparaître la beauté là où elle s'était éteinte, met en lumière le meilleur oublié de chacun, restitue le vrai, le beau, le bon à la vue d'autrui. « La nudité concerne moins le fait d'être nu que d'être regardé d'une certaine façon », dit Schmuel Trigano, dans un livre intitulé *L'Intention d'amour,* commentant « les maîtres de l'âme » de Rabad. L'essentiel étant de sauvegarder la נפש *nefesh* de l'autre – l'essence de sa personne. Il définit la nefesh en précisant qu'« en elle convergent la "chair" בשר *bassar* et le "souffle" רוח *rouah,* se forge l'unité synthétique et dynamique de la personne, sa puissance psychique vitale[2]. » Il s'agit de ne pas réduire le corps de l'autre à ses contours : « Une façon de regarder en baissant les yeux, en évitant de croire que toute la personne se manifeste dans ce qui est regardé d'elle, ce qui sauvegarde sa nefesh qui n'est pas limitée aux limites de son corps. On conçoit la façon dont on peut "regarder" un Dieu invisible et donc caché dans ce qui est regardé de lui. »

L'intention d'amour nécessite une reconnaissance d'autrui en tant que sujet, conscience qui me fait face « dans une relation telle que sa rencontre modifie mon intériorité, et non comme un objet que j'utiliserais dans un rapport pétrifié où en vérité, je ne le verrais pas, même si je le regardais. » Il est des regards qui vous déshabillent et écorchent votre nudité, la réduisant à ses imperfections ou l'aimant dans sa seule représentation, objectivée, sans âme ; d'autres qui la couvrent de tendresse et la parent de lumière. Le nu est un.

1. Éric Baret, *De l'abandon,* Éditions Les Deux Océans, 2004.

2. Schmuel Trigano, « L'Intention d'amour : désir et sexualité » dans *Les maîtres de l'âme* de R. Abraham ben David de Posquières, Éditions Éclat, 2007, p. 32.

LA STÉRILITÉ COMME MÉTAPHORE

P. B. — On peut lire la stérilité de manière métaphorique. La métaphore est l'outil du midrash que l'on ne saurait lire littéralement. Il nous invite à penser l'au-delà de la lettre, à ne pas nous enfermer et nous constituer prisonniers d'une littéralité du ras des pâquerettes, mais nous incite au contraire à nous élever dans les hauteurs des cieux, l'allusif, le symbolique, l'au-delà de la lettre. Comme le disait Anatole France, « les vérités découvertes par l'intelligence demeurent stériles. Le cœur est seul capable de féconder ses rêves ». On peut en effet imaginer qu'un axiome qui n'a pas d'application, une théorie éthérée et sans ancrage dans le réel est stérile. L'accumulation d'une science peut être très froide, il faut l'habiller du vêtement du cœur ou bien au contraire partir du cœur et y ajouter des connaissances. À la théorie, il faut allier le sentiment et également soumettre l'hypothèse aux limites de la réalité. Albert Einstein s'adressait à ses élèves avec beaucoup d'humour lors d'une expérience scientifique : « La théorie, c'est quand on sait tout et que rien ne fonctionne. La pratique, c'est quand tout fonctionne et que personne ne sait pourquoi. Ici, nous avons réuni théorie et pratique : rien ne fonctionne... et personne ne sait pourquoi ! »

C. B. — Cette dernière phrase est parfaitement adaptée à la stérilité, comme à tout ce qui devrait « naturellement » fonctionner et dont on déplore que « ça ne marche pas ». On a cependant suivi le mode d'emploi, « fait tout ce qu'il fallait » ; pourquoi alors n'a-t-on pas les résultats escomptés ? Pour les autres, ça a l'air d'être si facile ! Il est des objets dont le mécanisme nous échappe ; de même le corps nous impose des pannes aussi pénibles qu'incontrôlables. « Pourquoi je ne parviens pas à dormir, je n'arrive pas à maigrir, telle partie de mon corps me fait souffrir ? » Ou encore : « Pourquoi cet homme, ou cette femme provoque chez moi une telle attirance, alors qu'ils ne sont pas du tout mon type d'homme ou de femme ? » « Pourquoi n'ai-je plus de désir pour cette personne qui est celle que j'aime le plus ? » « Pourquoi alors que j'éprouve du désir, mon corps ne répond pas ? » On a beau retourner le problème ou la situation dans tous les sens, nos questions restent en suspens. Ce qui devrait répondre à notre attente fait défaut : sommeil, minceur, désir... et fécondité. Et plus on se révolte contre la magie qui n'opère plus, plus la « panne » s'amplifie et envahit notre espace psychique.

Nous faisons alors appel à la science et à ses pouvoirs pour corriger les manquements de la nature : des somnifères pour dormir, des pilules ou autre régime miracle pour perdre du poids, d'autres pilules encore pour éprouver plus de bonheur, ou remédier à certaines déficiences difficiles à accepter. Et la chirurgie peut pallier les effets du vieillissement, ou d'autres interventions mineures aider à lutter contre l'inéluctable du temps. Dans le domaine de la stérilité, les progrès scientifiques ont changé la donne : là où elle était inéluctable à cause d'une insuffisance hormonale, de la mauvaise conformation des trompes, d'une absence de glaire, d'une incapacité à ovuler ou d'un spermogramme atypique – entre autres causes médicales –, une alternative a été trouvée, comme la fécondation *in vitro*, le don d'ovules, le don de sperme et de multiples combinaisons capables de s'adapter à chaque cas. Là où la conception était impossible, des portes se sont ouvertes, et d'heureux hommes et femmes ont pu accéder à la joie d'être pères et mères. Mais c'est bien souvent un parcours du combattant – et de combattantes – que les femmes poursuivent, courageuses et déterminées, accompagnées par des hommes dont le chemin n'est, pour eux aussi, guère aisé. Ces avancées dans la science remettent maintenant en question les liens de parenté, s'éloignant de la cellule familiale « classique » – papa, maman et les enfants – et amenant à la révision des lois de bioéthique.

On peut alors se demander si l'absence de limites, le « toujours plus », la course à l'enfant même sans ovulation, et même sans père ou encore même sans utérus – « Demain ou après-demain peut-être dans un utérus artificiel[1] » – engendre la liberté ou l'aliénation. La stérilité génère la sensation d'être enfermé dans une voie sans issue ; elle est le contraire d'un mouvement évolutif. Mais être entraîné dans un système où tout est régulé par d'autres, n'est-ce pas être dépossédé de son temps, de son rythme, de son cycle ? Combien de fois, sorties de ce système infernal car aliénant, de ces attentes interminables et après avoir fait le choix d'adopter en renonçant à une fertilité « naturelle », la femme est-elle devenue féconde ? Elle a accepté ce qui est, laissé être ce qui peut être, restauré la confiance là où elle l'avait perdue, retrouvant le jeu du risque et de l'aléatoire : seul lieu où la magie opère.

P. B. — Oui, le « lâcher-prise » est fondamental dans toute forme de créativité. Parfois l'inattendu arrive lorsque notre regard est détourné vers un ailleurs, que nous nous laissons surprendre par ce que nous n'avions pas prévu. Accepter que nous ne pouvons tout contrôler permet à la réalité de nous échapper et de nous faire rire. Notons que la stérilité de Sarah est mentionnée juste avant l'ordre de Dieu à Abraham de quitter sa ville et son pays natal « Va pour toi », לך-לך *Lekh-Lekha*, qui initie l'histoire des Hébreux. Pour Avivah Gottlieb Zornberg, exégète bibliste contemporaine, Abraham et Sarah se condamnent à une existence nomade stérile. Ils se déracinent. Elle associe la stérilité et l'aliénation. Mais ce déracinement du passé leur permet paradoxalement d'amorcer un nouveau départ qui, lui, sera fructueux. Le déracinement est nécessaire avant la nouvelle implantation explique-t-elle : « Un acte de discontinuité radical est décrit semble-t-il dans la Torah comme le fondement essentiel de toute continuité[2]. » Lorsque dans la Genèse, au cours du second récit de la création où la femme est créée après l'homme, il est dit : « C'est pourquoi l'homme abandonne son père et sa mère ; il s'unit à sa femme, et ils deviennent une seule chair » (Gen. 2 :4),

1. Henri Atlan, *La Philosophie dans l'éprouvette*, Éditions Bayard, 2010.
2. Avivah Gottlieb Zornberg, *The Beginning Of Desire, Reflection On Genesis*, Jewish Publication Society, 1995, p. 77.

le Targoum, traduction de la Bible en araméen, formule ce verset ainsi : « C'est pourquoi l'homme quitte la chambre à coucher de ses parents. » Avant toute formation d'une nouvelle union, explique Avivah Gottlieb Zornberg, il faut un abandon, abandon de l'état d'enfant dans la chambre de ses parents, afin de découvrir l'autre comme partenaire sexuel et pouvoir à son tour devenir parent.

Construire un foyer, c'est rompre avec le foyer familial et s'y rattacher autrement, un peu comme l'adolescent qui remet en cause tout ce que lui ont appris ses parents, puis décidera des traditions qu'il poursuivra et de celles qu'il abandonnera. Cet arrachement est nécessaire, mais s'il n'y a pas un nouvel enracinement, l'être humain est נע ונד *na vanad*, dans une errance perpétuelle. Construire un foyer, c'est s'inscrire dans le cadre d'une maison et s'installer un peu. Abraham abandonne le monde des idoles de son père, il va en chemin, rencontre Sarah. Lorsque le *Lekh Lekha* (« Va pour toi ») sera véritablement accompli, l'abandon des idoles – symboles elles aussi de la stérilité, de ce qui ne peut pas produire l'au-delà de soi – l'« implantation » pourra avoir lieu et le couple sera fécond. André Neher explique que le mot תקווה *tikva*, « espoir », est « dérivé de קו *kav* qui désigne la ligne, le fil conducteur, ou, si l'on veut, dans la terminologie d'une naissance, le cordon ombilical, c'est-à-dire la continuité du lien allant de la mère à l'enfant[1] ». קו Kav, c'est aussi l'horizon, source d'espoir תקווה tikva, car les yeux se lèvent pour poser le regard au loin à l'horizon et ne plus regarder la petitesse d'un instant pour s'envoler vers des lendemains prometteurs.

Mais il est un temps où ce fil est coupé, temps nécessaire pour aller vers la vie et plus tard redonner naissance. Abraham quitte « la maison de son père ». La femme du midrash, elle, doit revenir dans la maison de son père, comme si elle avait besoin de revenir aux origines pour être persuadée qu'elle a choisi le bon mari, marcher sur les traces de son passé pour le mettre définitivement derrière elle, et le concevoir ou l'envisager différemment. Elle se retrouve dans cette maison paternelle, aux yeux de son époux, qui la voit à nouveau

1. André Neher, *L'Exil de la Parole*, *op. cit.*, p. 215.

telle une jeune fille à conquérir, une princesse à enlever et à ravir comme dans les contes de fées !

C. B. — Elle-même ne retrouve-t-elle pas ainsi son prince charmant, même si ce n'est pas lui qui vient la chercher sur son cheval blanc, mais elle qui le fait porter dans son lit, transporter dans la maison du père ? L'acte de cette femme est romantique ; elle déclare son amour haut et fort, le choix de cet homme et son désir de vivre avec lui, bien des années après leur rencontre. « Si nous devons nous quitter, j'accepte de tout perdre, mais pas toi ! » Paradoxalement, revenir chez son père signe un nouveau départ. Elle ne « retourne pas chez sa mère », ce qui laisserait penser qu'elle revient au giron maternel, repli sur l'enfance, la petite fille et l'histoire familiale dont elle ne peut ou ne veut pas sortir. L'acte de cette femme n'est pas une régression : bien au contraire, il est un acte de liberté, mouvement de reconquête, départ du lieu de la stérilité pour revenir à celui de la virginité, page blanche où tout peut encore s'écrire. Cette virginité est toujours en devenir – Picasso dit que l'« on met longtemps à devenir jeune » : on ne cesse de quitter la chambre à coucher des parents, mais aussi celle de ses aïeuls. Les attentes, peines et inquiétudes de ces derniers sont multiples et font partie intégrante de notre tissu de vie ; il faut du temps, parfois beaucoup de temps, pour nous en libérer. Tant que l'on est dans le désir des autres pour soi, on ne peut créer sa vie.

P. B. — La tradition juive envisage la santé בריאות *beriouth* comme la possibilité de créer, (ברא *bara* veut dire « créer ») et la maladie מחלה *ma<u>h</u>ala* comme un état où l'on est tourné vers soi dans l'impossibilité d'aller vers l'autre. Être en bonne santé, c'est être capable d'aller vers l'autre, lui tendre la main, lui parler. La relation à l'autre définit notre humanité איש *ish*, l'être humain est un être avec, un être sociable. « Il n'est pas bon que l'être humain soit seul », dit la Genèse (2 :15) en affirmant ainsi qu'un couple est l'envers de la solitude. On pense à la célèbre phrase de Lamartine : « Un seul être vous manque et tout est dépeuplé », qui résume sans doute ce que cette femme et cet homme de Sidon ressentent en envisageant de se séparer, de s'arracher l'un à l'autre.

C. B. — On peut en effet être malade de l'absence de l'être aimé et retrouver la santé en sa présence. Le bonheur d'être ensemble, la jouissance de vivre l'« être avec » que nous sommes, n'est pas seulement un remède contre la solitude : c'est un acte de vie et un don de la vie. Dans cette relation avec celui ou celle qui fait de nous un sujet aimant, cette direction vers un autre que soi qui éveille des sentiments, sensations et désirs, nous sommes *en-vie.* Le plaisir et la sexualité allant dans le sens du mouvement de la vie, ils ne peuvent être tabous, ni davantage à proscrire ; l'essentiel est l'intention qui les anime, le respect et la qualité de l'attention que l'on porte à l'être aimé.

« Ce qui fait le bon acte est la bonne intention. » Schmuel Trigano évoque une « sainteté de l'acte » et une « sainteté du cœur » ; « la "sainteté" est à comprendre ici dans sa signification exacte : comme séparation. » À l'inverse de la fusion, la séparation favorise la reconnaissance de l'autre en tant qu'autre. Ainsi, dans l'acte sexuel, l'autre est envisagé comme un partenaire : en aucun cas l'objet d'une consommation en réponse à un besoin, ou de toute forme d'appropriation qui le réduirait à n'être qu'un objet de désir. « Pour ménager le champ de l'intention, il faut qu'il y ait "un reste" inconsommé. [...] Ce reste, c'est la part de vide et d'inaccompli qui subsiste dans la relation... Part gardée et bénie. En la sauvegardant, on ménage l'avenir, on laisse un souffle, un appel d'air dans le monde. [...] L'enjeu est de savoir si dans le vide qui sépare les deux partenaires – et qui est la condition de leur individuation comme homme et femme – pourra naître un être nouveau[1] ? » L'intention est au service de la relation et la relation au service d'une vie nouvelle, sous toutes ses formes.

1. Schmuel Trigano, *L'Intention d'amour, op. cit.*, p. 46-47.

LE COUPLE ET LE PLAISIR

P. B. — La sexualité et le plaisir sont au centre de la relation de couple et recommandés le jour du shabbath, qui est «jour de délices» (Ket. 62b). Le judaïsme se situe dans un juste milieu entre un hédonisme sans limites et sans loi et un rejet des plaisirs matériels. Dans le dialogue de Phédon, le philosophe explique que l'âme est prisonnière du corps et doit s'en libérer pour accéder à la connaissance pure : «Tant que nous aurons le corps associé à la raison dans notre recherche et que notre âme sera contaminée par un tel mal, nous n'atteindrons jamais complètement ce que nous désirons et nous disons que l'objet de nos désirs c'est la vérité. Car le corps nous cause mille difficultés [...] il nous remplit d'amours, de désirs, de craintes, de chimères de toute sorte, d'innombrables sottises si bien que, comme on dit, il nous ôte vraiment et réellement toute possibilité de penser[1].»

Le judaïsme s'inscrit en faux contre cette philosophie platonicienne qui a influencé la pensée occidentale. Le corps est au contraire le médium de l'accession au monde spirituel. «À partir de ma chair, je percevrai Dieu» (Job 19 :26) Le corps est une création merveilleuse, nous devons en prendre soin. Le matin en nous levant nous prononçons une bénédiction qui admire son fonctionnement, «les orifices et les conduits, car si l'un d'eux s'ouvre ou s'obstrue, nous ne pourrions plus exister et nous tenir debout. Béni sois-Tu, Éternel, qui soignes tout corps et accomplis des prodiges» (Ber. 60a). C'est le dialogue entre l'esprit et le corps dans ce qu'il a de plus sensuel qui compose l'être humain. Le Cantique des Cantiques chante le plaisir des sens : «La senteur de tes parfums surpasse tous les aromates... tes lèvres ô fiancée distillent la douceur du miel ; du miel et du lait coulent sous ta langue et le parfum de tes vêtements est comme l'odeur du Liban.» Lorsque les rabbins se demandent s'il

1. Platon, *Œuvres complètes*, Gallimard, coll. «Bibl. de la Pléiade», 1970.

faut inclure le texte du Cantique des Cantiques, poème érotique parmi les livres saints, rabbi Akiva s'exclame en disant : « Il est le plus saint de tous » (Yad 3 :5) ! La « Lettre de la sainteté » attribuée à Nah̲manide (mais probablement écrite par le kabbaliste Joseph ben Abraham Gikatilla 1248-1325) affirme : « Nous, possesseurs de la sainte Torah, pensons que Dieu, béni soit-Il, a tout créé selon le décret de sa sagesse, et n'a rien créé d'affreux ou de honteux. Car si les rapports sexuels étaient répulsifs, alors les organes de reproduction le seraient aussi [...] Si les organes de reproduction sont répulsifs, comment le créateur a-t-il façonné quelque chose de défectueux ? Si tel était le cas, nous trouverions que ses actes ne sont pas parfaits. »

Dans la tradition juive, le faux pas d'Adam et Ève dans le jardin d'Eden n'est pas d'ordre sexuel puisque les rabbins expliquent qu'ils se sont unis sexuellement avant même d'avoir désobéi à l'ordre divin de ne pas consommer de l'arbre de la connaissance du bien et du mal. Ce faux pas était nécessaire, il constitue le début de l'histoire humaine et de l'apprentissage du libre arbitre. La sexualité pratiquée de manière éthique peut même être un moyen d'atteindre la sainteté : « Lorsqu'un homme et une femme s'unissent dans la sainteté, la présence divine est là » (Sotah 17a).

C. B. — De la pornographie à la sainteté, la sexualité a autant de visages que de regards qui lui sont portés. Le plus éloigné de la sainteté étant le visage qui ne se laisse pas voir – « Je te donne mon corps, mais ma personne tu ne l'auras pas » – ou celui que l'on ne *veut* pas voir – « Donne-moi du plaisir, mais je ne veux rien savoir de toi ». Dans l'un et l'autre cas, le sexe est sans visage. C'est un plaisir volé au corps de l'autre, à l'unique de ce qu'il est, à sa liberté ; et c'est un viol de l'âme, car lorsque celle-ci n'est pas convoquée aux noces du corps, elle n'est pas seulement mise de côté, elle est salie et humiliée. Autrement est le visage de l'être aimé dans une sexualité qui est union, unité accomplie dans une étreinte amoureuse ; c'est Éros, alors, qui caresse le cœur et le corps, ouvre les sens et les sentiments à une perception de l'infini. « S'unir dans la sainteté », n'est-ce pas être capable d'envisager l'autre dans une altérité amoureuse qui fait de son corps le temple de l'âme : un corps magnifié, élevé en haut lieu des plus belles métaphores et inspirations poétiques, comme dans Le Cantique des cantiques, dans la littérature érotique chinoise et tant d'autres écrits. Là, le plaisir est sublimé.

P. B. — Le plaisir est non seulement reconnu, mais célébré. À l'époque biblique, l'homme a des devoirs envers la femme et, dans le monde orthodoxe aujourd'hui, puisque c'est toujours lui qui initie le contrat de mariage, ces devoirs sont maintenus. Il s'agit d'assurer « la nourriture, les vêtements et le droit conjugal » (Ex. 21 :10). Pour le judaïsme libéral, les droits et devoirs de l'homme et de la femme sont réciproques. Le droit conjugal est explicité dans le Talmud, sa fréquence, sa régularité, les contraintes professionnelles qui peuvent influer sur la fréquence. Ceux qui sont obligés de voyager par exemple sont tenus à une fréquence moins grande (M. Ket. 5 :6). Les textes sont d'une grande modernité et le plaisir de la femme est reconnu : « Ne te dépêche pas de satisfaire ton désir et d'éveiller sa force afin de rendre ta femme réceptive. Introduis-toi par la voie de l'amour et du consentement de façon qu'elle émette sa semence la première » (« Lettre sur la sainteté », chap. 6).

C. B. — Dans le Talmud, l'expression du désir de la femme est autorisée et prise en considération. Ne dit-on pas que l'homme doit « honorer » sa femme » et que celle-ci, afin de préserver la fréquence des étreintes, pourrait favoriser un rapprochement avant un départ en voyage de son mari, ou refuser à ce dernier l'acquisition d'un poste à l'étranger ? Ce respect de la femme témoigne d'un respect de la relation, de part et d'autre. N'oublions pas l'égale importance d'une attention semblable de la part de la femme ; si celle-ci peut suggérer son désir et inviter l'homme à une relation plus intime, elle ne l'instrumentalise pas par son exigence, ni elle ne s'autorise des jugements qui pourraient porter atteinte à sa virilité et à sa dignité. Le plaisir que chacun reçoit est exalté par celui qu'il donne. Un acte d'amour n'est-il pas de jouir en même temps que de son plaisir, de celui de l'autre : de partager, en actes et en paroles, la joie d'être ensemble ?

P. B. — La sexualité dans sa plus haute expression est un dialogue des corps et des âmes. Le corps n'est pas séparé de la personne avec le risque de devenir un objet ; il est salué avec la *persona* (l'âme). Et la parole dans la séduction joue un rôle essentiel même si souvent peu à peu, elle n'est plus audible parce que les corps communiquent aussi dans le silence. Rabbi Yo<u>h</u>anan a dit dans le Talmud : « Si la Torah n'avait pas été donnée, nous aurions appris la modestie du chat, l'honnêteté de la fourmi, la fidélité de la colombe et les bonnes manières du coq qui chante avant de s'unir » (Erouvin 100b).

Pour que la spiritualité soit présente et que l'union ne soit pas une simple copulation, et pour s'assurer que l'acte sexuel soit un acte d'amour, la parole, la reconnaissance de l'autre, la poésie doivent y participer. Le plaisir sexuel est élevé à la sainteté lorsqu'une éthique sexuelle est mise en place et avec la présence de l'amour préalable à l'union charnelle. Woody Allen le dit avec beaucoup d'humour : « Le sexe sans amour est une expérience vide. Oui mais parmi les expériences vides, c'est une des meilleures ! » L'écoute de l'autre et la non-violence sont bien sûr fondamentales. La période de Nida, des menstruations, qui est pour le judaïsme une période de séparation non propice à la sexualité, permet au couple de se renouveler et de développer l'amitié dans l'amour. L'Ecclésiaste dit très justement : « Il est un temps pour tout et chaque chose a son heure sous le ciel [...], un temps pour embrasser et un temps pour repousser les caresses » (3 :1,5). L'écoute de la disponibilité sexuelle de l'autre participe à l'harmonie du couple. L'éthique, c'est la relation de confiance, la fidélité et l'honnêteté mais aussi le fait de ne pas mettre l'autre en danger. L'utilisation du préservatif est donc aujourd'hui une obligation éthique pour la sexualité hors mariage.

C. B. — La contraception relève du respect réciproque de la femme et de l'homme : elle permet à chacun d'exprimer son souhait d'avoir ou non un enfant. Ce désir d'enfant, même quand il s'agit d'un couple marié, nécessite une décision qui doit être partagée aussi bien pour le premier enfant que pour les autres à venir. « Faire un enfant dans le dos » est nier l'absence de consentement de l'autre et lui faire porter une responsabilité pour laquelle il ne s'est jamais engagé. L'intensité d'une relation amoureuse ne peut exclure le dialogue et l'amitié au sein de la relation. On déplore le fait que la relation amicale puisse avec le temps prendre le pas sur la fougue des premiers instants, voyant la perte de l'amour dans l'évolution vers un lien moins passionnel. Mais la qualité d'échange, une entente complice et tendre, les rires partagés, la joie d'être sur la même longueur d'onde, l'attention portée au meilleur pour l'autre, n'est-ce pas justement leur absence qui signe la fin d'un amour ? On dit que la sexualité est le ciment du couple ; si celle-ci n'est pas accompagnée de ces autres couleurs dans la palette de l'amour, n'est-elle pas bien triste et peu aimante ? Aussi respecter les temps d'intimité avec l'autre, et avec soi-même, temps de confidences ou de silence, temps de désir ou de désert, temps de mise à nu ou de mise à distance, marque les pas d'une danse dont les partenaires sont seuls à connaître le mystère. Tout ce qui pourrait être dit par d'autres sur ce qu'il faut et ne faut pas vivre ne sont que paroles inutiles ; laissons les amants vivre leur vie, heureux et tranquilles.

P. B. — L'amitié peut se transformer en amour et l'amour en amitié en même temps, sans faire de bruit. Les temps de tendresse et de passion se succèdent, tout comme dans une symphonie, les silences font ressortir la ligne mélodieuse d'une relation qui n'est jamais monotone. Et puis chaque couple a une alchimie mystérieuse, dissimulé aux regards extérieurs. Maintenir les secrets est un gage de survie, le respect de la frontière du privé et du public essentiel. L'effacement de ces frontières par les réseaux sociaux où l'on affiche son intimité ou bien la télé-réalité, où le spectateur est transformé en voyeur, ne respectent pas cette notion de séparation du domaine privé et public. « Qu'elles sont belles tes tentes, Jacob, tes demeures, Israël » (Nbs 24 :5), les rabbins nous disent que le prophète Bilaam admire le fait que les maisons d'Israël n'ont pas de vis-à-vis – ainsi personne ne peut s'immiscer dans l'intimité de l'autre.

C. B. — Tout dire, tout expliquer, tout commenter... sont des remèdes contre l'amour. « *Never explain, never complain* » est une maxime qui serait à appliquer plus souvent ! L'intimité à l'intérieur d'une maison, comme celle qui se vit dans son cœur et dans ses pensées ne sont pas à exhiber au tout-venant. Étrange mode qui consiste à écrire sur le « mur » de Facebook les confidences des plus intimes, voire dévoiler celles qui vous ont été faites. D'où vient ce goût pour une forme d'exhibitionnisme – et de voyeurisme – qui nie la valeur indicible et si mystérieuse d'une relation pour n'insister que sur ce qu'elle donne à voir et à entendre ? « Ma relation » ou « mon couple » est ceci ou cela... Ces assertions apportent des vérités arrêtées à quelques mots, une définition qui dit si peu et fait écran sur l'essentiel. La pudeur est balayée par des mots qui banalisent tout sur leur passage et détruisent le goût si particulier d'une expérience unique, chaque fois si singulière. Retrouvons la magie du silence, cet espace propre au questionnement, ce léger « je ne sais pas » qui laissent l'espace ouvert à l'imprévu du « toi et moi »...

P. B. — Le couple est un mystère à garder bien secret ! Et la poésie s'envole quand le secret est dévoilé. Cet être-ensemble est célébré dans la cérémonie juive du mariage : le rabbin David Aboudharham au XIXe explique que si la procréation n'est pas mentionnée pour le couple sous la חופה *houpa*, le dais nuptial, c'est parce que la bénédiction du mariage s'adresse aux couples qui sont fertiles ou infertiles : « C'est pourquoi le sujet du compagnonnage était approprié pour la bénédiction mais pas celui de la procréation » (Birkat eroussin 98a). Une des sept bénédictions du mariage prononcées lors de la cérémonie contient cette expression רעים האהובים *réim haaouvim*, les amis amants, et en effet aucune ne parle des enfants futurs du couple. Pourtant le chiffre sept, des sept bénédictions, correspond aux sept jours de la création de la Genèse, comme si le monde était recréé chaque fois qu'un couple s'unissait. L'union sans procréation reste une création !

C. B. — L'amour est création ! Une des plus belles créations qui puissent nous être données à vivre. Nous imaginons, inventons l'amour autant qu'il nous façonne et fait de nous ce que nous sommes. Il est dit que l'on se marie « pour le meilleur et pour le pire ». Oui, pour le meilleur et pour le pire qui se révèlent à nous dans un mariage : bonheurs insoupçonnés auxquels succèdent des zones d'ombre, magie de l'instant suivie d'incompréhension et de désespoir, sentiment d'évidence qui alterne avec des doutes et de pénibles inquiétudes. Ces turbulences émotionnelles sont autant de passages obligés entre le passé de chacun, souvent plein de douleurs et un avenir commun, fait d'ententes joyeuses, mais aussi de compromis. L'amour nous fait naître à nous-même, renaître l'un et l'autre, l'un avec l'autre. Il met au monde de l'*un* et de l'*autre* : dans l'union avec l'être aimé, nous rencontrons l'*un* et au cœur de cette unité partagée, nous faisons connaissance avec l'*autre*, différent, mais aussi toujours en devenir. C'est dans l'unique de notre rencontre et l'irréductible de notre différence que nous apprenons à aimer. Oui, il est une fécondité qui se vit dans une relation à deux, celle du troisième qui est la relation en tant que telle, vivante, vibrante, en évolution, génératrice d'instants magiques, de beautés. Créations instantanées et éphémères qui laisseront à leur façon une trace d'éternité.

LA CRÉATION D'UN COUPLE

P. B. — On peut en effet imaginer une autre fécondité dans une relation que la mise au monde d'enfants. Le poète couche des mots sur le palimpseste, l'écrivain créé des personnages dont le destin va hanter les esprits des lecteurs, l'artiste sculpte la pierre, le jardinier embellit la terre, le cuisinier éveille les papilles par des sensations gustatives, l'ouvrier fait sortir de ses mains une machine, l'entremetteur va susciter une rencontre, l'entrepreneur apaiser un conflit, dans l'esprit de l'ingénieur ou de l'artisan va germer une idée. Il est mille manières de laisser une trace de notre passage fugitif dans ce monde, la trace de la vie, du mouvement, une arabesque dans le ballet des vivants dont on se souviendra peut-être. La stérilité prend la forme de l'angoisse de la page blanche, la peur de se sentir inutile ou redondant. La fécondité est la créativité, la capacité de dire « j'existe et j'apporte une goutte d'eau rafraîchissante dans l'océan des peut-être ». Et lorsque deux êtres se répondent dans une créativité, chacun à l'écoute de l'autre, comme deux instruments de musique qui dialoguent, les possibles sont infinis !

C. B. — Quand chacun est à l'écoute de cette petite musique, c'est en effet comme deux musiciens qui improvisent ensemble. La tonalité est donnée, et chacun s'accorde à apporter sa note tout en gardant le ton. Ce *ton* auquel les amoureux sont si sensibles, interprétant la moindre inflexion comme étant signifiante d'une bienveillance ou d'un désamour. L'harmonie existante, ou la dissonance, est de fait perceptible pour ceux qui les entendent se parler ; ce n'est pas la même musique ! Si chacun cherche à imposer sa voix, allant non pas dans le sens de l'autre, mais s'acharnant à le contrer sans cesse, le dialogue donne lieu à une cacophonie, pénible à entendre. Parfois, certains usent d'un ton doucereux et de mots quelque peu mielleux, comme ces « chéris » qui précèdent des réflexions peu aimables, voulant croire – et faire croire – à une tendre entente par le biais d'une musique sirupeuse, mais laissant échapper tant de *fausses notes* que le brouhaha l'emporte sur les belles harmoniques. La création d'une musique où se perçoit la mélodie d'un duo harmonieux, et amoureux, nécessite une écoute de l'autre et un certain art de la *composition*, voire du compromis.

P. B. — L'art du compromis est symbolisé dans le judaïsme par la מזוזה *mezouza*, petit parchemin que l'on appose sur le poteau de la maison et sur les portes, rappelant que la loi est la même à l'intérieur et à l'extérieur. Souvent cette mezouza est penchée sur le montant de la porte. Au XIe siècle, Rashi voulait l'apposer verticalement puisque le texte qu'elle contient dit : « Tu prononceras ces paroles en te levant. » (Deut. 6 :7) Son petit-fils Rabbenu Tam, lui, pensait qu'il fallait la placer horizontalement puisqu'il est écrit « en te couchant ». Les rabbins ont opté pour un juste milieu, l'apposer en biais et ce biais est devenu le symbole de la négociation nécessaire dans tout foyer.

C. B. — Faire avec le désir de l'autre sans céder sur son propre désir, telle est l'une des sagesses qui nous est enseignée par la Torah, présente dans cette mezouza : être capable d'un compromis entre le respect de la Loi, qui est aussi la loi de l'autre, et notre libre arbitre, liberté de désobéir à une loi imposée par d'autres afin que soit respectée notre *autonomie.* Ainsi pouvons-nous avancer ensemble, du même pas, sans que l'un entraîne l'autre là où il ne le souhaite pas. Défi quotidien, plus ou moins facile selon les circonstances et les caractères de chacun, mais à l'origine d'une belle « fécondité ».

Chacun peut s'interroger sur la fécondité de son couple, dans un sens plus large que celui d'être parents : fait-il rayonner son amour autour de lui ? Est-il généreux et ouvert sur le monde ? A-t-il développé des amitiés fidèles et une création commune, tel un certain art de vivre et l'art de cultiver son jardin, son propre jardin d'Eden ? La relation est-elle vivante, créatrice de plaisirs, de partages, de complicités, de bonheurs d'être ensemble ? Ou bien ne produit-elle qu'insatisfaction, regrets et reproches ? Face à toute forme de stérilité, ne peut-on chercher l'origine dans la conception-même du couple : que lui manque-t-il pour devenir fécond ?

P. B. — N'est-ce pas la séparation qui manque à ce couple, dans le sens du mot פרש *parash* rendre distinct, déclarer, distinguer, expliquer ? Ce couple est peut-être dans une fusion trop grande. L'identité de l'un a disparu dans celle de l'autre. La séparation peut leur permettre de mieux se retrouver. Seuls deux êtres distincts l'un de l'autre peuvent construire ensemble ; deux identités différentes, sans absorption de l'une par l'autre. Il faut savoir qui on est dans la fondation d'une entité à deux. Autrement dit, la fusion ne va pas dans le sens d'une construction. La fusion, c'est la confusion. « En contraste avec l'union symbiotique, l'amour accompli est une union qui implique la préservation de l'intégrité, de l'individualité. L'amour est chez l'être humain un pouvoir actif ; un pouvoir qui démantèle les murs séparant l'humain de ses semblables, qui l'unit à autrui ; l'amour lui fait surmonter la sensation d'isolement et de séparation, tout en lui permettant d'être lui-même, de maintenir son intégrité. Le paradoxe de l'amour réside en ce que deux êtres deviennent un et cependant restent deux[1]. »

C. B. — On peut même penser que seule une séparation permet parfois au « je » de prendre sa place face au « nous ». Dans l'identité du couple – « *Nous* sommes comme-ci, aimons cela, préférons ceci » – il y a le risque pour chacun de perdre sa propre identité – « *Je* suis comme ci, *j*'aime cela. » S'il est trop présent, le « nous » met en péril les goûts et préférences individuelles. Des hommes et des femmes se sont réconciliés avec eux-mêmes à la suite d'une rupture, ont retrouvé leur propre singularité, l'unique de ce qu'ils sont. Sortis de la relation « copiés-collés », ils ont réappris à définir leur désir et à être plus attentifs à celui de leur partenaire. Le lien fusionnel empêche de voir l'autre, autant qu'il empêche de se voir, puisque chacun se voit dans le regard de l'autre, et voit l'autre dans le prisme déformant d'une totale subjectivité. Elle empêche aussi d'avoir une opinion quelque peu distanciée sur la relation. Dans ce contexte, un couple ne peut concevoir lui-même une issue à ses difficultés.

P. B. — Et à l'inverse, une distance trop grande peut aussi empêcher la fécondité. Lorsque chacun ressent une incompatibilité permanente, aucun projet de construction commun ne peut

---

1. Eric Fromm, *L'Art d'aimer*, traduit par J.-L. Laroche et Françoise Tcheng, Desclée de Brouwer, 2007, p. 37-38.

prendre corps. Pour élaborer ensemble, il faut être d'accord sur un essentiel commun qui peut varier selon les couples. La mésentente peut avoir raison de la créativité. Le couple du midrash est stérile, comme un cercle sans espoir. En tant que tel, il ne peut continuer d'exister, il n'avance pas, ne vit pas. Il ne fait que tourner sur lui-même, ressassant l'impossibilité d'un devenir. L'intervention d'un tiers devient nécessaire. Il apporte une nouvelle idée, un souffle de fraîcheur, un peu à l'image de ces couples bibliques qui ne pouvaient concevoir sans intervention divine. Ici, le rabbin leur fait une suggestion à laquelle ils ne s'attendent aucunement. Cette proposition apparemment insensée vient introduire un miracle dans la banalité de ce couple dont l'amour se meurt.

Cela rappelle l'épisode biblique du veau d'or construit par les enfants d'Israël qui n'ont plus la patience d'attendre le retour de Moïse avec les Dix Paroles. Le veau d'or représente ce cercle fermé (עגל *eguel*, « cercle »), des pensées qui tournent en rond, une impatience qui tue tout espoir avant même qu'il soit formulé, une idolâtrie qui n'imagine pas l'au-delà de soi. Le couple trop centré sur lui-même et sur le désir d'enfanter ne voit plus que lui-même, oublie l'autre et les autres. La relation est stérile, routinière ou obsessionnelle, brimée par un trop-plein de désir, enfermée dans l'ordinaire du quotidien. Et la proposition du rabbin, apparemment saugrenue, réintroduit au sein du couple, la surprise et le merveilleux.

UN AUTRE REGARD

C. B. — Un couple envahi par un grand sentiment d'impuissance perd de vue le bonheur d'être ensemble, et les raisons, plutôt les élans amoureux à l'origine de leur rencontre. Seul le manque les habite. Le manque de ce qui ne se vit plus, ou ne s'est peut-être jamais vécu. Un manque que l'on impute à l'autre, jugé responsable de n'avoir pas permis la réalisation de ce bonheur longtemps attendu : « Si au moins, tu avais été *plus* généreux, présent, aimant, respectueux, désirant, désirable... » Chacun déplore et reproche à son partenaire ce qu'il aurait aimé recevoir de sa part et qu'il n'a pas eu – « Moi j'aurais tellement aimé avoir un mari qui soit ceci, une femme qui m'apporte cela... ». En l'occurrence le couple de ce midrash souffre de stérilité, mais aussi d'avoir, en conséquence, à se séparer.

Cela pose la question plus large de ce qui justifie d'être ensemble et de ne plus l'être : sur quels critères fonder l'avenir d'une relation, poser la fin d'un amour ? Ceux qui consultent en vue d'une séparation sont-ils convaincus de n'avoir plus rien à attendre de « leur couple » ? Il n'est pas certain que l'un et l'autre, parfois l'un *ou* l'autre, ne s'aiment plus. Ils ont encore des sentiments même s'ils affirment le contraire, emportés par la déception et un profond sentiment de désillusion, la sensation d'être niés, rejetés ou la conviction, sans n'avoir rien à reprocher à l'autre, que « ce n'est plus ça », et que leur envie d'*autre chose* l'emporte sur leurs sentiments. Face à une éventuelle séparation, chacun peut s'interroger sur ce qu'il attend de la relation et qui désormais fait défaut.

P. B. — Oui, les attentes peuvent être différentes pour chacun. Il faut les redire et évaluer la possibilité d'un rapprochement. Quand un couple vient solliciter l'aide d'un tiers pour se séparer, ce peut être pour se redonner des chances d'être à nouveau ensemble, retisser des liens et rechercher l'art du compromis, insuffler un nouveau souffle là où la relation s'est essoufflée, ranimer la flamme de l'amour quand elle vacille, redonner de l'impétuosité dans le torrent des « je t'aime ».

C. B. — Au moment où un couple va voir un spécialiste afin de trouver une solution, il est parvenu au bout de ses propres ressources. Accablé par un destin qui lui échappe, enfermé dans un face-à-face devenu stérile, il se sent dans une impasse. La personne extérieure au couple permet à chacun de mieux entendre ce à quoi il ne pouvait plus porter l'oreille ni l'attention. Et elle apporte un regard neuf sur la relation, permettant ainsi à l'un et à l'autre de voir celle-ci autrement, et de se porter mutuellement un regard différent, nouveau et vivifiant.

P. B. — Le regard extérieur est celui du conseil. Beaucoup de personnes pensent pouvoir se sortir seules d'une situation compliquée. Elles oublient qu'étant partie prenante d'une difficulté, elles ne peuvent pas prendre la distance nécessaire à la résolution du problème, un peu comme un artiste qui resterait trop près de sa toile et serait obnubilé par les défauts, tandis que celui qui voit l'œuvre avec une certaine distance et dans sa globalité – peut-être aussi avec moins d'implication émotionnelle –, est capable de donner le conseil juste qui permet de trouver une issue.

C'est un des sens du שבת *shabbath* dans la tradition juive : s'arrêter pour respirer et regarder l'œuvre accomplie pendant la semaine avec une distance nécessaire à plus d'objectivité. Lorsque Moïse suit le conseil avisé de Jethro, prêtre de Midian, son beau-père, sur le fait de déléguer son travail en matière de justice, pour ne pas être surmené, il nous montre qu'il accepte un conseil de l'extérieur (Ex.18 : 13-27) : « La tâche est trop lourde pour toi, tu ne saurais l'accomplir seul. Or écoute ma voix, ce que je veux te conseiller, et que Dieu te soit en aide. » Il lui montre que ce qu'il fait n'est ni bien pour lui, ni pour le peuple, ni pour la justice. Paulo Coelho écrit sur l'art d'écouter les conseils : « Tout est écrit dans les sons. Le passé, le présent et le futur de l'homme. Un homme qui ne sait pas entendre ne peut écouter les conseils que la vie nous prodigue à chaque instant. Seul celui qui écoute le bruit du présent peut prendre la décision juste. » Savoir consulter et écouter les conseils, c'est reconnaître nos limites. Chacun a des expertises. Demander conseil est une preuve de grandeur et non de faiblesse. On dit aussi que Dieu demande conseil à ses anges... Qu'aurait dit un psychanalyste ?

C. B. — Peut-être pas de se séparer comme ils s'étaient rencontrés, ce qui les autorise à faire la fête. Mais il aurait pris en considération ce qui est toujours vivant dans la relation, afin de lui donner une seconde chance. Il est un temps où il importe de tout mettre en œuvre pour dialoguer, mieux s'entendre et se retrouver, afin de recréer le lien qui s'était rompu. Si la rupture est inéluctable, chacun sait qu'il aura été jusqu'au bout de ses possibilités.

LA FÊTE, IVRESSE DE L'AMOUR

C. B. — La fête fait revivre le début d'une rencontre, l'insouciance et la légèreté des instants où « tout est possible ». Des étoiles dans les yeux, chacun voit l'autre au meilleur de lui-même et se réjouit pleinement de chaque instant. Les premiers bonheurs à être ensemble sont exempts de jugements, de critiques ou de reproches. La présence à ce qui se vit n'est pas entachée d'anciennes blessures difficiles à pardonner, d'attentes anxieuses ou de demandes insatisfaites. Ces moments de perfection sont ensuite espérés, mais parfois avec un brin de nostalgie. Rechercher l'intensité de la fête, c'est vouloir effacer les ombres du passé, s'offrir une virginité nouvelle, un retour au merveilleux. Ne pourrait-on, en recommençant l'histoire, la réécrire telle qu'on a envie de la vivre ? Le rabbin, en les invitant à faire cette fête, nous invite à notre tour à faire de même. Il nous offre ainsi l'opportunité de retrouver un bonheur perdu.

P. B. — יום טוב *Yom tov*, (« fête ») mot à mot un jour à la fois beau, bien et bon. L'adjectif טוב *tov* réunit ces notions d'éthique, d'esthétique et de générosité. Le rabbin leur suggère de célébrer le fait d'être ensemble, ce qu'ils n'ont pas fait depuis sans doute longtemps, de célébrer la générosité – un *yom tov*, jour où l'on ne compte pas et où on laisse libre cours à l'impromptu. Ainsi ils peuvent se souvenir de leur première rencontre, renouer avec la poésie des premiers instants, retrouver une magie qui a souvent disparu dans l'engrenage des détails matériels, dans le « comment » au lieu du « pourquoi », un romantisme cassé par les habitudes, noyé dans le prosaïque. La nourriture et la boisson, l'art de la fête sont peut-être un moyen de suggérer l'exceptionnel, le passionnel dans une relation devenue quotidienne et banale. L'art de la fête, c'est éloigner le calcul et le rationnel pour laisser place à l'insouciance. « Il me manque le repos, la douce insouciance qui fait de la vie un miroir où tous les objets se peignent un instant et sur lequel tout glisse », écrivait Alfred de Musset dans *Les Caprices de Marianne*[1].

Le rabbin jette un éclairage sur cette partie de scène intime qui est restée longtemps dans la pénombre, peut-être même depuis le début de leur union. « De même que vous vous êtes unis en mangeant et en buvant... » Le nouveau départ est là en potentialité et c'est très habile de la part du rabbin : il maquille la séparation, comme s'il répondait à leur demande. « Bon, vous voulez vous séparer ; on organise ce qu'on va appeler une séparation », mais en fait c'est un nouveau départ...

C. B. — ... Une nouvelle histoire qui commence, ou recommence, autrement. Les couples qui consultent un rabbin ou un psychanalyste avec une demande de séparation n'expriment-ils pas en filigrane le souhait de se retrouver ? Même s'ils n'ont pas le cœur à la fête ! Même si le découragement, une lassitude, et peut-être même de l'amertume ont pu à la longue éloigner tout espoir. Le rabbin va dans le sens de cette demande implicite, mais sans rien imposer. Il permet à ceux qu'il conseille d'être les acteurs de leur avenir, car ce que chacun fait de sa vie ne peut venir d'un désir extérieur à lui-même. Ni un rabbin ni un psychanalyste ne donne une solution à un problème : ils mettent sur la voie d'une résolution des difficultés, telles qu'elles apparaissent, c'est-à-dire comme agissant comme un obstacle à l'expression de leur désir. Chacun, ensuite, fait ses propres pas en direction de ce qui est le meilleur pour lui.

P. B. — Oui, il n'est pas de solution toute faite, ni valable pour tout un chacun. Le tiers que l'on consulte ne fait que suggérer, sans

1. Alfred de Musset, *Les Caprices de Marianne*, Flammarion, coll. « GF », acte I, scène 4.

prendre une décision à la place de l'autre. Il peut accompagner celui qui le souhaite dans la réflexion, tout en arrivant à une conclusion différente. Il s'agit du procédé maïeutique qui rend l'autre libre et responsable, amené à changer par sa nouvelle perspective. Le rabbin renforce le libre-arbitre en indiquant un chemin possible, sans le leur imposer. Il a perçu dans cette demande de séparation une possibilité de réconciliation. Ainsi il incite le couple à revivre leur première union. Ce n'est pas un conseil théorique, c'est une proposition de vivre une expérience qui va induire une autre conclusion de l'histoire. Il propose une action, un événement dans la vie du couple. La fête va leur permettre de se voir différemment, de se dé-visager.

« Dans l'amour, l'Autre vous arrive du dehors, s'installe en vous, et vous reste étranger. Il vous atteint, jusqu'à accaparer tout le champ de votre conscience, et se dérobe à votre atteinte. Irréductible à vos analyses, réfractaire à vos talents d'observateur comme à vos projections, le visage aimé entre avec vous dans une intrigue qui tranche sur le savoir, sans pour autant sombrer dans la folie[1]. » Dans ce jeu sérieux de l'amour, la lutte pour l'« avoir », la possession s'instaure et pourtant l'autre échappe. « Le visage ou l'échappée belle », dit le philosophe. La lutte doit céder la place à un véritable partage. C'est peut-être l'ivresse de l'amour que cet homme et cette femme vont redécouvrir ensemble.

C. B. — Certaines conditions extérieures favorisent l'ivresse de l'amour ; mais un décor de rêve, une musique romantique et des bulles de champagnes ne peuvent suffire à éveiller le sentiment amoureux. Seules les petites bulles célestes font battre les cœurs à l'unisson. Se réjouir ensemble de faire la fête nécessite que la fête soit déjà au rendez-vous, et que chacun puisse y goûter. Quand les amoureux se retrouvent autour de la table, boire et manger ensemble éveillent leurs sens et leurs appétits, leur permettent de s'ancrer dans la matière et d'ouvrir leur âme.

1. Alain Finkielkraut, *La Sagesse de l'amour*, Gallimard, coll. « NRF Essais », 1984, p. 68.

P. B. — « Enivrez-vous sans cesse ! De vin, de poésie ou de vertu, à votre guise[1] », comme l'écrivait Baudelaire. La nourriture et la boisson peuvent être des métaphores de la sexualité. Elles sont très présentes dans Le Cantique des cantiques, poème érotique de la Bible : « Qu'il me prodigue les baisers de sa bouche ! Car tes caresses sont plus délicieuses que le vin » (1 : 2), ou encore : « J'ai brûlé du désir de m'asseoir sous son ombrage, et son fruit est doux à mon palais. Il m'a conduite dans le cellier, et sa bannière qu'il a étendue sur moi, c'est l'amour » (2 : 3-4). Le vin est si souvent cité : « Que tes seins soient pour moi comme des grappes de la vigne, et l'odeur de tes narines comme celle des pommes ; et ton palais comme un vin exquis... » (7 : 9-10).

Le vin apparaît dans de nombreuses mythologies : Dionysos le dieu grec, nommé Bacchus chez les Romains, dieu de l'ivresse, des débordements, notamment sexuels avec ses bacchanales. Le judaïsme permet la consommation du vin mais avec modération ; le psaume dit : « Le vin réjouit le cœur de l'être humain » (104). Le vin réjouit mais il peut provoquer l'endormissement des sens. Il est écrit qu'elle lui verse un peu trop de vin. Or le vin a la même valeur numérique en hébreu que le secret puisque selon la *gamatria*, chaque lettre symbolise un chiffre. « Quand le vin entre, le secret sort » (Er. 65a), dit le Talmud.

Le vin est symbole de la joie. « Comme d'autres substances et énergies dans la vie, il est une énergie ambivalente. Le vin peut élever l'esprit ou le faire plonger dans une stupeur paralysante. Ainsi en est-il de l'amour. L'amour peut libérer l'âme de l'autre ou l'étouffer par l'absorption [...]. L'amour, comme le vin, est un don qui a été cultivé et dont on doit s'occuper avec patience dans un but ultime. Comme le vin, l'amour doit être consacré[2] », écrit le rabbin

1. Charles Baudelaire, *Le Spleen de Paris*, Gallimard, coll. « Bibl. de la Pléiade », XXXIII, p. 286.
2. Rabbin Harold Schulweis, *Finding Each Other in Judaism : Meditations on the Rites of Passage from Birth to Immortality*, 2001 URJ Press, p. 46.

Harold Schulweis. Quand le couple s'est uni, l'homme et la femme ont bu une coupe de vin pour sanctifier leur mariage. Boire du vin au moment d'une séparation paraît incongru ; c'est mettre de la joie dans la séparation. Il s'agit là déjà d'un retournement de la situation.

C. B. — C'est en buvant que nous célébrons l'amour, mais c'est aussi dans l'alcool que nous tentons parfois de noyer notre chagrin. La même coupe peut contenir la promesse d'une union et la peine de la désunion. « Plus profondément le chagrin creusera votre être, plus vous pourrez contenir de la joie », dit Khalil Gibran dans *Le Prophète.* Pour ceux qui se quittent et se retrouvent, la joie est à la mesure du désespoir passé, comme la peine l'était du bonheur disparu. Il poursuit ainsi : « Lorsque vous êtes joyeux, regardez profondément en votre cœur et vous trouverez que ce qui vous apporte de la joie n'est autre que ce qui vous a donné de la tristesse. Lorsque vous êtes triste, regardez à nouveau en votre cœur, et vous verrez qu'en vérité vous pleurez sur ce qui fut votre délice. Il en est parmi vous qui disent : “La joie est plus grande que la tristesse”, et d'autres disent : “Non, la tristesse est la plus grande.” Mais moi je vous dis qu'elles sont inséparables. Ensemble, elles viennent, et quand l'une vient s'asseoir seule avec vous à votre table, rappelez-vous que l'autre dort sur votre lit[1]. » Les saveurs du vin exaltent la joie et ses vapeurs exhalent la peine. Les unes et les autres se côtoient. Et ne commence-t-on pas à boire à la nuit tombée, quand le temps est venu de laisser tomber les masques et d'exprimer ce qui ne peut se dire au grand jour ? C'est l'heure où l'âme se dévoile, et les secrets aussi.

P. B. — Ce « vin exquis qui coule doucement pour mon bien-aimé et rend loquaces même les lèvres assoupies ». « Je suis à mon bien-aimé, et lui est épris de moi » (אני לדודי ודודי לי *ani ledodi vedodi li*) (Cant. 7 :10-11). Le secret סוד *sod* a la même racine que le fondement יסוד *yesod.* Comme si l'essentiel, le fondement du

1. Khalil Gibran, *Le Prophète, op. cit.*, p. 30-31.

monde, était caché. Ne peut-on le dire de tous les sentiments? L'expression verbale n'est qu'un pâle reflet d'une réalité indicible. Dans *La Sagesse de l'amour*, Alain Finkielkraut écrit : « La passion impose silence aux adjectifs : à tous les ceci et les cela dont l'Autre, avant l'amour, était orné, écrit. L'itinéraire amoureux est une étrange ascèse, une marche à l'invisible qui progresse des qualités à la personne et de la personne au visage. Un romancier, remarque Proust, exprimerait une vérité essentielle : « Si peignant pour ses autres personnages des caractères, il s'abstenait d'en donner aucun à la femme aimée[1]. »

C. B. — « Ce n'est pas à un corps que l'on fait l'amour, c'est à un visage, ce n'est pas à un visage que l'on fait l'amour, c'est à la lumière sur ce visage », a écrit Christian Bobin. L'amour transfigure, il voit au-delà des traits, traverse l'image, entrevoit les secrets de l'âme là où d'autres s'arrêteraient aux caractères. On ne peut enfermer dans une case celui ou celle pour qui on éprouve des sentiments d'amour. Ses contours sont flous; et cependant si on ferme les yeux, ne sont-ils pas précis? Car c'est dans la clarté de l'invisible que l'on approche au plus près l'autre aimé; la réalité, celle que l'on qualifie d'« objective », l'amant et l'amante n'en ont que faire. Ils ont la leur, bien plus riche. Personne ne peut la connaître ni la leur prendre; invisible au regard des autres, ils l'emporteront jusqu'à la fin avec eux, au creux de leur cœur, là où rien ne peut l'altérer – car la lumière ne peut être altérée. Ainsi est-il nécessaire de ne pas trop en dire, comme de se protéger du vacarme environnant : de s'abstraire de toutes manifestations bruyantes et assourdissantes qui éloignent du mystère et recouvrent les sentiments d'un voile d'inquiétude et de doutes. L'art d'aimer n'est-il pas la présence à la belle présence de l'autre, comme à la beauté de l'instant?

1. Marcel Proust, *À l'ombre des jeunes filles en fleurs, À la recherche du temps perdu*, Gallimard, coll. « Bibl. de la Pléiade », p. 895.

LA POÉSIE DE L'AMOUR

P. B. – Le rabbin leur dit : « Profitez du plaisir de l'instant, sans toujours penser au lendemain. » Le désir d'enfant symbolisait l'inscription dans l'avenir. La fête les invite à la célébration du présent. Le couple qui veut concevoir à tout prix n'est plus dans la joie de l'instant, ni ne goûte au plaisir fugace – il ne pense qu'à l'efficacité. Dans l'obsession du demain, il efface l'instantanéité du plaisir. Il a perdu la poésie de l'amour...

C. B. — La peur de ne jamais parvenir à avoir un enfant peut empêcher d'éprouver simplement le plaisir de l'instant, de se laisser porter par la subtile poésie de l'amour. Pourrait-on vivre une sexualité programmée sans attente anxieuse, ni angoisse du futur ? Ceux qui ont recours à la fécondation *in vitro* ont sans cesse à l'esprit ce qu'ils espèrent tant et dont le résultat ne dépend pas que de leurs efforts, précautions et bonnes intentions. Même quand tout a été mis en place, les traitements bien suivis, les « bonnes dates » scrupuleusement respectées, les follicules prélevés, les meilleurs ovocytes sélectionnés pour être fécondés par des spermatozoïdes tout aussi prometteurs, ces ovocytes fécondés, les embryons implantés – ou congelés –, le résultat demeure aléatoire. Étrange relation de la femme à ce corps qu'elle ne maîtrise pas tout à fait, tantôt dans la peur d'une grossesse non désirée – et alors l'absence de règles est redoutée –, tantôt dans l'attente d'être enceinte – c'est l'apparition des règles que l'on craint.

Les hommes accompagnent ces craintes et ces espoirs, chacun à leur façon. Certains laissent parler leur propre ambivalence et ne facilitent pas la tâche de leur femme. D'autres, au contraire, par la douleur à constater leur impuissance, et c'en est une, ajoutent de l'inquiétude et de l'impatience à celle déjà ressentie par leur compagne. Pour d'autres, enfin, leur présence est pleine d'amour et de prévenance. Dans chacune de ces circonstances, obnubilés par ce qui ne « vient » pas, l'homme et la femme ne sont pas à même d'apprécier ce que la vie leur offre, maintenant. Et la pression familiale et sociale, par le biais de ses menaces et injonctions, pèse lourdement sur eux : « Quitte cette femme qui ne te donne pas d'enfant », ou : « N'oublie pas que tu ne peux rester avec cet homme, si tu n'as pas d'enfant. » Avoir, en conséquence, comme seule perspective une séparation, c'est vivre l'espoir de la dernière carte. On joue alors « le tout pour le tout » : quand tout semble perdu, on n'a plus rien à perdre ! L'enjeu est tel que l'on y met tout son cœur, toute son âme ; il n'est plus question de faire porter à l'autre ses peurs ou attentes inquiètes ; les rancunes et les regrets ont disparu. On sauve le fondement de la relation : l'amour que chacun ressent pour l'autre.

P. B. — C'est bien là l'étincelle de la relation qui va raviver les possibles. L'époux enivré est dans un état qui lui permet de s'ouvrir à la générosité. Peut-être ne voit-il plus sa femme comme « la femme qui ne peut pas avoir d'enfant », obstacle à la réalisation de son désir, mais à nouveau comme un objet de désir. Elle redevient une personne à part entière ; elle n'est plus le symbole d'un échec, et lui non plus.

C. B. — On peut se demander ce qui incite une femme à verser un peu trop de vin dans le verre de son compagnon, alors qu'elle se sait si près de s'en séparer. Souhaite-t-elle le séduire pour tenter l'ultime chance, éveiller ses sens et endormir sa raison ? Il est certain qu'un léger état d'ivresse ouvre le cœur, plus encore qu'en temps de sobriété : la coupe est pleine et elle déborde. L'alcool libère les corps des tensions et inhibitions, permettant d'oublier les pressions extérieures et les interdits. Dans ce midrash, l'homme dit : « Je ne peux plus te donner mon amour comme je le voudrais, mais prends tout ce qu'il est en mon pouvoir de te donner : tout ce que tu désires. » Cet homme dit son amour qui n'a jamais cessé d'exister ; mais peut-être ne pouvait-il toujours se manifester. La flamme est prête à renaître. Alors, la séparation révèle un grand amour, elle le met au grand jour.

P. B. — Parfois, il faut imaginer la distance pour revivre la proximité, se regarder autrement pour mieux se voir, se dévisager comme dans les premiers temps de la rencontre. Par habitude on peut se regarder sans se voir, ne plus vouloir être séduit ou conquérir. Si l'autre n'est pas considéré comme acquis, mais reste à conquérir, la relation ne sombre pas dans l'ennui, elle est toujours à construire, jamais déjà faite ; elle est en devenir. Le couple ne se tourne pas vers le passé pour raconter la rencontre, il est toujours prêt à de nouvelles aventures. On ne se connaît jamais tout à fait, on se laisse surprendre, on ne cherche pas à posséder mais à partager. « L'amoureux lâche la proie pour l'ombre, le savoir pour le désir, la connaissance qui épingle son objet, qui l'intègre dans une typologie pour une approche qui éprouve et maintient l'étrangeté de l'Autre. Dans le face-à-face amoureux, l'être aimé demeure transcendant par rapport à moi[1]. » Le couple se rend mutuellement sa liberté, chacun retrouve sa transcendance et c'est ainsi que libres, ils peuvent se retrouver.

C. B. — Oui, libres, ils peuvent se rencontrer. Quand chacun accède pour lui-même à un champ de liberté qu'il avait fini par ignorer et autorise l'autre à élargir en miroir son propre espace de vie, une nouvelle rencontre peut advenir, d'une dimension nouvelle : la distance nécessaire pour envisager l'autre tel qu'il est ouvre chacun à une plus grande lucidité. N'est-ce pas à l'opposé de l'expression « être l'un sur l'autre » qui suggère disputes et règlements de comptes, un acharnement sur la personne aimée à la vouloir telle que l'on voudrait qu'elle soit – par conséquent, éloignée de ce qu'elle est, en vérité – et la propension à l'accabler de reproches bien davantage qu'à la recouvrir de tendresse et d'amour ? À la moindre difficulté, on lui « saute dessus », et on ne sait garder le silence, lequel est souvent plus salutaire que des « explications à n'en plus finir ». Quelle visibilité pourrions-nous avoir le nez collé

1. Alain Finkielkraut, *La Sagesse de l'amour*, *op. cit.*, p. 66-67.

à notre histoire, considérée sous son angle le plus personnel et restrictif? Se donner le temps d'envisager autrement sa femme, ou son mari, lui restitue un mystère en même temps qu'une forme identitaire qui incite au respect et éveille à plus de gratitude. Dans notre midrash, l'homme se sépare de sa bien-aimée en voulant lui donner ce qui est le meilleur pour elle. N'est-ce pas davantage que de donner le meilleur de soi ? Car ce que l'on croit être le meilleur, est-ce bien ce que l'autre désire ? Si les hommes et les femmes fêtaient plus souvent leur séparation, que se passerait-il ? N'est-ce pas la force et la beauté de leur rencontre qu'ils fêteraient ? Alors ce qui devait être une séparation donnerait lieu à une déclaration d'amour. Une très jolie déclaration d'amour, en acte avant d'être en parole. Un acte qui est déjà une parole.

DIRE SON DÉSIR,
UN ACTE D'AMOUR

P. B. — « Visage tremblé et qui provoque chez celui qu'il hante crainte et tremblement. Il s'agit pour l'amoureux d'entendre avant de contempler. Les paroles de l'Autre comptent bien plus que son apparence[1]. » דבר *Davar* signifie acte et parole, mot et chose. Elle lui dit son amour par un acte, le déménagement, plutôt que par de grands discours : c'est par un « transport » amoureux que son amour s'exprime. La même phrase apparaît à deux reprises : « Prends tout ce que tu désires dans ma maison et emmène-le dans la maison de ton père. » Formulée par lui puis par elle, cette phrase prend une nouvelle signification, le contexte n'est plus le même. Les mêmes mots prononcés par deux personnes n'ont pas le même sens, car l'homme et la femme sont chacun différents et cette expérience les a rendus autres. Dans le midrash, la première fois que la phrase est

1. *Ibid.*, p. 57.

dite, elle fait référence à un objet matériel que la femme aurait plaisir à emporter dans la maison de son père. Lorsque la femme désigne son mari, après l'avoir transporté endormi dans la maison de son père, elle a un tout autre sens. Ce que la femme désire par-dessus tout n'est pas une possession matérielle, ni un banal objet ; le désir de son cœur, c'est lui. Ainsi dans le couple s'opère une remise en perspective de ce qui est essentiel.

C. B. — Et dans le retour à l'essentiel, ce qui prenait des accents dramatiques apparaît enfin dérisoire. Malgré ce qui a été infécond, l'amour est toujours là. Si l'impossibilité à concevoir était un poids qui se faisait de plus en plus lourd et si le désir avait perdu toute forme d'élan et de légèreté, la fête leur a redonné un sentiment de gratuité, la grâce d'être ensemble. Ils retrouvent la poésie, la petite musique de leur relation. Alors l'amour peut à nouveau se manifester ; cette femme n'avait peut-être jamais exprimé son amour avec autant de force et dans un tel sentiment d'évidence. Elle ne laisse plus aucun doute sur l'existence de son désir, en même temps que sur l'objet de ce désir. Et celui ou celle qui exprime son désir n'en est-il pas plus désirable ?

P. B. — Le mot « désir » vient de la racine חפץ *h̲afets*, qui signifie à la fois « désir » et « objet du désir ». Elle désigne le plaisir, évoque le fait d'être attentif à quelque chose, quelqu'un, garder, protéger, se pencher vers, éprouver du désir, quand le mouvement est plus important que le but à atteindre. On tend indéfiniment vers l'autre sans jamais l'atteindre. La femme de Sidon transforme son époux en objet de désir pour lui dire combien elle l'aime.

C. B. — Il est très intéressant que le mot « désir » désigne à la fois le mouvement du désir et l'objet de désir. Comme le mot « don » qui signifie l'acte de donner, mais aussi l'objet du don, ou encore la gourmandise, appétence pour de bonnes friandises, ainsi que les « bonbons » propres à la satisfaire. Pourrait-il y avoir du désir sans « objet de désir », autrement dit, y a-t-il un désir sans objet ?

Même le désir est objet de désir; n'est-il pas bon d'en éprouver et douloureux d'en ressentir l'absence?

La relation de chacun avec son propre désir est si subtile, et paradoxale! Pour certains, le désir qu'un autre ressent pour eux éveille leur propre désir. Pour d'autres, se sentir désirables les incite au contraire à fuir. Le désir est élan, mouvement et il est intimement lié à l'objet de désir; mais si ce dernier peut être bien identifié, il est parfois rêvé et fantasmatique. Le désir est mis à l'épreuve de l'autre qui y répond ou s'y refuse. Quand l'objet de notre désir a fait de nous son objet de désir, que chacun est objet aimé et sujet aimant, alors l'éveil des sens se transmet, telle une onde, entre deux corps, deux cœurs, deux âmes.

P. B. — Le désir est attention. Le visage, פנים *panim*, vient de la racine « se tourner vers ». Faire attention à l'autre. Le visage est une attention à l'autre. Mais l'autre ne doit pas devenir un objet. L'objet de désir ne peut être réduit à l'objet de satisfaction du désir... Emmanuel Levinas le décrit à merveille : « On regarde un regard. Regarder un regard, c'est regarder ce qui ne s'abandonne pas, ne se livre pas, mais qui vous vise : c'est regarder le visage. Le visage n'est pas l'assemblage d'un nez, d'un front, d'yeux, etc., il est tout cela certes, mais prend la signification d'un visage par la dimension nouvelle qu'il ouvre dans la perception d'un être. Par le visage, l'être n'est pas seulement enfermé dans sa forme et offert à la main – il est ouvert, s'installe en profondeur et, dans cette ouverture se présente en quelque manière personnellement. Le visage est un mode irréductible selon lequel l'être peut se présenter dans son identité. Les choses, c'est ce qui ne se présente jamais personnellement et, en fin de compte, n'a pas d'identité. À la chose s'applique la violence. Elle en dispose, elle la saisit. Les choses donnent prise, elles n'offrent pas de visage. Ce sont des êtres sans visage[1]. » Ainsi lorsque deux visages

1. Emmanuel Levinas, *Difficile liberté, Essais sur le judaïsme*, Albin Michel, 1976, p. 21-22.

se rencontrent dans une reconnaissance, ce sont deux libertés qui se saluent.

C. B. — « Aimer quelqu'un, c'est honorer sa solitude et s'en émerveiller », écrit Rilke. Aimer, c'est reconnaître le visage unique de l'autre et s'en émouvoir. C'est vers l'autre aimé que nous tendons notre regard et non vers notre propre demande d'amour : notre incessant besoin d'être comblé par celui ou celle qui devrait nous donner plus et toujours mieux. Ces attentes sont stériles tant qu'elles ne sont pas accompagnées de cette question essentielle : « Moi-même, est-ce que je sais aimer ? Suis-je capable de donner, en toute liberté et générosité ? » Ce midrash nous montre une femme très active dans l'expression de son désir pour son mari. Elle remplit bien son verre, le fait venir chez son père, lui dit son amour : « Au don que tu m'as fait en m'invitant à choisir l'objet de mon désir, je te réponds en toute liberté ; c'est toi qui es l'objet de mon désir. » Chacun fait un pas l'un vers l'autre ; ainsi peuvent-ils se retrouver, tous deux dans la joie d'avoir exprimé leur amour et de se savoir aimés. C'est bien cela « s'entendre bien » : bien entendre ce que dit l'autre, mais aussi agir en conséquence, dans ce que chacun pressent être bon pour l'autre.

P. B. — Oui, l'homme n'a d'ailleurs plus rien à ajouter. Une fois que le désir est exprimé avec tant de poésie et d'amour, les mots cèdent leur place au silence, seule louange véritable... Le désir חפץ *ḥafets*, est טוב *tov*, bon. Le désir devient plaisir ou le plaisir se fait désir.

C. B. — Ce qui lui apporte le plus de plaisir est cet homme qu'elle désire : « Il n'y a rien que je désire plus que toi. Les biens matériels n'ont aucune importance. Tu peux me donner ce que tu veux pour compenser ton absence ; ce n'est rien en comparaison de toi, de ce que tu es pour moi. Rien au monde ne remplacera ta présence. »

P. B. — L'essentiel dans la relation, c'est toi. Beaucoup pensent que la relation s'achète, et a besoin de preuves concrètes. Mais la générosité matérielle ne peut remplacer l'amour et la vie commune. Les attentions portées à l'autre sont les vrais cadeaux d'une relation parce qu'elles sont l'expression d'une intention. Quand les cadeaux remplacent l'amour, il est souvent déjà trop tard.

C. B. — En dernier recours, quand l'amour ne se vit plus, ne se dit plus, et que la seule issue est celle du divorce, c'est vers les compensations matérielles que l'on se tourne; on s'arrache les petites cuillères et autres objets de valeur, on se venge sur l'autre, on cherche à lui faire mal en lui prenant ses biens. Mais rien ne peut compenser la perte du lien : le bonheur d'être ensemble, la subtilité d'un bien-être partagé, la force et la beauté de la relation. La véritable exigence dans un couple est indicible, car elle est très subtile, souvent paradoxale et nous ignorons comment naît cette alchimie qui nous émerveille quand elle est là, nous désespère quand elle fait défaut. De ce fait, les guerres sont parfois longues et féroces et les rapports passionnels, passant de l'amour à la haine. L'amour ne peut nous éviter des passages difficiles et tumultueux; aussi, ne soyons pas pauvres en mots doux et en actes généreux.

P. B. — L'amoureux a toujours besoin de dire son amour, de le crier à tue-tête, d'entendre dire et redire qu'il est aimé. L'amour doit être sans cesse rassuré; il se sent fragile, éphémère, il se suspend à des mots, des expressions qui ne le révèlent que légèrement, lui qui est si profond et indicible, délicat et mystérieux.

«DIEU S'EST SOUVENU D'EUX», IL N'EST JAMAIS TROP TARD POUR CONCEVOIR

P. B. — Le midrash se termine par une prière que le rabbin récite pour le couple, «et ils conçurent», de la racine פקד *pakad.* Ce verbe a de nombreux sens : s'occuper de quelqu'un et observer avec une attention particulière, chercher et rendre visite, se souvenir, passer en revue, nommer, préposer, manquer de quelque chose. Ici, on peut comprendre que Dieu s'est souvenu d'eux. C'est le mot utilisé dans la Bible quand les matriarches sont stériles, que Dieu se souvient d'elles et qu'elles conçoivent. Il ne s'agit pas là forcément d'une intervention divine spectaculaire. C'est bien le couple et l'intervention d'un tiers qui a permis cette ouverture. La fertilité des femmes dans la Bible, explique Tamara Cohn-Eskenazi, docteur en Bible, devient un symbole de bénédiction divine, sans impliquer nécessairement, que l'absence de fertilité est une punition[1] ». Ainsi l'on s'émerveille du positif sans donner de sens à ce qui peut paraître négatif.

C. B. — Quand on prie, Dieu se souvient de nous et l'on se souvient de Lui. On se souvient que l'on peut faire confiance à une bonne providence, qu'une aide extérieure peut survenir et de l'inconnu nous surprendre. Nous nous ouvrons à une plus grande inspiration et nous élevons au-dessus de nos seuls efforts et actes de volonté, de nos différends et incompréhensions, un pont vers l'autre, unifié et aimant.

P. B. — Prier en hébreu signifie se juger soi-même ; la prière est une réflexion, un retour sur soi pour aller au-delà de soi, se dépasser pour aller vers l'autre. Tandis que la ברכה *berakha*, la bénédiction, provient de ברך *berekh*, le genou, parce que les Anciens en signe de remerciement pliaient le genou. Il est des prières qui sont des méditations, d'autres des demandes, d'autres encore des remerciements. Plutôt qu'une intervention divine ici, on peut comprendre que l'expérience qu'ils ont vécue, en suivant les conseils insolites du rabbin, leur a permis de concevoir et pourquoi pas concevoir dans le sens de « comprendre » que l'amour qui les unissait était plus fort que tout.

1. Tamara Cohn-Eskenazi, *The Torah : A Women's Commentary*, URJ Press, 2008, p. 52.

Ils ont été l'objet d'une attention particulière parce qu'ils se sont penchés l'un vers l'autre.

C. B. — Attentifs au désir l'un de l'autre, ils ont pu enfanter. Pourrait-on imaginer une conception exempte de tout encouragement, soutien, désir d'un autre pour soi, et sans personne pour prêter attention à ce que l'on fait. « Regarde maman, c'est bien non ? », « Dis-moi, papa, que tu es fier de moi ! » Nous nous sommes façonnés dans cette attente, nous avons grandi dans le désir de plaire à ceux qui portaient sur nous un regard attentif et bienveillant. Sous ce regard à la fois inconditionnel et exigeant, nous voulons donner le meilleur de nous-mêmes.

Cependant, beaucoup d'hommes et de femmes souffrent de se sentir « stériles », car leurs parents, puis leurs proches ne se sont pas penchés avec tendresse et confiance sur leurs dons et talents potentiels. Ils savent ce qu'ils auraient pu accomplir s'ils avaient été davantage encouragés, mais, trop souvent, ils ont même oublié leurs rêves avortés et ne conservent que la certitude de n'être pas à leur place. Il est rare de voir une personne aller au bout de ses désirs, accoucher d'un projet sans y avoir été stimulé, ne serait-ce que par une personne, parfois juste une parole. Le rabbin leur a permis de porter un autre regard sur leur relation, d'en prendre soin et de la rendre féconde.

P. B. — Un regard aimant peut permettre des miracles et nous avons tous besoin d'être appréciés, reconnus, salués dans ce que nous sommes et ce que nous faisons pour donner le meilleur de nous-mêmes. Le dépassement de soi est souvent un reflet de ce que l'autre me donne à voir dans le miroir de son âme, de ses yeux, de son cœur. Si je me sens aimé, l'amour de l'autre est comme une caresse sur mes espoirs, l'élan qui me permet de me réaliser et qui me porte au-delà des possibles.

C. B. — Quand je me sens aimé, le regard de l'autre me transporte et sa parole est porteuse de sens ; je le sais bien intentionné et attentionné. Quand j'aime, je n'ai d'autre souhait que d'éveiller chez l'autre la part belle, la plus lumineuse et la mieux inspirée. Quelle merveille que de se féconder l'un l'autre : se donner la vie et la donner ensemble. Laissons-nous émouvoir par le rire de Sarah. Elle conçoit tard et elle nous donne cet espoir : jusqu'à la fin de ses jours, on peut donner la vie. On peut concevoir une autre façon d'être, de vivre et d'entrer en relation avec ceux que nous aimons : porter sur eux un regard neuf, sans peur et sans condition, empreint d'une infinie tendresse. Si, à l'image de ce rire, la joie est là, si le cœur est tout sourire, l'amour devient fécond. Il n'est jamais trop tard pour comprendre que là où nous croyons que « c'est fini », « il subsiste toujours une petite marge où l'on peut construire sa vie[1] », comme l'écrit si bien Etty Hillesum. Ce à quoi nous sommes invités est de revisiter les lieux de nous-mêmes où la vie s'est absentée et de la laisser entrer partout où l'amour se dit. La vie ne se conçoit pas sans amour.

P. B. — ... C'est dans le regard plein d'amour que l'autre nous porte que des horizons s'ouvrent, qu'un rayon de soleil pénètre, et que tous les espoirs redeviennent possibles. Comme le mari de cette femme de Sidon, nous sommes, nous aussi, transportés par cette passion renouvelée qui nous invite au plaisir de l'essentiel, par-delà le réel, là où sur de nouveaux rivages, les rêves les plus fous portent un nouveau visage.

1. Etty Hillesum, *Une vie bouleversée*, Seuil, coll. « Points », 1995.

LE COUPLE, UN MIRACLE

מטרונה אחת שאלה את ר׳ יוסי בר חלפתא
אמרה לו
לכמה ימים ברא הקב״ה את עולמו
אמר לה
לששת ימים
אמרה לו
מאותה שעה ועד עכשיו מהו עושה
אמר לה
הקב״ה יושב ומזווג זווגים
בתו של פלוני לפלוני
אמרה לו
וזוהי אומנותו
אף אני יכולה לעשות כן
כמה עבדים כמה שפחות יש לי
ובשעה קלה אחת אני יכולה לזווגם
אמר לה
אם קלה היא בעיניך
קשה היא לפני הקב״ה כקריעת ים סוף
הניחה ר׳ יוסי בר חלפתא והלך לו
מה עשתה
נטלה אלף עבדים ואלף שפחות
והעמידה אותן שורות שורות
ואמרה
פלוני ישא פלונית ופלונית תנשא לפלוני
וזווגה אותם בלילה אחד
למחר באו לפניה
זה ראשו פצוע זה עינו שמוטה זה זרועו פרוקה
זה רגלו שבורה
אמרה להם
מה לכם
זה אמר איני רוצה בזו
וזו אמרה איני רוצה בזה
מיד שלחה והביאה לר׳ יוסי בר חלפתא
אמרה לו
רבי אמת היא תורתכם נאה ומשובחת היא
כל מה שאמרת יפה אמרת

בראשית רבה 68 ;ויקרא רבה 8 ; במדבר רבה 2

Une femme romaine posa au rabbin Yossi ben Halafta cette question :

« En combien de jours le Saint béni soit-Il a créé le monde ?
— En six jours.
— Et depuis, que fait-il ?
— Il est assis et il assemble des couples :
La fille de celui-ci avec ce garçon-là.
— C'est à cela qu'il s'occupe ? Je peux en faire tout autant.
J'ai de nombreux serviteurs et servantes,
En une petite heure, je peux les marier.
— Cela paraît facile à tes yeux
Mais c'est aussi difficile pour le Saint béni soit-Il que de séparer la mer des Joncs. »
Le rabbin Yossi ben Halafta la laissa et s'en alla.

Qu'a-t-elle fait ?
Elle alla chercher mille servantes et mille serviteurs
Les plaça en rangées les uns face aux autres
Disant à celui-ci d'épouser celle-là et à celle-ci celui-là.
Et elle les maria en une nuit.
Le lendemain, chacun vint la voir,
L'un la tête pleine de contusions, l'autre l'œil crevé
Celui-ci le bras démantelé, le quatrième la jambe cassée.
Elle leur demanda : « Que se passe-t-il ?
De répondre pour l'un : « Je ne veux pas de cette femme »,
Pour l'autre : « Je ne veux pas de cet homme. »
Elle fit alors chercher R. Yossi ben Halafta
Et lui dit
« Rabbi, votre Torah est pleine de vérité, utile et estimable.
Pour tout ce que tu as dit, tu avais raison. »

Genèse Rabba 68 : 4 ; Lévitique Rabba 8 ; Nombres Rabba 2

DIALOGUE ENTRE UNE FEMME ROMAINE ET UN RABBIN

CATHERINE BENSAID — Ce midrash met en scène un dialogue entre un rabbin et une femme romaine. Nous sommes surpris, et amusés, par la liberté d'expression de cette femme. On dénote même dans ses propos une certaine ironie, voire un brin d'insolence. On se serait attendu à davantage de respect et de considération vis-à-vis d'un rabbin. Nous sommes au temps de l'occupation romaine : est-ce son statut qui l'autorise à s'adresser à un rabbin, d'égal à égal ?

PAULINE BEBE — Cette femme est une matrone : elle a un statut reconnu dans la société romaine. Le midrash la considère comme une interlocutrice capable de questionner le rabbin sans détour, mais avec respect. Le dialogue déjà peut paraître surprenant au regard du contexte historique : la persécution des juifs par les empereurs romains qui imposaient alors des mesures successives contre le prosélytisme juif. Cependant le judaïsme était attrayant pour les Romains, la simplicité de son Dieu unique, la morale de vie heureuse, et alors même que sévissait une législation hostile au judaïsme – interdiction de la circoncision et des conversions –, de nombreux Romains continuaient de se convertir au judaïsme. Rabbi José ben Halafta est né environ en 97 de notre ère en Galilée, à Séphoris. Il est un des sept disciples de Rabbi Akiva qui a dû fuir en Babylonie lorsque son maître a été brûlé sur le bûcher par les

Romains. On imagine donc de la part du rabbin un certain courage à répondre à cette « matrone », dame noble romaine, qui le provoque en essayant de lui montrer l'absurdité de ses croyances.

C. B. — Le franc-parler de cette femme peut faire sourire. Ainsi que sa détermination et sa promptitude à agir. Elle ne craint pas de bousculer les idées reçues et ose se confronter non seulement au rabbin, mais surtout au fondement de toute pensée monothéiste, à savoir l'existence de Dieu. Il fallait que ce soit une femme romaine pour que nous ayons l'occasion, par son intermédiaire, de remettre ainsi en perspective la pensée juive. Il est bon de ne pas considérer certaines croyances comme un fait acquis, de s'autoriser à les remettre en question. La femme romaine prêche le contre pour savoir le vrai, elle s'oppose au rabbin avec le souhait finalement de lui donner raison. Ne souhaite-t-elle pas amener le rabbin à ses fins, c'est-à-dire découvrir une vérité à laquelle elle aspire ?

P. B. — On ne peut que présumer de ses intentions cachées, mais celles de l'auteur du midrash sont sans doute de démontrer que le rabbin a raison. Pour ce faire, le personnage de la matrone remet en cause l'autorité du rabbin. Dans un procédé de maïeutique, elle se met à sa place en posant une question dont elle connaît la réponse pour l'entraîner dans son propre raisonnement : « En combien de jours Dieu a-t-il créé le monde ? » La question dénote de sa connaissance préalable du texte biblique. Elle sait qu'il va répondre « en six jours », comme le dit la Genèse. C'est elle qui mène la conversation pour prouver qu'il a tort.

C. B. — Et le rabbin se prête au jeu. Il sait que cette femme ne pourra se satisfaire de sa réponse et cherchera à lui démontrer le contraire de ce qu'il dit. Mais il la laisse s'exprimer, puis il va ensuite la laisser agir. Il lui fait part de son point de vue, mais ne cherche pas à la convaincre. C'est là que réside sa force. N'opposant pas de résistance aux certitudes qu'elle impose sur un ton quelque peu sarcastique, il lui permet de trouver par elle-même la juste réponse à son problème ; c'est à elle de voir se confirmer ou non ses affirmations catégoriques. Il la renvoie face à elle-même. Cela fait penser à cette petite histoire concernant Bouddha. Celui-ci était en profonde méditation quand un homme s'approcha de lui et l'insulta. Cet homme s'en alla puis revint sur ses pas, pris de remords, et dit : « Pardonnez-moi, je ne sais ce qui m'a pris de vous parler ainsi. Je ne pense pas ce que je vous ai dit. » Le Bouddha répondit : « Qu'avez-vous dit ? Je n'ai rien entendu. » Toute forme de provocation, plus ou moins violente ou insultante, ne concerne que celui qui en est l'auteur.

P. B. — « Rends mon âme insensible à l'offense et donne-moi l'esprit d'humilité », nous dit le Talmud (Berakhoth 17 a). L'on sait combien lorsque l'insulte répond à l'insulte, on entre dans une spirale de violence dont il est souvent difficile de se sortir. Répondre calmement à quelqu'un qui est en colère est une gageure, mais souvent la seule issue pour rétablir un vrai dialogue. Chez la femme romaine, il n'y a pas d'insulte, seulement de l'ironie.

C. B. — L'ironie n'est-elle pas parfois teintée d'agressivité : quand elle est négation de l'autre, de ce qu'il est, de ce à quoi il croit, quand la façon de s'en moquer est sans respect pour sa dignité, sans pitié pour sa sensibilité, sans crainte de le blesser ou de lui nuire ? Certains semblent préférer renoncer à un bon ami plutôt qu'à un bon mot, prêts à sacrifier une grande amitié pour un instant de jubilation. Ils se réjouissent tant d'être l'auteur d'un mot d'esprit qu'ils en oublient les possibles dommages sur leurs amis. L'humour dénote au contraire une capacité à rire de soi : elle est écoute de ses propres paroles et s'amuse, parfois à ses dépens, à les tourner en dérision. Elle fait de l'autre son complice et non son adversaire. Elle ne pose pas un présupposé « contre », mais favorise un dialogue « avec ».

P. B. — L'ironie implique que celui ou celle qui la manie se croie supérieur à la personne qui est objet d'ironie. On ironise sur quelqu'un. S'instaure alors un décalage où l'on rit de l'autre, tandis que l'humour est un partage. « L'humour, à l'inverse [de l'ironie], est une manifestation de la générosité : sourire de ce qu'on aime, c'est l'aimer deux fois plus », écrit Christian Bobin dans *L'Éloignement du monde*[1]. Rire *avec* l'autre n'est pas rire *de* l'autre et, trop souvent, on accuse d'être trop sensible celui que l'on a blessé par un sarcasme mal placé. C'est alors l'agressivité qui a raison et c'est à celui qui est vexé de se justifier. Et puis, parfois, celui qui est blessé par une plaisanterie à ses dépens se croit obligé d'en rire, mais reste meurtri au plus profond de lui-même. Sa dignité n'a pas été respectée. En revanche l'humour ne fait pas mal. L'humour juif en particulier est connu pour être un humour qui se moque de lui-même. Il a toujours été une force – la capacité à s'élever au-dessus de la réalité aussi sombre soit-elle, pour en rire. Ainsi les mots les plus doux à entendre, dit Woody Allen, riant de sa propre angoisse, ne sont pas « Je t'aime » mais « C'est bénin » !

C. B. — Woody Allen se moque, à travers lui-même, de notre humanité. Il nous permet de nous confronter à nos propres peurs, nos contradictions, nos erreurs et nos faiblesses. Il nous aide, comme de nombreux humoristes, à n'en être pas dupes et à mieux les accepter. Son art est de dire si simplement des vérités subtiles et d'évoquer, en nous faisant rire, des notions qui ne sont pas des sujets de plaisanterie ! « Que pensez-vous de la mort ? — Toujours la même chose : je suis contre ! » L'humour est un moyen de conjurer nos doutes et nos propres angoisses. N'aurait-il pas aussi raison de l'agressivité d'autrui ? Certainement, dans bien des circonstances ; il est bon de prendre avec humour des situations, gestes et paroles qui nous déroutent, nous mettent hors de nous, portent atteinte à notre paix et notre tranquillité. Avec un peu de distance, ces derniers ne perdent-ils de leur virulence et, loin de nous peiner, nous font sourire ? Le rabbin nous montre le moyen de rester serein face à toute personne qui chercherait à prendre une position de domination.

1. Christian Bobin, *L'Éloignement du monde*, Lettres vives, 1993.

Il accueille les questions surprenantes de la femme romaine, comme nous pouvons rester disposés à entendre toutes paroles, même déconcertantes, et même si elles nous heurtent, au lieu de les rejeter d'emblée. Grâce à sa patience et sa tolérance, son ouverture d'esprit, nous allons réfléchir à des questions auxquelles nous n'aurions peut-être pas pensé et qui sont cependant essentielles.

P. B. — Comme dans les autres midrashim, les questions posées sont celles que nous nous posons nous-mêmes. Nous sommes amenés dans une aventure, l'esprit tenu en suspens car le lecteur est curieux de savoir comment le rabbin va répondre. L'enseignement se présente sous forme d'un dialogue très simple et direct. Il ne s'agit pas d'un grand discours démonstratif ou théologique qui s'impose à l'autre sans lui demander son avis. Le dialogue implique l'écoute et l'adaptation à l'interlocuteur. La réponse du rabbin va inciter la femme romaine à agir pour prouver qu'elle a raison et que lui a tort. Elle va apprendre par l'expérience. Et nous par la même occasion par le récit de ses actions.

C. B. — Nous bénéficions de son audace, de son attitude provocatrice, qui permettent en allant au bout d'un raisonnement et en le poussant à l'extrême de révéler certaines vérités plus encore que si elles étaient d'emblée énoncées. Par sa rapidité à mettre en acte ce qu'elle dit, elle nous fait partager ses découvertes sur les aléas de la relation à deux. N'avons-nous pas, comme elle, besoin de passer par nos propres expériences avant d'accepter certaines affirmations qui nous sont faites, mêmes si elles sont dites avec la plus grande conviction ? Ainsi la femme romaine, en nous faisant partager son incrédulité quant aux paroles du rabbin, nous conduit à en reconnaître mieux encore la justesse et à les accepter dans toute leur pertinence.

P. B. — On sait aujourd'hui que la pédagogie active est beaucoup plus efficace que celle purement théorique. « La connaissance s'acquiert par l'expérience, tout le reste n'est que de l'information », disait Albert Einstein. L'image va rester gravée dans la mémoire même au-delà du mot. C'est la force de la métaphore concrète et haute en couleurs qui, parce qu'elle est proche de nous, s'oublie difficilement.

C. B. — Ce midrash est riche en métaphores. Il sollicite notre imaginaire dans une question qui n'est rien de moins que la création du monde et la création du couple ! Nous pouvons imaginer Dieu assis et assemblant des couples, une femme romaine voulant agir de même et entraînant ses esclaves à la catastrophe. Pour commencer, reprenons la question de la femme romaine : depuis qu'il a créé le monde, que fait Dieu ?

QUE FAIT DIEU ?

P. B. — Oui, elle pose la question « À quoi sert Dieu ? » ou « À quoi sert la religion ? », question que l'on entend souvent dans un monde dominé par des notions de productivité et d'efficacité. À quoi ça sert ? Mais au lieu de dire à la matrone qu'elle ne pose pas la bonne question, que la spiritualité ne relève ni de la productivité ni de l'efficacité, le rabbin entre dans son jeu et répond de manière inattendue.

L'histoire h̲assidique du rabbin et du vendeur de savon soulève la même problématique. Le vendeur de savon dit : « Ta Torah ne sert à rien puisque le monde est rempli d'iniquité, de violence et de crimes ». Sur leur chemin, ils rencontrent un petit garçon qui joue dans le caniveau. Il est particulièrement sale. Et le rabbin de dire : « Ton savon ne sert à rien, regarde comme ce petit garçon est sale ! » Sur les protestations du vendeur de savon, le rabbin rétorque : « Tu vois, de même que si ce garçon se lavait avec du savon, il serait moins sale, de même si la Torah était davantage suivie, il y aurait moins de crimes dans le monde. »

La question de la matrone : « Que fait Dieu depuis la création du monde ? », et la réponse du rabbin apparaissent toutes les deux empreintes d'humour parce qu'elles prêtent à Dieu des sentiments humains.

C. B. — « Mon Dieu, Mon Dieu ! Qu'as-Tu fait la semaine dernière[1] ? » interroge Woody Allen. Que fait Dieu quand nous souffrons, que la vie est injuste, que rien de ce que nous entreprenons ne réussit, que le monde s'acharne méchamment, et sans raison, contre nous ? Sans évoquer les drames et tragédies qui questionnent de tout temps l'existence de Dieu, il est une aide que nous sollicitons, une présence que nous invoquons au quotidien, espérant qu'elle puisse intervenir en notre faveur ; et si nous ne sommes pas satisfaits, nous nous autorisons à « Lui » demander des comptes. Deux réflexions reviennent sans cesse : « Si Dieu existe, que fait-Il pour les hommes ? » et : « Comment croire en Dieu, alors que le monde va si mal ? »

Mais n'est-ce pas une demande paradoxale que de Lui reprocher Son absence ou Son inaction, alors que l'on ne croit ni à Sa présence, ni à Sa possible action ? La femme romaine remet en cause l'étude de la Torah et sa valeur éthique ; cependant, elle s'adresse au rabbin pour lui demander : « Que fait Dieu depuis qu'Il a créé le monde ? » « Il fait des couples ? dit-elle, je peux en faire tout autant. » Elle met ainsi sur le même plan l'action de Dieu et celle des hommes. Elle attribue à Dieu un caractère humain et par conséquent ne reconnaît pas son Absolue différence, sa « Sainteté », son radicalement « Autre ». Ramener l'action de Dieu à l'action humaine est aussi une façon de nier son existence.

P. B. — Que fait Dieu ? C'est une question éminemment théologique. Dieu intervient-Il dans nos vies ou pas ? Et, s'Il intervient, s'agit-il d'une intervention flagrante, explosive ou bien imperceptible et discrète ? Dieu n'est-Il que Créateur du monde ? Est-Il oisif à présent que Sa mission est terminée ? Quelle place laissons-nous au divin ou à la spiritualité dans nos vies, au mystère et à l'irrationnel ? « Nous aimons à penser que nous sommes – potentiellement au

1. Woody Allen, *Dieu, Shakespeare et moi*, traduit par Michel Lebrun, Seuil, 2001.

moins – omniscients, écrit le rabbin John Rayner. C'est pourquoi tout ce que nous ne pouvons pas comprendre ou démontrer ou mesurer, nous avons tendance à le rejeter comme fantaisie[1]. »

Tout peut-il être expliqué, calculé, analysé sous la loupe du microscope ? Si l'on affirme la Providence, c'est-à-dire l'intervention de Dieu dans nos vies, qu'en est-il du libre arbitre ? Quelle est la part du déterminé dans nos vies, de ce que certains appellent le destin ou la Fortune ? Qu'est-ce qui réside entre nos mains ? Lorsque nous choisissons un conjoint, qui choisit ? La tradition juive affirme fondamentalement le libre arbitre mais dit en même temps que nous ne contrôlons pas tout de notre vie. « Dieu ne détermine pas si quelqu'un sera juste ou inique ; cela est laissé au libre choix de chacun » (Tanhouma, Pekoudé 3). En effet, comment prétendre que nous sommes responsables de nos actes, si tout est décidé pour nous ? Ces questions n'ont pas de réponses simples. Parfois en créant un silence intérieur, nous trouvons des réponses cachées, parfois ces interrogations résonnent dans le silence. Le rabbin Lionel Blue disait : « On se plaint que Dieu ne nous parle pas, mais il faudrait d'abord arrêter de se boucher les oreilles. »

C. B. — D'autant que l'écoute nécessite d'avoir une oreille fine. Dans un magnifique passage de la Bible, la présence divine se révèle au prophète Élie par « la voix d'un silence subtil » : קול דממה דקה *Kol demama daka.* Celui qui ne prête pas l'oreille à l'indicible, à la subtilité d'une parole silencieuse, peut-il affirmer qu'il n'y a rien à entendre ? Ceux qui pensent qu'il n'y a rien d'autre à voir que ce qu'ils voient, ne se condamnent-ils pas à ne rien percevoir du monde de l'invisible ? Celui qui s'arrête à ce qu'il pense comme étant la seule vérité possible, ne s'enferme-t-il pas dans une surdité à toute autre parole de vérité ?

P. B. — On peut dire en effet que nous faisons preuve à la fois d'une oreille sélective et d'une vision sélective. Nous ne voyons ou

1. John D. Rayner, *An Understanding of Judaism*, Berghahn Books, 1997, p. 177.

n'entendons que ce que nous voulons voir ou entendre. Lorsque Jacob se réveille de son rêve, il s'exclame : « L'Éternel était présent en ce lieu et, je l'ignorais ! » (Gen. 28 :16). Un lieu « sans histoire », sans récit, sans ancrage, ce lieu ne racontait rien – juste des pierres posées sur la terre, et Jacob s'est endormi. Mais là où sa tête reposait sur la pierre, une échelle sur laquelle des anges montaient et descendaient s'est délicatement posée dans un rêve devenu réalité. Nous passons souvent à côté de mondes invisibles comme lorsque nous marchons tête baissée et que nous oublions de regarder autour de nous. Le Psaume dit : « Lève les yeux et regarde ! » Lever les yeux, c'est faire sortir son regard d'une trajectoire routinière, pour l'élever au merveilleux. Notre tragédie est de « ternir le merveilleux par l'indifférence[1]. »

C. B. — Un des sens de ce midrash n'est-il pas de nous éveiller au merveilleux, par effet de contraste avec le comportement volontaire et peu poétique de la femme romaine ? Dans tout son déroulement – question de la femme, réponse du rabbin, expérience de la femme et le dénouement – le midrash ne tente-t-il pas de répondre à cette question : Quelle place a Dieu dans nos vies ? Et particulièrement dans la formation des couples ? Ce qui interroge sur la place à donner au merveilleux et à la poésie au sein d'une rencontre.

Là n'est-elle pas la différence entre un couple qui se fait en dehors de toute pensée de l'existence de Dieu et un couple « fait par Dieu », autrement dit, en présence de Dieu ? Précisons que cette question de la présence divine au sein du couple ne concerne pas seuls ceux qui sont « croyants », dans quelque religion que ce soit. Elle est présence céleste – *deus* proviendrait de l'indo-européen et signifie « ciel » –, étincelle d'amour, grâce et magie. Ses manifestations nous échappent si ce n'est à travers l'irruption inattendue d'un coup de foudre, flèche de Cupidon qui nous pénètre dans l'âme, et la force parfois d'un si profond sentiment d'évidence. L'amour est si

1. Abraham Heschel, *Dieu en quête de l'homme, philosophie du judaïsme*, traduit par G. Casaril et P. Passelecq, Seuil, 1968, p. 95.

peu le fait de notre volonté : il est accueil d'un don qui nous vient d'ailleurs et demeure un mystère, ouverture à l'autre dans l'irréductible de sa différence, altérité de ce qui ne cessera de nous échapper, mais aussi accueil de l'inconnu et de l'imprévu, au cœur de chacune de nos expériences. « L'amour, ainsi que le dit Rilke, c'est l'occasion unique de mûrir, de prendre forme, de devenir soi-même un monde pour l'amour de l'être aimé. C'est une haute exigence, une ambition sans limite, qui fait de celui qui aime un élu qu'appelle le large[1]. »

Ce midrash est la confrontation entre deux personnes qui portent sur la création du couple des opinions divergences ; au plus profond de cette divergence est la question de Dieu. Pour le rabbin, Dieu « fabrique des couples » ; aussi peut-Il être présent là où se vit cette « haute exigence », là où les âmes, les cœurs et les corps font connaissance et s'unissent.

Comment se manifeste la présence divine ? N'est-ce pas déjà dans le mystère de la rencontre et là où le désir prend sa source ? Et n'est-elle pas dans le souffle qui fait naître, et entretient, le feu de l'amour ?

LE MYSTÈRE D'UNE RENCONTRE

P. B. — Comment ne pas penser à Pascal : « Le cœur a ses raisons que la raison ne connaît point. » « Tomber amoureux », c'est se laisser tomber. C'est accepter de se laisser transporter par un élan amoureux, c'est reconnaître que nous ne sommes pas omnipotents. Nombreuses sont les choses que nous percevons, mais que nous ne pouvons comprendre, qui échappent à la vigilance de la raison. L'amour en est une et sa poésie est son mystère. « Ma vie est une énigme dont ton nom est le mot », écrivait Victor Hugo. Et au-delà

1. Rainer Maria Rilke, *Lettres à un jeune poète*, Grasset, 1937, p. 75.

de l'amour se pose aussi la question du mystère de la vie. Ce n'est pas seulement la question de Dieu que la matrone pose, mais la question de la question. Elle met en scène une organisation sans faille. « L'ordre c'est la mort », disait Kundera. Dans cet alignement parfait se trouve l'obsession de l'organisation à outrance, où semble-t-il tout est prévisible, rien n'échappe. Mais l'humain n'est pas ainsi. Dans mon métier de rabbin, aucune journée n'est semblable à une autre journée, aucune cérémonie n'est identique à une autre. Les hassidim disent : aucun brin d'herbe ne ressemble à un autre brin d'herbe, et ainsi chaque être humain est unique. J'imagine que dans le métier de psychanalyste, il en est de même ?

C. B. — Il est certain qu'aucune séance ne ressemble à une autre, puisque nous sommes autres à chaque instant de notre vie : aussi bien les analystes que les patients – ou analysants, terme introduit par Lacan qui met bien l'accent sur la participation active de celui ou celle qui fait une psychanalyse. Et notre écoute est celle de l'être en devenir ; si elle insiste sur la souffrance, c'est pour la dissoudre et l'inclure peu à peu dans ce « large » dont parle Rilke, lui retirer de son pouvoir de nuire, permettre peu à peu de « grandir », « dire grand ». La souffrance est enfermement dans le passé, inquiétude pour l'avenir et elle entrave le présent par la répétition involontaire d'idées noires et d'actes malheureux. Les mots pour la dire – dans l'espoir qu'un jour elle n'ait plus à se vivre – ont besoin eux aussi d'être répétés. Si les paroles prononcées semblent toujours identiques, elles évoluent cependant d'une fois à l'autre : des vérités se font jour, filtrent à travers des malentendus et des non-dits ; peu à peu, les anciennes peurs, angoisses et anxiétés ne viennent plus obscurcir l'horizon et empêcher d'ouvrir ses bras et son cœur à de belles rencontres que l'on ne voyait pas. L'écoute invite à faire un pas de plus vers une compréhension autre, à porter un regard innovant sur ce qui se vit, donner naissance à une prise de conscience inédite et fondatrice de ce qui se dit. Seul cet espace laissé à l'inattendu peut faire surgir l'éclat fugitif d'une lucidité nouvelle, offrir la place à la magie du mot qui guérit : là où l'âme agit.

P. B. — C'est peut-être notre capacité de changer qui nous permet d'accéder à la magie de la rencontre. Aussi faut-il se rendre disponible à l'univers des possibles et ce à tout instant. L'âme peut en effet agir dans les moments les plus simples, dans le quotidien le plus incongru et banal qui, s'il est regardé avec la bonne paire de lunettes, peut se transformer en aventure spirituelle hors du commun.

Lorsque je prends le métro et que je vois ces personnes avec un casque sur la tête perdues dans leur musique, créant ainsi une frontière infranchissable entre eux-mêmes et les autres, je me dis qu'ils s'isolent du monde. Ils s'emmurent et rendent impossible l'échange d'un sourire, d'un clin d'œil, une présence à l'autre, le dialogue silencieux de deux âmes. Un individu est à côté d'un autre dans une immense solitude qui ne peut être brisée. L'art de la rencontre, c'est aussi se rendre disponible pour le miraculeux et l'inouï, tendre l'oreille et écouter, ouvrir les yeux et regarder. L'isolement peut être aussi celui de la tristesse, du repli sur soi. De même qu'un petit nuage peut cacher l'éclat d'un grand astre, un petit souci peut éclipser l'espoir.

C. B. — Dès lors que nous ne voyons plus que nos soucis et que les nuages ont obscurci le ciel disparaît en effet toute lueur d'espoir. Cela signifie que nous ne savons plus voir le beau et le bon qui nous sont offerts. Or il est des opportunités qui nécessitent d'être cueillis dans l'instant; sinon, comme les fruits mûrs, ils se perdent à jamais. La שכינה *shekhina*, présence divine, ne signifie-t-elle pas aussi « voisinage » ? N'est-il pas essentiel d'être présent à la présence de ce qui peut, au quotidien et à proximité de nous, illuminer notre vie ? « La vie est routine, c'est-à-dire résistance au merveilleux[1] », dit Abraham Heschel. Il cite le Baal Shem Tov : « Le monde déborde de résonances spirituelles et de secrets sublimes et merveilleux; mais il suffit de placer la main devant ses yeux pour que tout demeure caché. »

1. Abraham Heschel, *Dieu en quête de l'homme, op. cit.*, p 95.

La vie est routine pour ceux qui font de leur quotidien une routine. Ils disent ensuite haïr le quotidien. Ils s'y ennuient à l'instar d'Anna Karina dans *Pierrot le fou*, qui scande avec poésie : « Qu'est-ce que je peux faire, j'sais pas quoi faire », tout en parcourant la plage de long en large. Par crainte que leur vie ne soit pas assez intense et exaltante, certains remplissent leur agenda à l'excès et se laissent déborder ; ils se plaignent alors de « n'avoir plus de temps pour eux » ; oui, ils n'ont plus de temps pour la fantaisie et l'improvisation.

Or le quotidien est ouverture au « divin » pour qui prend le temps de le goûter. Il est création, notre création. « Si votre quotidien vous paraît pauvre, dit Rilke, ne l'accusez pas. Accusez-vous vous-même de ne pas être assez poète pour appeler à vous ses richesses[1]. » Si on ne se réfère pas à des richesses qui devraient toujours venir d'ailleurs, alors nous prêtons attention à celles qui nous sont données sans compter. Un maître en Vedanta a dit que certains ont besoin des chutes du Niagara pour éprouver des émotions, d'autres de la rosée du matin. Chaque jour porte en lui le germe d'une vie nouvelle, d'un amour renouvelé. Tout est possible, mais à condition de ne pas empêcher par un excès d'organisation la beauté d'une rencontre fortuite, l'éclosion d'une émotion imprévue et d'une joie jusque-là inconnue.

P. B. — Comment faire rire Dieu, questionne-t-on avec humour ? En lui parlant de nos projets ! Il est vrai que nous pouvons orienter nos vies et prendre des décisions, un peu comme un écrivain qui guide sa plume dans le sens d'une écriture, mais les lettres qui se forment et s'inscrivent sur le papier le surprennent. Il décide d'une histoire, mais il en écrit une autre parce que, au détour de l'inspiration et de la page, vient autre chose d'inattendu. Alors lorsqu'il relit ce qu'il a écrit, il est sans cesse sidéré. Le midrash sur l'Ecclésiaste compare notre vie à un bateau qui prend le large. Nul ne sait quelles intempéries il va rencontrer sur son chemin. Nous pouvons tenir le gouvernail, mais nous ignorons la force des vents. Rabbi Akiva dit :

1. Rainer Maria Rilke, *Lettres à un jeune poète*, *op. cit.*, p. 220.

הכל צפוי והרשות נתונה *hakol tsafoui vehareshouth netouna*, «tout est prévu mais le libre arbitre est donné» (Avoth 3 :19) – une manière d'exprimer la contradiction entre une responsabilité nécessaire de nos actes et la reconnaissance que tout n'est pas le résultat de notre décision. C'est la capacité à se laisser surprendre qui trace le chemin de l'inouïe; dans un léger désordre arrive l'inattendu comme un rapt de bonheur, si l'on s'y laisse amener.

C. B. — Le bonheur d'une rencontre est aptitude à accueillir l'imprévisible, car il arrive rarement là où on l'attend, mais aussi capacité à diriger nos pas vers la personne de notre choix. Le bonheur d'une rencontre nécessite de s'abandonner en confiance à une émotion inconnue; également d'agir, de donner vie à cette relation. Alors les deux amants s'éloignent de ce qu'ils avaient imaginé pour se rapprocher de leur rêve, autrement. Bien souvent, ils s'éloignent au sens propre d'un pays, d'une religion, d'un mode de vie – pour se rendre là où ils n'auraient jamais pensé auparavant pouvoir trouver une telle sensation de bien-être, cette troublante évidence d'être «chez soi». Les amants se sont laissé sur-prendre, et leur union peut parfois surprendre. Le lien subtil et secret qui les unit est le lieu même de ce mystère : l'amour qui, selon Dante, «fait tourner la terre, le cœur humain et les autres étoiles». Claude Vigée le dit à sa façon : «L'énergie de l'amour jaillit d'elle seule, et non de notre petit désir individuel, de notre vain personnage aux goûts capricieux et changeants, de cet **אני** *ani*, "moi" présomptueux, dont l'autre face est **אין** *ein*, "le néant"[1].»

LE FEU DE L'AMOUR

P. B. — Oui **אני** *ani*, «je», est composé des mêmes lettres que **אין** *ein*, le néant, leur ordre est simplement inversé. Comme si l'on

1. Claude Vigée, *Dans le silence de l'Aleph, op. cit.*, p. 37.

voulait nous rappeler que le « je » est constitutif de la personne et que, en même temps, il n'est pas grand-chose. « Qu'est-ce que l'être humain pour que Tu t'en souviennes », dit le Psaume (8 :5) et les anges répondent : « Tu l'as fait presque comme nous » (8 :6). Nous vivons une tension permanente entre l'être et le néant et la brièveté de notre existence en est un constant rappel. Le sablier de notre vie s'écoule. « Être homme, écrit Jean-Paul Sartre, c'est tendre à être Dieu ; ou, si l'on préfère, l'homme est fondamentalement désir d'être Dieu[1]. » Lorsqu'il se sent trop petit, on doit lui rappeler qu'il est « presque comme Dieu », ainsi le hassid dit : « Ne sois pas trop humble car tu rétrécirais l'ombre de Dieu en toi. » Mais lorsque le « je » est envahissant, on doit lui rappeler sa finitude. La kippa que portent les juifs est là pour nous rappeler qu'au-dessus de notre tête se trouvent le ciel et son infini.

C. B. — « Ce n'est pas moi qui me crée moi-même : j'adviens plutôt à moi-même[2] », dit Jung, Nous avons été créés, ce n'est pas nous qui créons le monde. Nous avons le désir d'aimer, nous sommes pleins de bonne volonté. Mais ce n'est pas nous qui décidons d'aimer ; nous pouvons seulement orienter nos pensées, les élever : « La prière est un rayonnement de notre être soudainement incendié, c'est une direction infinie et sans but[3]... », nous dit Rilke. S'envoler en direction du soleil n'est pas se prendre pour le soleil. Le « moi » ne se perd pas de vue, mais il reste à sa place, créatif et innovant son histoire présente et future. Orienté vers un amour toujours plus grand, il le réinvente, à l'infini.

P. B. — La langue hébraïque se prête naturellement aux jeux de mots. Nous inventons les voyelles au fur et à mesure de la lecture puisqu'elles ne sont pas prédestinées. En effet, seules les consonnes

---

1. Jean-Paul Sartre, *L'Être et le Néant*, Gallimard, 1943, p. 653.
2. Carl Gustav Jung, « Le symbole de la transsubstantiation dans la messe » in *Les Racines de la conscience*, Paris, Buchet-Chastel, 1971, p. 281.
3. Rainer Maria Rilke, *Lettres à une amie vénitienne*, Gallimard, coll. « Arcade », 1985.

sont écrites. Les voyelles sont absentes ! La lecture est une liberté d'interprétation. Le lecteur n'est jamais passif, il digère les lettres et devient un interprète de l'écrit. Son opinion est d'emblée sollicitée puisque sa lecture est un choix, une prise de position. Un midrash dit d'ailleurs que Dieu a créé le monde par les lettres hébraïques. On leur prête des sentiments. Certaines sont jalouses des autres ; le ב *beit* commence la Torah, alors Dieu rassure le א *aleph* de son amour en lui faisant commencer les Dix Paroles. Un petit *aleph* va représenter un « je » rétréci, une volonté de pouvoir remise à sa place, un ego écarté. La présence de Dieu dans un couple est exprimée par le jeu de mot suivant : l'homme איש *ish* (*aleph-youd-shin*) s'allie avec אשה *isha*, la femme (*aleph-shin-hé*) et ainsi le י *youd* et ה *hé* formant le mot *Ya* un des noms de Dieu s'associe à cette union. Si la présence divine n'est plus là, matérialisée par les deux lettres *youd-hé*, alors il ne reste plus que les lettres *aleph* et *shin* composant אש *esh*, le « feu ».

Hors de la présence divine, le couple se consume comme le feu ; avec la présence divine, il perdure. On peut se demander ce que signifie cette présence divine dans le couple. Le nom de Dieu employé ici est *Ya*. Les philologues et historiens se sont penchés sur ce son et ses possibles interprétations. Quelques-unes peuvent nous éclairer pour la conception d'un couple réussi. *Ya* peut-être une interjection, sorte d'onomatopée pour exprimer l'émerveillement. On pourrait dire que, dans un couple, on doit essayer de maintenir l'émerveillement. Lorsque l'ennui se glisse dans le quotidien, la routine dans l'union de deux êtres, la passion s'étouffe vite. Une des fonctions du prêtre dans le Temple consistait à « faire le ménage », retirer les cendres autour du foyer des sacrifices. C'est aussi ce que le couple devrait faire, retirer les cendres, la poussière qui empêche le feu de la passion de se maintenir et ne pas donner raison à Jacques Prévert dans son poème « Les feuilles mortes » qui évoque « les pas des amants désunis ».

C. B. — Oui, il importe de nettoyer les cendres qui peuvent étouffer la flamme amoureuse. D'où viennent-elles ? D'un amour trop intense qui brûle et se consume aussi vite qu'il a commencé –

les amoureux sitôt embrassés, embrasés – ou d'un souffle qui s'avère insuffisant pour maintenir la flamme ? Il est des rencontres amoureuses dont le plaisir est fugace : que reste-t-il de ces étreintes passagères ? N'est-ce pas justement un goût de cendres ? D'autres alimentent des feux d'amours – pluriels – et sont experts dans l'art de l'artifice. Des feux d'artifice ! Les étincelles retombent vite et, s'éteignant, font voir la nuit encore plus noire, la solitude plus douloureuse encore.

Quand l'être désiré apparaît tel qu'il est, non tel que l'avait créé un imaginaire enflammé, il ne resplendit pas de la même aura. Ainsi en est-il de la passion, où chacun croit aimer l'autre pour ce qu'il est, mais n'aime rien tant que le feu qui l'anime. Feu qui procure l'illusion de vivre intensément, absolument, mais qui a tôt fait de brûler, tant il est « dévorant » : « Tu es à moi, rien qu'à moi et je veux tout de toi, tout de suite. Car je t'aime passionnément. » La passion justifie les comportements les plus insensés : « Je t'aime comme un fou ! », « Je suis folle de toi ! ». Et elle détruit tout sur son passage, elle prend toute la place, aussi possessive qu'envahissante. Or un feu sur lequel souffle une passion « torride » peut devenir le feu de la rage, de la colère, voire de la folie. Le cœur et le corps s'affolent de n'être plus qu'une tension exacerbée par une soif inextinguible, par une demande avide et insatiable. Les deux amants ne sont plus des sujets aimants, mais des objets aimantés par une force obscure. La lumière a disparu. Divine lumière qui permet qu'un amour puisse être brûlant sans se consumer, où la flamme présente en chacun demeure et, loin de détruire, rend les amants toujours plus vivants et aimants. À l'image du buisson ardent ?

P. B. — « Il remarque que le buisson était en feu et cependant ne se consumait point » (Ex. 3 :2), lisons-nous dans l'Exode lorsque Dieu se révèle à Moïse. Cette image symbolique du buisson ardent se présente apparemment comme un oxymore, une impossibilité d'être. Dans l'ordre naturel des choses, le feu brûle et consume. Le buisson ardent peut être le paradigme de l'art d'aimer. Le feu est présent mais, il ne brûle pas les êtres épris. Ce n'est pas le feu dévorant de la passion dans lequel l'être se meurt, c'est un feu qui respecte les amants. Ils ne cherchent pas à se consommer l'un l'autre dans une volonté d'avoir et de posséder l'autre mais dans le *respicere,* le respect ou le regard de l'autre. Le clair-obscur de nos amours, les demi-teintes du matin, les romantismes du lendemain, c'est ce feu qui brûle et ne se consomme pas.

Il y a « un art d'aimer comme il y a un art de vivre, dit Eric Fromm, l'amour n'est possible que si deux personnes communiquent entre elles à partir du centre de leur existence[1]. » Il s'agit donc de quitter le domaine de la consommation pour entrer dans le miraculeux et ainsi passer de l'instantanéité à l'éternité, de la flamme à la lumière. Lorsque nous allons de passion en passion, nous sommes comme des alpinistes ivres d'altitude, mais les vallées apportent aussi leur douceur si nous savons les apprécier. « Les montagnes toujours ont fait la guerre aux plaines[2] », écrit le poète.

C. B. — La lumière ne serait pas dans les sommets, mais dans la vallée ! N'est-elle pas symbolique de ce qui unit tout en séparant : l'« entre-deux » ? Dans un couple, elle est l'espace entre des montagnes d'ego, de désirs contraires, d'attentes, de peurs. Elle est aussi là où l'amour fait son lit, s'origine d'un don de l'un et de l'autre, création unique qui renaît sans cesse de leur rencontre. La lumière qui vient des sommets éblouit, elle est aveuglante ; tandis que celle de la plaine est plus humaine, faite d'ombres et de lumières. Dans la séparation de la mer des Joncs, la vallée est mouvement vers la liberté, elle se fraye un chemin entre les murs d'eau qui se font face, puissances immobiles, fières et altières. Elle est le lieu du partage et du passage, là où l'amour se vit.

P. B. — Les sommets symbolisent aussi la force de la passion. On recherche souvent les émotions fortes, presque trop fortes pour les soutenir. On se concentre sur la séduction, la « conquête », ne

1. Éric Fromm, *op. cit.*, p. 123.
2. Victor Hugo, *Les Burgraves*, acte II, scène 6.

dit-on pas comme si l'amour était une bataille, l'autre un territoire convoité. « L'épisode hypnotique, dit-on, est ordinairement précédé d'un état crépusculaire : le sujet est en quelque sorte vide, disponible, offert sans le savoir au rapt qui va le surprendre[1]. » Une fois le territoire conquis, le rapt réalisé, on se détourne de l'objet sur lequel on avait jeté son dévolu comme un enfant qui n'est plus intéressé par ce qu'il vient d'atteindre. Ainsi les placards des enfants sont remplis de jouets indispensables qu'ils ont si intensément voulus l'ombre d'un instant, comme ces adultes qui, dans un tourbillon de corps, remplissent leurs passés de ces hommes et ces femmes qu'ils devaient impérativement posséder. Oscar Wilde le disait avec humour, « il est deux tragédies dans ce monde : ne pas obtenir ce que l'on veut et l'obtenir ». C'est l'attrait de l'objet défendu qu'Adam et Ève connaissaient déjà ! Le défi du couple, au-delà de la première conquête, est ce que l'on pourrait appeler tout à fait prosaïquement le « service après-vente » ou la maintenance. Comment maintenir les feux premiers de la passion, comment chercher jour après jour à reconquérir son amant en pensant que jamais rien n'est acquis, que tout est à reconstruire quotidiennement ?

C. B. — Pourrions-nous aimer sans rien faire pour notre amour et nous étonner ensuite que notre amour puisse se défaire ? Si le feu de la passion, puissant et ravageur, peut tout détruire sur son passage et laisser l'un et l'autre des amants défaits et meurtris, s'il est diabolique – de la racine grecque *diabolos* « qui désunit » –, il est aussi une petite flamme discrète, secrète et singulière qui, elle, nécessite d'être entretenue. Alors l'amour n'est plus menacé de morts successives, mais générateur de vie.

Nous l'avons dit, les cendres menacent toujours d'éteindre ce feu si précieux, ces braises incandescentes, étincelles d'éternité. « L'infini, le premier venu pourrait l'anéantir en un instant[2] », dit Porchia. Quand nous éprouvons un amour infini, nous le pensons

1. Roland Barthes, *Fragments d'un discours amoureux*, Seuil, coll. « Tel Quel », 1977.
2. Antonio Porchia, *Voix*, traduit par Roger Caillois, Éditions G. L. M., 1949.

indestructible comme nous le serions nous-mêmes devenus, forts de cette certitude que nous pouvons nous battre contre toutes les adversités. C'est alors que nous pouvons nous découvrir plus fragiles que nous le pensions. Nous sommes comme les enfants capables de passer d'une grande gaieté à un désespoir absolu, d'éprouver un élan de joie et de le voir en un instant réduit à néant. Nous sommes l'enfant que nous avons été, celui qui a vu ses espoirs brisés, ses jouets cassés. Notre corps ne l'a pas l'oublié. Certainement, nous aimerions que les « objets » de notre amour soient éternels. C'est humain ; c'est même le propre de l'humain que de se vouloir immortel. Et nous n'en avons pas fini d'être confrontés à notre finitude.

N'est-ce pas mieux ainsi ? Chaque instant prend son sens et nous invite à plus de vigilance : à souffler doucement sur les braises, ne laissant ni l'ennui et la routine, ni les reproches et les regrets, ni les contraintes et les obligations éteindre la flamme d'un amour naissant, puis tendrement installé dans le temps. Une fois que le feu s'est éteint, est-on certain de pouvoir dire avec Jacques Brel qu'on peut faire « rejaillir le feu de l'ancien volcan qu'on croyait trop vieux » ?

P. B. — Une histoire hassidique raconte qu'un rabbin allait de village en village pour raviver la passion de l'étude de la Torah. Partout il parvenait à transmettre sa passion des textes et son enthousiasme pour l'étude. Mais, un jour, il quitta un village le cœur meurtri. Une grande tristesse l'envahissait. Il n'avait pas réussi. Lorsqu'il confia son échec à son maître, ce dernier le rassura en disant : « Même si tu souffles de toutes tes forces sur un feu déjà éteint, tu ne pourras pas le raviver. S'il y a des braises encore incandescentes, il suffira d'un filet d'air pour que des étincelles crépitent. Ainsi en est-il des relations humaines, si les cendres ont éteint le feu, rien ne peut les sauver. »

« L'amour, c'est un problème résolu à l'infini[1] », disait Vladimir Jankélévitch, peut-être est-ce une question qui se pose à l'infini sans

1. Extrait d'une conférence à Bourges, décembre 1981.

jamais définitivement se résoudre. Apprendre à renouveler, raviver, ranimer est un rappel de nos limites. Les enfants dans une cour de récréation s'interpellent en se disant : « Veux-tu être mon ami pour toujours ? » Cela nous fait sourire parce que nous pensons mieux savoir que les liens se font et se défont au gré des disputes et des circonstances, mais les adultes – grands enfants que nous sommes – espérons la même éternité dans l'amour et l'amitié et nous sommes toujours déçus d'avoir placé notre confiance dans un lien que nous pensions indestructible et que nous voyons se déliter.

Albert Einstein écrivait : « N'y a-t-il pas une certaine satisfaction à ce que la vie d'un individu ait des limites naturelles afin qu'à sa conclusion, elle puisse apparaître comme un chef-d'œuvre ? » La limite nous permet d'apprécier notre condition humaine et de profiter de l'ici et du maintenant, d'inscrire l'éphémère dans la durée. Sanctifier une union par les קדושין *kiddoushin*, « sanctification », par le mariage, c'est goûter à l'éternité dans l'instant. Ce que l'on appelle l'éternité est peut-être comme un courant alternatif fait d'allers et retours, de paroles et de silences, de vallées et de sommets, d'explosions et de douceurs dont nous sommes responsables. De même qu'une plante ne peut vivre sans eau, l'amour ne peut vivre sans rafraîchir sa source quotidiennement, continuellement.

LA SOURCE DU DÉSIR

C. B. — L'amour est cet art subtil de ne pas laisser s'éteindre la flamme, ni se tarir la source du désir. Il nécessite que nous prenions soin de lui, comme nous prenons soin aussi bien de nous que de l'autre. Se préoccuper de ce qui nous plaît et négliger les souhaits de l'autre, ou satisfaire les besoins de l'être aimé en oubliant de penser à nous, alors l'amour disparaît, comme a peu à peu « disparu » de la scène l'un des protagonistes. L'amour nous demande d'être deux à souffler sur les braises, à répondre à nos soifs, à laisser être et renaître la force subtile de notre amour. « La même loi qui voulait que vous vous prépariez l'un l'autre, isolément, pour l'union, attend que vous vous acheviez l'un l'autre, l'un par l'autre, dans l'union. Que sera cette histoire de votre mutuelle conquête[1] ? » écrit Teilhard de Chardin.

P. B. — Hillel disait : « Si je ne suis pas pour moi, qui le sera, et si je ne suis que pour moi, que suis-je, et si ce n'est pas maintenant, alors quand ? » (Avoth I,14). Ce subtil et fragile équilibre entre soi et l'autre, le « je » et le « tu » dans un regard réciproque invitant à l'action, peut s'appliquer à toutes les relations humaines. Je ne dois pas m'oublier en toi, je ne dois pas t'oublier en moi et nous devons agir dans l'immédiat. La présence de Dieu dans le couple du « Ya divin » est une écoute infinie de soi et de l'autre. La racine de *Ya*, que l'on a comprise jusqu'ici comme un appel à l'émerveillement, complétée par la lettre ו *vav*, pour donner הוה *hava*, signifie alors « faire naître » ou « maintenir en existence ». Dans un couple, l'un et l'autre devraient faire en sorte que l'autre puisse toujours exister, respirer, être pour soi et pas seulement pour l'autre. Maintenir et aider à développer les aspirations individuelles de chacun est essentiel et הוה *hava* signifie aussi devenir. Je suis le garant du devenir de mon autre, cette moitié qui a accepté de partager ma vie – ma mie ! Accepter que l'autre puisse changer et être différent de ce qu'il était lorsqu'on l'a connu, c'est reconnaître sa liberté fondamentale d'évoluer et l'accompagner dans son devenir. Un couple qui vit est un couple qui évolue, individuellement et à deux.

C. B. — L'amour n'est-il pas, en effet, d'accompagner l'autre vers le meilleur de lui-même ; voir en lui le meilleur de ce qu'il est, de ce qu'il peut être et prononcer de cœur à cœur ces mots : « J'aime la beauté qui t'habite et que tu ne sais pas voir, l'intelligence qui est la tienne et dont tu n'as pas conscience, les merveilles que tu as le

---

1. Teilhard de Chardin, *Sur le bonheur, sur l'amour*, Seuil, coll. « Points Sagesses », 1997.

don de faire et que toi-même ne sais pas apprécier à leur juste valeur. Et je pressens ce que tu es capable d'être et de faire et que tu ignores encore» ? Aimer, c'est s'interroger sur la qualité de notre amour – «Ma façon d'aimer est-elle juste et digne de la personne que tu es ?» – et non s'assurer d'être aimé car on se sent, dans le regard de l'autre, paré de toutes les qualités.

Aimer, c'est aussi prendre soin de l'autre dans son évolution : n'avons-nous pas la tentation de juger ce qui est bon pour lui dans la perspective de ce qui est bon pour nous ? Éric Baret évoquant sa rencontre avec Jean Klein dont il fut l'élève – tous deux adeptes d'une philosophie de la non-dualité – dit ceci : «Jean Klein ne demandait pas une quelconque transformation et n'a jamais pointé quoi que ce soit de négatif chez ses amis. Vous rentriez dans sa chambre, il s'émerveillait de votre beauté, il ne voyait rien d'autre. Bien sûr, la beauté qu'il voyait était la sienne, mais cet émerveillement qu'il avait de sa propre beauté se reflétait en vous. À votre tour, vous étiez émerveillé de sa beauté. Cette beauté était alors la vôtre. Pour lui, quoi que vous deveniez, c'était juste[1].» Belle illustration de la présence d'une écoute qui est écoute d'une présence. Un accueil inconditionnel agit au-delà des mots ; il nous guérit de toutes les conditions que nous avions posées avant de nous accepter tels que nous sommes. «Dans cette écoute, de manière spontanée, les problèmes se libéraient.» Être vu tel qu'il *est*, dans son essence, par celui ou celle qui se sait être beau – non dans le sens narcissique d'éprouver du plaisir à se regarder, mais dans la reconnaissance de sa beauté d'être humain –, restitue sa beauté à celui qui se sait ainsi regardé. Dès lors nul besoin de se voir pour se sentir beau ou belle. Et pour celui ou celle qui se sent ainsi désirable, le désir, naturellement, prend vie. François Cheng le décrit ainsi dans son beau livre *Cinq méditations sur la beauté* : «Dans l'amour comme dans la beauté, tout vrai regard est un regard croisé. Les regards croisés peuvent seuls provoquer l'étincelle qui illumine [...]. Dans une authentique expérience d'amour et de beauté, toute créature n'est-

1. Éric Baret, *De l'abandon*, Les Deux Océans, 2004, p. 127.

elle pas élevée à la dignité du Créateur, tant il est vrai que les regards échangés font naître l'un et l'autre, et les font *être*[1] ? »

P. B. — Et puis חוה *hava*, c'est aussi le désir. La présence divine dans un couple est donc le maintien de l'émerveillement, du devenir et du désir. Maintenir le désir dans une union peut être un défi. Le Talmud a une formule extraordinaire qui dit : « Entre ce qui est régulier et exceptionnel, il faut préférer le régulier » (TB, Ber. 27a, 51b). Le shabbath parce qu'il revient toutes les semaines est ainsi plus important que les fêtes. La régularité est source de satisfaction, c'est vrai pour la sexualité et les plaisirs du quotidien et c'est vrai aussi pour les petites attentions à l'autre, les clins d'œil, les sourires, les « je t'aime » et une présence dans les moments de joie comme ceux de tristesse. On a tendance à penser dans un couple que si on organise une grande fête d'anniversaire surprise, on est quitte pour un an. On a fait un effort ponctuel suffisant. Le Talmud nous dit au contraire que c'est quotidiennement que l'on doit porter son attention à l'autre, son regard sur l'autre, comme pour le נר תמיד *ner tamid*, la lumière perpétuelle qui se trouvait dans le Temple, puis dans les synagogues et qui représente la présence divine. Elle n'est éternelle que si on la ravive tous les jours et les relations humaines sont semblables à cette fiole d'huile, si on n'y prête pas attention, les plus grandes passions peuvent vaciller et mourir.

C. B. — Poser la régularité comme étant plus essentielle dans une relation que tout acte exceptionnel – autant dans son caractère spectaculaire que dans son aspect occasionnel – peut surprendre. Dans une société qui valorise la brillance et l'éclat d'une « soirée de rêve », comme de tout ce qui donne à voir de l'extraordinaire et du sensationnel, est-il possible d'accorder sa juste valeur à un accompagnement subtil, mais tellement plus discret au regard des autres, au jour le jour ? Ce qui a allure de fête, les cadeaux, les « week-ends en amoureux », les dîners en tête-à-tête n'apportent-ils pas d'autant

1. François Cheng, *Cinq méditations sur la beauté*, Albin Michel, 2006, p. 114.

plus de plaisir qu'ils viennent s'inscrire dans une qualité de présence déjà existante ; un magnifique bouquet de fleurs ou une grande déclaration pourraient-ils remplacer des petites attentions et mots doux ponctuant régulièrement une vie partagée ? Programmer une « sortie pour se retrouver » et chercher au-dehors le lieu d'une intimité perdue pourrait-il ranimer un « deux » usé d'être face à face ? L'extérieur ne peut pas prendre la place de ce qui ne se vit plus à l'intérieur ; mais il peut magnifier la beauté d'un lien par des notes fleuries et épicées, à l'ivresse exaltante, comme autant d'échappées magiques vers des lieux inconnus. Et si certains sont prêts à faire des folies pour que revive un amour qui se meurt, la flamme maintenue artificiellement ne tardera pas à vaciller de nouveau. Seul un entretien, au sens de s'entretenir, tenir ensemble des personnalités, attentes et désirs respectifs, dans un échange régulier de paroles, gestes, regards et sourires maintient vivante la flamme amoureuse, ouvre l'espace à cet « un » indicible et merveilleusement « ensoleillé » que Claude Vigée évoque en souvenir de sa femme Evy. « Du temps où j'étais encore un être humain à part entière – c'est-à-dire nous deux, toi et moi, comme "un" –, c'était comme si l'espace ensoleillé de toute la terre, sous sa coupole bleu-de-roi, envahissait nos yeux du matin jusqu'à la tombée de la nuit[1]. »

P. B. — La présence de Dieu dans un couple pourrait donc se traduire par le maintien de l'émerveillement de la première rencontre, l'acceptation du devenir de l'autre et l'attention régulière à l'autre. C'est peut être ainsi que l'on peut comprendre que le mariage se dit קדושין *kiddoushin* (sanctification et différence), le maintien de la différence dans l'union. Mais cela n'est pas facile comme le dit notre midrash, même pour Dieu. Et si le couple ne fonctionne pas, la séparation reste envisageable. Le divorce est prévu par la tradition juive, même si l'on dit que « lorsqu'un homme divorce de sa première femme, même le trône céleste verse des

1. Revue *Peut-être*, n° 1, 2010 ; *Revue poétique et philosophique* (Association des amis de Claude Vigée), 2010.

larmes» (Guit. 90a). Le mystère est dans la séparation comme dans la rencontre. C'est ce que dit Élie Wiesel : «Dans les deux cas, une porte s'ouvre. Dans le premier elle s'ouvre sur le passé ; dans le second, sur l'avenir. La porte reste la même[1].»

C. B. — Une mère qui se séparait de son mari et ne cessait de pleurer entendit son fils lui dire : «Maman, c'est la fin d'un amour, mais ce n'est pas la fin de l'amour.» Le divorce est-il toujours un échec ? Si on considère les enjeux et espoirs mis en commun dans un même élan enthousiaste de part et d'autre, alors la déception et la perte des illusions donnent à vivre une profonde sensation de tristesse, et parfois de «gâchis» ; mais faudrait-il ne rien entreprendre dont on ne soit assuré du succès, nier les bonheurs passés au regard de ce qui maintenant n'est plus, penser «n'avoir plus d'avenir» dès lors qu'une porte s'est fermée ? Et certainement peut-on se demander si les personnes concernées étaient bien faites pour vivre ensemble.

«Que peut faire la vie de cet enchevêtrement de matériaux gâchés qu'ils appellent leur union et qu'ils voudraient même appeler leur bonheur ? Et quel lendemain ? Chacun se perd lui-même pour l'amour de l'autre, et perd l'autre aussi et tous ceux qui auraient pu venir encore. Et chacun perd le sens du large et les moyens de le gagner[2]...», nous dit Rilke. S'acharner à défendre un lien que l'on souhaite «conserver» avec l'autre, car on veut le «garder» malgré les mésententes et incompatibilités majeures, sans prendre en compte les inévitables évolutions de chacun, peut éloigner à jamais le bonheur d'aimer. En s'obstinant à suivre une route mal engagée, on laisse de côté la beauté et la vérité d'une autre possible union. Chacun peut y perdre : ceux qui se sont «trompés» de voie et s'y obstinent, d'autres, inconnus, qu'ils auraient eu la joie de rencontrer, peut-être, mais qu'ils ne verront pas, trop enfermés dans une histoire qui n'est plus la leur. Aussi est-il parfois nécessaire de

1. Élie Wiesel, *Les Portes de la forêt*, Seuil, coll. «Points Roman» n°216, 1964, p. 99.
2. Rainer Maria Rilke, *Lettres à un jeune poète*, *op. cit.*, p 76.

« prendre le large » quand un lien nous met trop à l'étroit, d'oser ouvrir la porte à un futur inconnu.

Mais comment savoir si les « différends » et le douloureux sentiment d'étrangeté qui rendent l'autre si éloigné de ce que l'on avait imaginé, valent d'être tolérés, ou refusés. Devons-nous apprendre à « faire avec », à reconnaître la difficulté d'avoir à dépasser les conflits pour trouver ensemble un terrain d'entente, ou renoncer à comprendre et décider de ne pas vivre l'inacceptable ? Il va de soi que la réponse à cette question est à adapter à chaque cas, et qu'elle est amenée à se renouveler sans cesse dans ce long temps d'apprentissage qui est celui de l'amour. « Combien d'êtres jeunes ne savent pas aimer et qui ploient sous leur erreur ! Ils cherchent par leurs propres moyens à rendre vivable et fécond l'état dans lequel ils sont tombés. Leur nature leur dit bien que les choses de l'amour, moins encore que d'autres, importantes aussi, ne peuvent être résolues suivant tel ou tel principe, valant dans tous les cas. Ils sentent bien que c'est une question qui se pose d'être à être, et qu'il y faut pour chaque cas, une réponse unique étroitement personnelle[1] », poursuit Rilke. Les choses de l'amour ne sont pas faciles, contrairement à ce que cherche à démontrer la « matrone » ; même le rabbin lui dit que pour Dieu, c'est une tâche très difficile. Ce serait donc plus facile pour elle que pour Dieu ; voici un beau paradoxe !

LA DIFFICULTÉ DE FAIRE DES COUPLES

P. B. — En effet, si c'est difficile pour Dieu, c'est d'autant plus difficile pour nous. La réponse du rabbin est touchante parce qu'il ne dit pas ce à quoi l'on s'attendrait. On pourrait croire que si Dieu est omnipotent, tout est facile pour Dieu. Mais si Dieu rencontre des difficultés, implicitement, cela signifie que rencontrer

1. *Ibid.*, p. 78.

des difficultés n'est pas une mauvaise chose pour nous. On a tendance, il est vrai à abandonner face à l'adversité ou à se plaindre. On aimerait que tout soit facile en matière de travail ou d'amour, de rencontre. Et si l'on convient que la recherche d'un travail peut être compliquée, on imagine en revanche qu'en matière d'amour, les rencontres doivent être simples, évidentes, sans effort. Or, en particulier aujourd'hui, alors que les outils de communication se multiplient et accélèrent les contacts, on éprouve de plus en plus de difficultés à se rencontrer, et la solitude augmente. Rencontrer la « bonne » personne n'est pas évident. Combien de couples se font et se défont avec souvent tant d'espoirs déçus lorsque des relations se brisent.

C. B. — Il est certain que la réalité que nous avons sans cesse devant nos yeux vient contredire ce qu'affirme la femme romaine ; là où elle voit la facilité, nous voyons des conflits, beaucoup de souffrances et des êtres humains qui se déchirent. Faire un couple, au sens de le « réussir », n'est pas chose aisée. Il ne suffit pas d'assembler deux êtres, ainsi que s'y emploie la femme romaine, pour que l'alchimie opère. « Ses » couples ne durent pas plus que quelques heures ! Et, en effet, combien de couples se forment à la va-vite pour vivre ensuite des lendemains qui déchantent.

Entre les fiancés d'antan qui pouvaient s'attendre des années durant et le speed-dating – « rendez-vous idéal pour rencontrer de façon rapide et sympathique des ami(e)s et/ou l'âme sœur tant recherchée », peut-on lire sur Internet – certainement y a-t-il un juste milieu. Chacun peut s'adonner au plaisir de l'instant, tout en sachant qu'il faut du temps pour voir s'épanouir un amour débutant : « Enclins à ne voir dans l'amour qu'un plaisir, les hommes l'ont rendu d'accès facile, bon marché, sans risques, comme un plaisir de foire [...]. L'amour d'un être humain pour un autre, c'est peut-être l'épreuve la plus difficile pour chacun de nous, c'est le plus haut témoignage de nous-mêmes ; l'œuvre suprême dont toutes les autres ne sont que des préparations. C'est pour cela que les êtres jeunes, neufs en toutes choses, ne savent pas encore aimer ; ils doivent apprendre...[1] ? » écrit Rilke.

De quel ordre sont ces difficultés que chacun de nous rencontre sur le chemin, dans ce long et bel apprentissage de l'amour ? Le rabbin nous montre une voie possible de réflexion sur ce sujet : faire un couple, dit-il, « est aussi difficile que de séparer la mer des Joncs » – « le miracle de la mer Rouge ». Comment entendre cette métaphore ?

P. B. — La comparaison entre la formation d'un couple et la séparation de la mer des Joncs est insolite. Pour décrire une union, on fait appel à une métaphore de séparation et de déchirement. Le mot employé est קרע *kara* qui signifie « déchirer, ouvrir, percer ». L'ouverture ou la déchirure de la mer des Joncs fait référence à l'épisode de la traversée des enfants d'Israël à pied sec, décrite dans le livre de l'Exode. Les enfants d'Israël sortent d'Égypte après avoir été esclaves. Ils sont poursuivis par les chars égyptiens et la mer des Joncs (dite mer Rouge) s'ouvre devant eux pour les laisser passer ; elle se referme sur les Égyptiens (Ex. 14 :16). Les murs d'eau – l'eau symbolise souvent la vie – se font face en laissant un espace entre eux pour laisser passer le positif : les enfants d'Israël. Ils se rassemblent pour être unis contre l'adversité représentée par les Égyptiens qui ont rendu les Hébreux esclaves. La racine du mot מצריים *mitshayim* Égypte est צר *tsar*, l'« étroitesse ». L'amour ne peut être source d'esclavage. Ainsi le couple doit se prévenir et faire front de l'esclavage et de l'étroitesse.

C. B. — Ces métaphores sont très parlantes ! L'amour est difficile comme l'a été la fuite d'Égypte ; comme l'est la sortie de toute forme d'esclavage, ne serait-ce que celui de nos propres sentiments, de nos peurs, de nos colères, de nos chagrins. Aussi, il importe de nous libérer de certains souvenirs anciens qui encombrent notre tête et notre cœur, de les laisser derrière nous afin que la relation puisse se vivre, trouve l'espace nécessaire pour s'épanouir. On fait sinon

1. Rainer Maria Rilke, *Lettres à un jeune poète*, *op.cit.*, p. 77.

porter à l'être aimé des intentions et pensées qui sont erronées, car conditionnées par le passé; et on ne peut pas accueillir la tendresse qui se donne, on oppose des refus ou des interdits au désir qui prend forme. Il est aussi très libérateur de sortir de l'étroitesse de notre seul point de vue, de l'enfermement dans des idées, a priori, concepts qui nient l'autre, en tant qu'autre, ne respectent pas la libre circulation de sa pensée et font obstacle à la créativité, au flux et au reflux, à « la mer mouvante » de l'amour ainsi que le dit si bien, Khalil Gibran, dans son livre *Le Prophète* :

> Aimez-vous l'un l'autre, mais ne faites pas de l'amour une entrave :
> Qu'il soit plutôt une mer mouvante entre les rivages de vos âmes.
> Emplissez chacun la coupe de l'autre, mais ne buvez pas à une seule coupe. [...]
> Et tenez-vous ensemble, mais pas trop proches non plus :
> Car les piliers du temps s'érigent à distance,
> Et le chêne et le cyprès ne croissent pas dans l'ombre l'un de l'autre[1].

P. B. — Chaque arbre a en effet besoin de son espace pour s'épanouir. L'esclavage réduit l'autre à un objet du désir et non pas à un sujet du désir, à une chose et non à un être; l'étroitesse implique que les deux conjoints sont dans une fusion trop forte qui fait disparaître les limites de l'un dans l'autre. Il arrive que des couples excluent autrui. Non seulement, l'aspiration individuelle de chacun est niée mais un repli sur soi interdit l'ouverture aux autres. C'est pour cette raison que la חופה Houpa le dais nuptial est ouvert des quatre côtés. Le couple, tout en préservant des temps d'intimité et de fusion absolument nécessaires où les contours du monde s'estompent, doit aussi laisser la porte ouverte à l'hospitalité, au prochain, à la société.

C. B. — Cette ouverture sur les autres est témoin d'une ouverture d'esprit et d'une ouverture du cœur. Mais bien souvent la peur,

1. Khalil Gibran, *Le Prophète, op. cit.*, p. 17.

le besoin de se protéger, la crainte d'aimer et de ne pas l'être en retour, ou d'être aimé et de se sentir enfermé dans une trop grande demande d'amour de la part de l'autre, entraînent des réticences à donner et à se donner.

Ainsi, des hommes et des femmes aimeraient être généreux, offrir ce qu'ils ont de plus précieux, donner sans compter, mais dès lors qu'ils ont « fait un geste », ils attendent dans l'immédiat d'autres gestes en retour, calculent, pèsent, évaluent ce qui est désormais devenu de la part de l'autre un dû. Leurs actes ne savent pas être dénués d'« intérêts » et leur apparente magnanimité est une demande camouflée ; s'ils offrent des preuves d'amour, c'est dans le souhait d'en recevoir. Nous portons tous en nous ce bébé inquiet et possessif qui craint de n'avoir jamais assez et dont l'absolue dépendance à l'autre – comme au sein de la mère – le rend inapte à vivre l'absence. Plus il se nourrit de l'autre, des autres, plus son exigence est témoin de son besoin d'amour, impétueux, sans délai. Entre « je te veux », et « je t'en veux », juste l'espace d'un manque, inconsolable. Cette demande d'amour jamais rassasiée ne disparaît pas tout à fait.

Vient peu à peu se substituer à cette passion dévorante un amour d'une plus grande amplitude et qui n'est plus de l'ordre de la dépendance. Dans cet état de plus grande autonomie, alors s'agrandit notre champ de curiosité, notre ouverture à des amitiés, activités et champs de curiosité diversifiés. Il n'est plus demandé à l'être aimé une assurance et une réassurance permanentes de son amour. Il a toute liberté de se mouvoir et de s'émouvoir hors de l'espace clos du couple. Ce qu'il vit le réjouit, ses propres aspirations ne constituent plus une menace pour la relation. L'image du dais pourrait être celle d'une cage dont on ouvrirait les portes afin d'y laisser entrer du dehors le souffle de la vie, ou d'une tente exposée aux quatre directions – symbolique des quatre signes cardinaux aux quatre éléments en médecine chinoise (feu, terre métal, eau). L'intérieur de la tente est à ne pas négliger, sinon l'amour se disperse à tous vents ; il repose sur un bel équilibre de sensualité, d'amitié, d'attentions et de complicité partagées. Peuvent alterner avec ces moments précieux d'intimité la richesse provenant d'une place laissée à d'autres. C'est alors que le couple respire la tolérance, la générosité et la joie de vivre.

P. B. — La métaphore de la mer des Joncs est très appropriée. Elle invite à la fois à une symbiose temporaire et à un face-à-face temporaire. « Aimer, ce n'est pas se regarder l'un l'autre, c'est regarder ensemble dans la même direction », écrit Saint-Exupéry dans *Terre des hommes.* Le défi est de pouvoir être à la fois seul et avec, un et deux et que l'un ne se perde pas dans le deux, une fusion momentanée, sans confusion de l'un dans l'autre. Pour unir, il faut séparer : le paradoxe du couple. Tout se passe comme si le lien, l'union et l'amour allaient de soi, mais ce qu'il est important de définir est l'identité spécifique de chacun dans le couple. Il faut à la fois se regarder et ne pas trop se regarder et, lorsque l'on porte son regard sur les yeux de celui ou celle que l'on aime, il ne faut pas y voir que le reflet de soi-même. Raymond Devos le dit de manière caustique : « Quand on s'est connus, ma femme et moi, on était tellement timides tous les deux qu'on n'osait pas se regarder. Maintenant on ne peut plus se voir. »

La tradition juive prévoit des temps de séparation physique du couple lorsque la femme est en période de menstruation. Dans une des sept bénédictions du mariage, il est question d'amour et d'amitié comme si l'on voulait nous signifier que ces deux sentiments animent tour à tour le couple d'amants-amis. Ainsi qu'il est dit dans Le Cantique des Cantiques (5 :16) : זה דודי וזה רעי *zé dodi vezé ré'i,* « Il est mon amant, il est mon ami ». Il est un temps pour l'amitié et un temps pour l'amour, peut-être à l'image des deux murs d'eau de la mer des Joncs qui tantôt s'unissent dans des vagues déferlantes dont on ne peut distinguer les contours et mêlent leurs écumes, tantôt se font face et s'affrontent pour mieux saisir leurs différences et être séduits à nouveau. Et le face-à-face permet des disputes qui sont si nécessaires.

C. B. — Le face-à-face est une épreuve de vérité. « Regarde-moi en face, les yeux dans les yeux, et dis-moi la vérité. » On ne peut pas mentir quand on regarde l'autre en face, et quand on se tient droit. La rectitude du corps renvoie à celle de l'esprit. Deux personnes qui se confrontent s'imposent à elles-mêmes de « parler vrai » ; aussi prennent-elles le risque de se fâcher, d'entendre ou de prononcer des mots qu'elles auraient aimé éviter et d'atteindre alors l'irréparable : certaines paroles « jetés à la figure de l'autre » restent objet d'incompréhension et engendrent une souffrance irrémédiable.

S'affronter est aussi prendre le « risque » de se retrouver. « Ils évitaient toute dispute dans la crainte d'une réconciliation[1] », dit Porchia. Il est des colères, des rages et des ressentiments que certains aiment garder pour eux, alimentant ainsi une haine qui ne cesse de grandir et se nourrit des griefs déversés au fil des jours. Se réconcilier avec l'autre, c'est lui pardonner ses fautes réelles ou imaginaires ; c'est aussi accepter de ne plus en vouloir aux fantômes de notre passé, être prêt à abandonner rancunes et regrets, ne plus regarder derrière soi et avancer vers une nouvelle liberté sans cesse à recréer. C'est marcher avec les Hébreux, avec ceux qui de tout temps ont cherché à regagner leur dignité et leur qualité de sujets.

Dans un couple, ne pas se maintenir dans une situation qui ne convient plus, dire pour ne plus subir, ne pas craindre de perdre l'autre sont les garants d'une possible vie nouvelle. Chacun alors se reconnaît et se reconnecte à lui-même afin de mieux rencontrer l'autre. Chacun de son côté est « un », dans son unité retrouvée, avant d'être l'« un » à côté de l'« autre ».

P. B. — La mer des Joncs, c'est cela, c'est bâtir le couple sur un principe d'identités séparées. On retrouve cette idée dans la notion d'alliance telle qu'elle est pensée par le judaïsme : la ברית *brith*. L'étymologie signifie rompre et non lier. Lorsque deux personnes, deux sociétés, deux entités décident de signer un contrat, il est plus important de souligner les différences plutôt que ce qui va de soi, ce qui est en commun. La dissemblance dans l'union, en réalité le principe de sainteté, est un principe de division, de séparation. La

1. Antonio Porchia, *Voix*, *op. cit.*

création du monde est décrite dans le livre de la Genèse comme une succession d'actes de séparation : le jour et la nuit, le ciel et la terre, les terres et les eaux ; un peu comme un peintre qui, s'il mélangeait toutes les couleurs sans discernement obtiendrait une teinte marron uniforme, équivalant au תהו ובהו *tohu-bohu*, mais si les couleurs sont d'emblée séparées puis associées avec délicatesse ou apposées les unes à côté des autres, on obtient une œuvre d'art. Il en va de même pour la musique où tous les sons s'entrechoquant produisent une cacophonie tandis que d'une fantaisie organisée naît une symphonie.

Un couple, une relation, un dialogue peuvent fonctionner, lorsque l'hypothèse de départ n'est pas le syncrétisme, la similitude mais ce qui sépare. C'est parce que je suis différent de toi que je peux m'engager dans un dialogue avec toi. On pourrait dire qu'il n'y a que des més-alliances, alliances des « mais », ou des més-ententes, ententes des mais. Entendre le « mais » dans un couple, c'est entendre la différence de l'autre, ne pas essayer de le posséder. C'est vrai pour un couple, où souvent le conflit vient de la négation de l'un ou de l'autre, de ses aspirations individuelles, de sa liberté ou de sa dignité, c'est vrai aussi pour les conflits entre les peuples, les religions. André Neher montre comment le dialogue s'installe très progressivement dans la Genèse. « Adam et Ève, le premier couple humain, l'époux et l'épouse, ignorent le dialogue mutuel ; ils ne se parlent jamais, tout en parlant beaucoup, mais chacun pour soi[1]. » C'est Abraham qui instaure la parole dans le couple avec Sarah en la tutoyant : « la valeur rayonnante de ce את *at*, "tu", enfin libéré[2] ». Il établit la communication à travers les formes fondamentales du tutoiement de l'amour.

1. André Neher, *L'Exil de la parole*, *op. cit.*, p. 102.
2. *Ibid.*, p. 123.

LE MIRACLE DU « TUTOIEMENT DE L'AMOUR »

C. B. — Le tutoiement de l'amour est tutoiement des âmes, rencontre joyeuse et fraternelle : libres et ailées, elles n'ont pas besoin d'être présentées et se reconnaissent ; elles cheminent ensemble, faisant fi de l'espace et du temps. Le tutoiement de l'amour est tutoiement des cœurs qui vibrent à l'unisson, tendresse infinie qui ne pose pas de question et sourit à la vie. Le tutoiement de l'amour est tutoiement des corps, éveil du désir, intimité qui n'a pas de frontière et dont la nudité est habit de lumière. Adam et Ève ne se seraient pas parlé. Peut-être n'avaient-ils pas besoin de s'adresser la parole au travers d'un « tu », de se désigner l'un l'autre : ils ne connaissaient pas d'autre que cet autre qui vivait à leur côté, ils étaient seuls au monde. Ne le dit-on pas aussi des amoureux qui se comprennent à demi-mot et peuvent communiquer en silence ?

Le tutoiement est une élection et une direction. Il s'impose pour ceux qui se sentent très proches, il est familial et familier. Certains aiment à passer du « tu » au « vous » et à nouveau du « vous » au « tu », s'amusant de cette distance dont ils se jouent. Tout près de l'autre, ils pourraient ne plus le voir tant il est la continuité d'eux-mêmes. Et s'ils s'en éloignent trop, l'autre peut devenir lointain, presque étranger. Le tutoiement, en posant l'autre comme un autre – « Tu existes puisque je m'adresse à toi » – est aussi rapprochement – « C'est toi que j'aime » –, création d'un pont, d'un lien, d'un « troisième » entre l'autre et nous-mêmes : cette magie indicible, miracle du « un plus un égale trois » qui échappe à toute définition.

P. B. — « Le mariage, par exemple, écrit Martin Buber, ne se régénérera jamais que par ce qui de tout temps a fondé le vrai mariage : le fait que deux êtres humains se révèlent le *Tu* l'un à l'autre. C'est sur ce fondement que le Tu, qui n'est le *Je* d'aucun des deux, édifie le mariage[1].» Le Tu instaurateur du dialogue permet à chacun de se re-connaître, avant de s'unir. Le couple semble être composé de cette alchimie, parole-silence où la parole peut être faite de silences et les mots sont tout ouïe, tout « oui ». Le face-à-face crée un espace entre l'autre et soi qui permet la parole car, lorsque l'on est trop proches, on ne peut se parler. La distance nécessaire à l'écoute peut varier d'une personne à l'autre, d'une culture à l'autre. Il est souvent drôle de voir un Italien et un Anglais se parler ; l'Italien se rapproche et l'Anglais s'éloigne, et ainsi se dessine une chorégraphie du dialogue. Lorsque le couple se fait face, le monde disparaît autour d'eux, c'est le lieu de l'intimité. Lorsque le couple est côte à côte, regardant dans la même direction, le monde existe pour eux : ensemble ils peuvent aborder l'extérieur et ouvrir leur fenêtre.

La conversation est essentielle dans l'amour. Comme le dit Stendhal, « L'amour est le miracle de la civilisation[2] ». Pour aimer, il faut des mots. Et si pour Dieu une rencontre est de l'ordre du miracle, comme nous le dit le rabbin, alors on doit se poser la question : qu'est-ce qu'un miracle ? Est-ce ce qui est contre-nature ? Le mariage est-il contre-nature ? La séparation de la mer des Joncs est un miracle qui appartient à l'exceptionnel ; le midrash nous enseigne que la rencontre d'un couple est elle aussi miraculeuse. Elle est קשה *kasha*, « ardue ». La rencontre, l'entente, l'alchimie d'un couple est de l'ordre du miracle. Elle n'est pas donnée, immédiate mais demande un travail, dont on pourrait dire comme la séparation de la mer des Joncs qu'il est presque contre nature mais possible. Est-il une condamnation comme le dit Oscar Wilde : « Le mariage est la seule condamnation à vie qui peut être suspendue pour mauvaise conduite. » Ou bien, est-il une bénédiction, celle de deux mains qui se tendent l'une vers l'autre pour s'entrelacer, deux âmes qui se saluent pour s'épouser ?

---

1. Martin Buber, *Je et Tu*, préface de Gaston Bachelard, traduit par Geneviève Bianquis, Aubier, 1992, p. 75.
2. Stendhal, *De l'amour*, XXVI, 1822.

C. B. — La rencontre est le miracle d'une élection : le choix de cet autre à qui nous pouvons dire « je t'aime ». Ce miracle est étonnement quand nous pensions ce bonheur appartenir au monde de l'impossible et surprise encore quand nous constatons que la relation se poursuit, encore plus belle, et nous réjouit. Mais l'élection d'un jour peut ne pas se perpétuer et le couple vivre « l'être ensemble » comme une condamnation ; alors le miracle est celui de la liberté retrouvée.

Le miracle est chaque fois de se sentir « vivant » quand on se voyait mourir – mort du corps, du cœur ou de l'âme –, de se voir sain et sauf quand on croyait la situation sans espoir. Une séparation, même lorsqu'elle n'est pas désirée, peut faire l'effet d'une renaissance, être l'occasion d'une découverte de soi, du dévoilement d'un autre en soi jusque-là inconnu. Parfois ce n'est que plus tard que l'on s'aperçoit du danger auquel on a échappé, de la destruction progressive, quoique peu visible, dont on était l'objet ; la vie, l'amour s'étaient absentés et nous n'en avions pas conscience. Mais si l'on ne prend pas comme une fatalité l'amour qui n'est plus, la joie qui nous a quittés, si on décide de ne pas imposer ou s'imposer un amour malheureux, si l'on s'arme de patience et de confiance dans une autre vie possible, prêt à dépasser les difficultés et les obstacles, alors nous laissons l'espace ouvert à un possible miracle.

P. B. — Le mot נס *nes* que l'on traduit par « miracle » signifie l'étendard, le drapeau. Le miracle, c'est ce que l'on voit alors qu'auparavant on ne l'avait pas vu. C'est un peu l'expérience d'Hagar, lorsque désespérée de trouver une source d'eau dans le désert, « Dieu lui dessille les yeux et elle aperçut une source » (Gen. 21 :18) La source était là mais elle ne l'avait pas vue, aveuglée par le désespoir.

Moïse Maimonide écrit dans *Le Guides des égarés* (3 :24) : « Un miracle ne peut prouver ce qui est impossible ; il est seulement utile pour prouver le possible. » Dans la prière du matin, nous remercions Dieu de renouveler tous les jours les miracles de la création. Parfois le miracle, c'est être capable de transformer ses rêves en réalité, de penser l'impossible pour le rendre possible. « Il n'y a que deux façons de vivre sa vie : l'une en faisant comme si rien n'était un miracle, l'autre en faisant comme si tout était un miracle », disait Albert Einstein. Le regard que nous avons sur la vie est essentiel et si une réalité ne peut pas toujours changer, notre manière de l'appréhender, elle, peut changer. David Ben Gourion, Premier ministre de l'État d'Israël, disait : « En Israël, pour être réaliste, il faut croire aux miracles ! »

En ce qui concerne la vraie rencontre de l'autre, penser la difficulté, c'est déjà la prévenir. Que la passion des premiers instants dure et soit renouvelée est un défi de chaque rencontre. Certains vont de passion en passion, d'étourdissement en étourdissement sans gérer les lendemains, les oreillers froissés et les têtes ébouriffées, sans bâtir dans la durée parce que cette construction-là est un effort de chaque instant. Penser la durée et non l'instantanéité (« en une petite heure », dit la matrone), c'est là que réside la difficulté. Penser l'au-delà de la première rencontre.

C. B. — Aux couples conçus par la femme romaine en une petite nuit, il manque à l'évidence quelque chose. N'est-ce pas l'essentiel : l'ineffable qui unit, le temps qui construit. La femme romaine pense pouvoir faire mieux que Dieu ; elle ne comprend pas pourquoi Il passe tant de temps à assembler des couples, alors qu'elle pense pouvoir le faire en quelques instants. Ne fait-elle pas comme l'enfant qui, devant un tableau de Picasso, pense pouvoir prendre des crayons de couleur et faire rapidement un dessin abstrait, ou lisant un poème se dit qu'en assemblant des mots, il pourrait faire de même ? Avant de nous être confrontés à la tâche, nous pouvons ignorer les temps nécessaires d'apprentissage et de préparation. C'est ainsi que la femme romaine dans sa méconnaissance de l'amour, de ce qu'est la magie d'une rencontre comme les efforts mis en jeu, ne va croire qu'en la force de sa volonté et en son pouvoir. Elle se lance dans l'aventure à corps perdu – les corps perdus seront ceux de ses pauvres esclaves entraînés dans cette rocambolesque aventure.

UN MARIAGE ARRANGÉ

P. B. — La matrone veut tout organiser, tout prévoir. Ce qui pose la question de l'impromptu, de la surprise, de la licence poétique. Elle tente d'arranger des mariages dans une forme de parodie de mise en scène, en alignant les hommes et les femmes sans laisser aucune place à la spontanéité. Or, en matière de rencontre, c'est souvent l'étonnement, la surprise qui fait le ravissement. Les rencontres dans les films sont précédées de musique douce, de fondus enchaînés, tout est là pour créer une magie qui chante une alchimie. Parfois l'on raconte une rencontre, parfois on la cache comme un secret jaloux, parce que aucun mot ne peut la dire, la décrire, de peur de la banaliser, de la galvauder. Elle reste entourée d'un mystère dont la matrone veut ici soulever le voile.

C. B. — La femme romaine est certainement de bonne foi en niant la difficulté que représente la construction d'un couple. Si pour Dieu, la question est de réunir des âmes, toucher des cœurs et faire vibrer des corps, pour elle, le couple se constitue de deux individus qu'il suffit de placer l'un à côté de l'autre, sans tenir compte de leurs ressentis ni de leurs personnalités respectifs, et encore moins de ce mystère qui les unit. Certainement a-t-elle dissocié le couple et l'amour ; on peut alors comprendre que le couple n'ait aucun secret à lui révéler. Le mariage par amour, tel qu'il s'impose de nos jours, est une notion relativement récente et encore absente dans nombre de pays où se pratiquent les mariages arrangés. Dans la société romaine, il était important sur un plan social que la femme se marie, et son rôle principal était celui d'éduquer les enfants, d'être mère de famille – la « matrona ».

L'amour, ainsi que le dit Ovide dans son livre *L'Art d'aimer*, concernait les « Amazones », davantage que les épouses : « Ce que nous chanterons, c'est l'amour que ne frappe pas la loi[1]. » Aussi présente-t-il les artifices et les recettes pour mieux séduire ; mais il ne cherche pas à convaincre du seul plaisir de conquérir et des moyens d'y parvenir. Bien au contraire, son défi est de faire durer l'amour. « L'amour encore jeune et peu sûr de lui se fortifie à l'usage ; nourris-le bien, et, avec le temps, il deviendra solide. » S'il s'oppose au mariage, c'est dans la mesure où la séduction n'y aurait plus lieu : « Voici la raison qui empêche les femmes légitimes d'être aimées ; c'est que leurs maris les voient quand ils veulent[2]. » Ses conseils sont là pour attiser un désir toujours vivant et dans une réciprocité qui évite la douleur d'un amour qui se meurt. Son art d'aimer serait d'apprendre à goûter tous les délices de l'amour, sans avoir à souffrir de ses possibles supplices.

P. B. — Le défi est en effet de maintenir la séduction dans un couple uni par le mariage. L'union libre n'est pas interdite dans le judaïsme, mais elle constitue un degré moindre de sainteté que le mariage. « En hébreu, écrit le rabbin Elliot Dorff, le fait d'élire une personne parmi d'autres pour en faire son conjoint par la cérémonie du mariage est appelé קדושין *kiddoushin*, littéralement sanctification, consécration. Ce terme indique que chacune des personnes devient le partenaire sexuel exclusif de l'autre et que cette relation doit se révéler digne de la bénédiction divine[3]. »

L'éthique sexuelle est essentielle à l'intérieur du mariage comme dans le concubinage : le respect de l'autre, l'honnêteté, la fidélité. Pourquoi alors réaffirmer l'importance du mariage, comme le font la plupart des religions ? D'un point de vue anthropologique, l'être humain a besoin de rites de passage pour marquer les étapes importantes de la vie, et les célébrer publiquement devant les amis, la famille et la communauté. Les mariages sont toujours des moments

1. Ovide, *L'Art d'aimer*, Gallimard, « Folio classique », 1974.
2. *Ibid.*
3. Rabbin Elliot Dorff, *Épitre de l'amour*, traduit par Rivon Krygier, Éditions du Nadir, 2000, p. 34.

remplis d'émotion. Il s'agit d'un engagement pour l'avenir de deux individus qui choisissent de lier leur destinée. C'est précisément parce que l'on ne sait pas ce que cache le lendemain, parce que l'on connaît la fragilité du couple, que l'on pose une pierre dans la construction de l'avenir, comme si l'on lançait un défi à l'instantané, que l'on disait « non » à la finitude.

Le couple est semblable à la fragilité de la חופה *houpa*, ce dais nuptial qui n'est souvent constitué que de quatre montants qui portent un voile léger. Je rappelle souvent aux fiancés qui s'unissent que la חופה *houpa* représente le foyer qu'ils construisent ; les montants sont fragiles comme toutes les constructions humaines et pourtant les sentiments qui les animent peuvent être très forts. Ce mélange subtil de force et de fragilité, propre à la vie humaine, est ce qui est célébré, élevé au statut de sainteté, une manière d'affirmer le permanent dans le fugitif, l'éternel dans l'éphémère, le merveilleux dans le quotidien. Et c'est avec ces attentes et ces espoirs que se crée le premier maillon d'une famille dans une joie solennelle, un ravissement ému.

Cette union sanctifiée est un acte de création. En effet, pendant cette cérémonie et pour la première fois dans la vie, on récite la bénédiction : « Béni sois-Tu Éternel, notre Dieu qui a créé l'être humain. » Ce n'est pas au moment de la naissance que nous la prononçons mais au moment du mariage, car nous disent les rabbins, c'est lorsque deux âmes s'unissent, qu'un seul être humain est créé. Il est donc moins étonnant que le midrash nous dise que Dieu passe de la création du monde à la création des couples : deux actes de création – le premier étant accompli par l'Éternel seul, le second dans un partenariat humain-divin.

C. B. — Dans *Les Métamorphoses* d'Ovide, les dieux et les humains se côtoient. Mais les premiers aiment exercer leur pouvoir sur les seconds, Aphrodite, déesse de l'amour et de la beauté, dit à son fils Éros : « Ô mon fils, toi, mes armes, mes mains, l'instrument de mon pouvoir, prends ces traits qui t'assurent la domination sur tous, Éros. » L'amour est une arme pour mieux dominer celui ou celle qui sera transpercé par la flèche d'Éros. Alors on peut comprendre que l'on souhaite dissocier le mariage, institution sociale, construction d'une famille, promesse d'une permanence et d'un sentiment de sécurité, à l'amour qui prend possession de nos sens et de notre cœur, ne connaît rien à la mesure et peut disparaître comme il est apparu, sans raison apparente.

L'amour est convoité, mais il est aussi craint. La femme romaine ne représente-t-elle pas les « matrona », épouses et mères de famille, qui, de tout temps et pour des raisons sociales, éducatives ou familiales, n'ont pas pu associer l'amour au mariage ? Même si elles en ont rêvé, n'ont-elles vu trop tôt leurs rêves s'effondrer ? Dans ces circonstances, le couple peut être question de volonté, et pourquoi pas, la volonté d'un tiers : assembler une telle avec un tel et penser que cela va marcher. Or nous savons qu'un couple qui « marche », qui avance ensemble dans le temps et dans la vie, relève davantage du mystère, de l'indicible, de ce beau partenariat humain-divin, que de toute forme de décision, surtout si cette dernière est arbitraire et extérieure au couple.

P. B. — La femme romaine veut tout contrôler, construire mécaniquement. Or dire que c'est le Saint béni soit-Il qui forme les couples, c'est placer l'union hors des mains des conjoints. C'est dire, au fond, que ce qui se passe dans un couple échappe au couple. Il y a un mélange subtil de prévu et d'imprévu, de libre arbitre et de destinée. Il nous faut éviter les extrêmes : si l'on s'en remet complètement à Dieu ou au destin, le Talmud nous dit : « Ne compte pas trop sur les miracles » (Pes. 64a) ! Si l'on veut tout contrôler et que l'on se rend obtus au mystérieux et à l'aventure, nos tentatives sont aussi vouées à l'échec. Ordre et spontanéité, קבע *kéva* « fixe », et כוונה *kavana*, « intention », c'est l'équilibre entre les deux que nous devons garder.

C. B. — ... Concilier la rigueur d'une vie bien organisée avec des instants d'insouciante légèreté. Il importe de se laisser une marge d'erreur car elle peut donner lieu à des bonheurs qui n'étaient pas planifiés ! Vouloir faire de son existence, de son couple, ce que l'on a décidé qu'il devait être est se fermer aux chemins inattendus de l'existence ; c'est aller à l'encontre du mouvement de la vie qui nous apporte des plaisirs que nous n'aurions pas soupçonnés. Et, s'ils nous entraînent aussi dans des situations problématiques, soyons capables d'improviser afin de nous y adapter.

Certains sont toujours en lutte avec leur histoire comme avec leur couple : ils les voudraient autres. « J'aurais souhaité avoir une autre vie d'homme, de femme... avec plus d'amour, de présence, d'attentions. J'aurais pu aimer une femme qui serait comme ceci, un homme qui se comporterait comme cela... » Ils mettent leurs forces dans le refus de ce qui est et ils ne comprennent pas, malgré les efforts qu'ils font, pourquoi il en est toujours ainsi. Ils s'en remettent alors à une cause extérieure : quand ce n'est plus la faute des parents, c'est celle de la compagne ou du compagnon ; il leur faut un responsable à qui reprocher le manque d'action ou d'intervention. En dernier recours, ils en appellent à une instance supérieure qui déciderait de ce qu'il est juste pour chacun de vivre et d'« avoir ». Le paradoxe est que, d'un côté, ils souhaitent avoir le contrôle de leur vie, et de l'autre ils se plaignent de ne pas recevoir une aide surnaturelle. L'un et l'autre positionnements sont excessifs.

Alors chercher le « juste milieu » ? Plutôt concilier ce qui semble s'opposer : si nos « bonnes » intentions sont nécessaires, elles ne suffisent pas à créer le monde tel que nous le voulons. Et notre confiance en une « bonne étoile » ne servirait à rien, si nous n'agissons pas. De même, nous sommes cette personne bien particulière dont la vie a un sens *et* nous ne sommes que poussière retournant à la poussière. Cela fait penser à l'histoire de cet homme qui a dans chacune de ses poches une phrase écrite...

P. B. — C'est Rabbi Bounam qui dit que chacun doit avoir deux poches : dans une il est écrit « Le monde a été créé pour moi », dans l'autre « Je ne suis que poussière ». Nous sommes poussière parce que nous finissons en poussière, mais, d'un autre côté, nous devons faire de chaque instant une éternité et imaginer que le monde est à nous, même momentanément. Je suis entre mes deux poches, quelque part entre la poussière et le ciel, une poussière d'étoiles. La matrone du midrash nie la part de ciel des conjoints qu'elle unit. Ces hommes et ces femmes sont manipulés. Ils ne sont pas fils ou fille d'« untel » comme lorsque le rabbin décrit Dieu en train de faire les couples. פלוני *Peloni*, untel sous-entend qu'ils ont chacun un nom, une personnalité, et font partie d'une famille. Ils sont des êtres en potentiel, anonymes certes mais réels ; ils ne sont pas des choses, des machines, des robots comme dans le poème de Jacques Prévert, « L'amour à la robote ».

Un homme écrit à la machine une lettre d'amour et la machine répond à
l'homme et à la main et à la place de la destinataire.
Elle est tellement perfectionnée
la machine la machine à laver les chèques et les lettres d'amour
Et l'homme confortablement installé dans sa machine à
habiter lit à la machine à lire la réponse de la machine à écrire
Et dans sa machine à rêver avec sa machine à calculer
il achète une machine à faire l'amour
Et dans sa machine à réaliser les rêves il fait l'amour
à la machine à écrire à la machine à faire l'amour
Et la machine le trompe avec un machin
un machin à mourir de rire[1].

Pour le rabbin, les êtres humains ne sont pas des robots. L'alliance de l'un avec l'autre n'est pas le résultat d'une loterie ; c'est un choix subtil et exigeant. La matrone aligne en rangs ses serviteurs et ses servantes, en les chosifiant, en niant leur dignité, leur différence, leur personnalité, leur essence même. Ils ne sont plus que les objets de sa démonstration, outils d'une idée, esclaves d'un raisonnement. Un peu comme un mauvais chef d'entreprise qui déplacerait

1. Jacques Prévert, « L'Amour à la robote », dans *La Pluie et le Beau Temps*, *Œuvres poétiques complètes*, Gallimard, coll. « Bibl. de la Pléiade », 1992.

ses subalternes pour obtenir une efficacité plus grande, un résultat, en faisant fi de ce qu'ils sont. Dans le processus d'alignement ou de déplacement, ces êtres qui ont perdu leur âme, leur être essentiel, se brisent. Et ils deviennent violents les uns envers les autres.

FACE À LA VIOLENCE

C. B. — « L'un la tête pleine de contusions, l'autre l'œil crevé. Celui-ci le bras démantelé, le quatrième la jambe cassée. » Quand la violence survient dans un couple, elle peut être moins évidente que des chocs physiques provoquant des fractures et laissant des bleus sur le corps, mais elle est à l'origine de bien des fractures de vie et des bleus de l'âme. Même si les blessures ne sont pas visibles, ni bras cassé ni œil crevé, face à des attaques répétées, le cœur s'est ébréché et la vision de l'amour est altérée. On « accuse le coup ». Le corps et le cœur abîmés, on ne peut plus avancer, on ne sait plus penser, plus quoi *panser*.

Il est une violence extrême : celle d'être contraint à mener une vie qui ne nous ressemble pas, à suivre un rythme qui nous est imposé et aller à l'encontre de nos propres pensées. « Je pense pour toi car je sais mieux que toi ce qui est bon pour toi. » Être nié dans son individualité, ne pas être considéré dans sa différence, c'est une atteinte à son intégrité, un lent viol de son essence. Les espoirs sont brisés, les élans arrêtés par la volonté d'un autre qui a décidé à notre place de notre existence. Dans notre vie, combien de matrones souhaitent prendre en main notre destin, et ce pour notre bien ? Ce sont nos mères qui se font matrones d'un jour ou d'une vie, mais aussi des pères, ou des femmes et des hommes qui s'aventurent à jouer la mère, mais sont des *mauvaises mères* : autoritaires, abusives, invasives, agissant, comme bon leur semble, soi-disant pour notre bonheur.

Comment alors ne pas se débattre pour échapper à leur emprise, et à défaut de battre en retraite, casser, briser, en un mot détruire à notre tour celui ou celle dont l'autorité décide ainsi de notre destinée ? Certainement serait-il juste, davantage que de leur en vouloir et d'en souffrir, de nous en protéger et de rester vigilant quant à ce que l'on veut, de ne pas accepter de subir ce que l'on ne veut pas. Mais la violence est là qui répond à une autre violence.

P. B. — Les serviteurs et servantes ne font que répéter, dans une forme de systémie, ce qu'ils ont vécu. Ils ont été placés à un endroit où ils ne voulaient pas être ; ils souffrent et se font souffrir. Nous aussi sommes parfois les matrones de nos vies, voulant nous forcer nous-mêmes par la raison à vivre une relation qui n'est pas la bonne. Parfois le choix de la raison et celui du cœur semblent s'opposer. Prendre parti est un déchirement et trouver le juste milieu n'est pas toujours aisé. Combien de couples se déchirent et dans ces moments, comme la matrone, on se demande où est Dieu ?

C. B. — Dans le désespoir, on ne croit plus en rien ! La violence peut alors se retourner contre soi et on peut avoir envie de tout détruire, en premier lieu ce que l'on a de plus précieux. On maltraite les personnes qui sont les plus proches et, en leur faisant mal, on se fait du mal à soi-même. Ceux qui paient « les pots cassés » ne sont pas ceux qui sont à l'origine d'une souffrance : un homme, une femme qui a souffert du comportement de ses parents va en faire subir les conséquences à son conjoint, alors que c'est la personne qu'elle aime le plus. La violence entre les parents, comme celle que l'on a subie de leur part, est à l'origine des conflits qui s'instaurent entre frères et sœurs, puis des frustrations et pulsions agressives qui se manifesteront dans leur vie amoureuse. Quand les parents se disputent, les enfants trinquent. Ils crient à leur tour la peine de voir leurs parents désunis, et n'ayant d'autres exemples, répètent pour un temps dans leur propre vie des amours meurtries.

P. B. — La violence se transmet souvent comme modèle et l'on sait que lorsque les parents sont violents, les frères et sœurs sont violents entre eux. Le premier meurtre de l'histoire est un meurtre fratricide celui d'Abel par Caïn. On peut se demander si Adam et Ève ont eu un rôle à jouer dans la difficulté de leurs enfants. Ils s'accusent l'un et l'autre et on l'a dit ne se parlent pas. Peut-être que Caïn et Abel n'ont pas appris à se parler non plus. Mais même si l'environnement et l'éducation sont importants, le Deutéronome nous dit que chacun est responsable de lui-même. Toujours est-il que Caïn et Abel ne peuvent se parler et le silence qui s'instaure entre eux est un silence de violence. Là où la parole aurait pu, peut-être, arranger les choses, le silence tue. « Tout se passe comme si l'oblitération de la parole était source de meurtre. Parce que les frères, comme les parents, sont incapables d'inventer le dialogue, quelque chose d'autre est inventé par eux, un substitut du défaut de parole : la mort qui apparaît ici pour la première fois dans le récit biblique...[1] » Caïn, lorsque Dieu lui demande où est son frère, répond : « Suis-je le gardien de mon frère ? » (Gen 4 :9) De ce récit nous apprenons que notre humanité nous rend gardiens de nos frères quels qu'ils soient – en hébreu, la responsabilité אחריות *a̱hariouth*, vient de אחר *a̱her* autre. L'autre, j'en suis responsable, responsable de sa vie mais aussi de sa liberté d'agir, de penser, de s'exprimer.

C. B. — Il est bien vrai que la violence en acte prend la place d'une parole qui ne peut se dire, ou ne peut se faire entendre. « Caïn parla à son frère Abel lorsqu'ils furent aux champs. Caïn attaqua son frère Abel et le tua » (Gen. 4 : 8). On ne sait quelle parole fut adressée à Abel ; on peut cependant penser qu'elle portait déjà en elle l'intention d'un acte violent. Ce n'était pas une parole porteuse de paix. Caïn avait subi un affront qu'il jugeait irréparable : l'Éternel n'avait eu d'yeux que pour l'offrande de son frère, et s'était détourné de la sienne. « L'Éternel dit à Caïn : pourquoi es-tu irrité et pourquoi ton visage est-il abattu ? Si tu es bien disposé, ne relèveras-tu pas la tête ? Si tu n'es pas bien disposé, le péché n'est-il pas à la porte, une bête tapie qui te convoite ; pourras-tu la dominer ? » (Gen. 4 : 5-7).

1. André Neher, *L'Exil de la parole*, *op. cit.*, p. 103.

Nous avons tous vécu l'affront de Caïn. Enfant, puis adulte, nous pensions mériter de l'amour et de la reconnaissance au regard des efforts que nous avions accomplis ; or nous n'avons pas reçu les compliments ou la valorisation que nous attendions. Et notre souffrance fut d'autant plus grande que nous avons vu cette considération et ces attentions adressées à d'autres. Dans un couple, la bête de la jalousie, de l'envie, de la compétition peut être tapie derrière la porte : il n'est pas rare de voir la réussite de l'un engendrer amertume et agressivité de la part de l'autre. Sommes-nous toujours capables de dominer nos pulsions négatives ? Cela est plus difficile si nous n'en avons pas conscience et si un sentiment d'injustice nous renvoie à une rivalité ancienne que nous avons peut-être oubliée, mais qui a laissé des empreintes. Alors nous ne cessons de répéter, sans le savoir, ces conflits hérités du passé.

P. B. — Si l'on considère que Dieu a préféré sans raison le sacrifice d'Abel, alors il s'agit effectivement d'une injustice envers Caïn et cette injustice est sans doute à l'origine d'une violence. C'est l'interprétation de certains exégètes qui considèrent que le monothéisme est intrinsèquement violent puisqu'il induit une préférence. Mais les rabbins tentent de justifier le choix divin afin qu'il ne soit pas le résultat d'un pur caprice. Caïn, lorsqu'il offrit son sacrifice à Dieu, n'était pas animé par de bonnes intentions, n'était pas sincère, expliquent-ils. Il est jaloux de son frère Abel et sa colère se tourne alors à l'encontre ce frère, dont il ne peut supporter l'existence même.

C. B. — Comme tant d'enfants qui aimeraient, à l'arrivée d'un frère ou d'une sœur, les voir disparaître aussitôt : ils ne peuvent supporter la place que ces derniers prennent désormais auprès de la mère. Caïn, dont le nom vient de קנה *kana*, « acquérir, acheter, posséder », est né sous le signe de la possession absolue et totale. Ève ne dit-elle pas : « J'ai *acquis* un homme de par l'Éternel » (Gen. 4 :1) ? L'existence du père n'est pas mentionnée dans la conception de Caïn – est-il absent aux yeux d'Ève ? La présence paternelle est cependant nécessaire pour empêcher une relation fusionnelle entre la mère et l'enfant, poser la loi et par conséquent des limites à la toute-puissance : celle de l'enfant sur sa mère, puis sur ses futurs « objets » d'amour. Caïn veut posséder sa mère à lui tout seul, de la même façon qu'il est son enfant à elle toute seule. Aussi est-il incapable d'accepter auprès de sa mère un autre que lui, ni qu'un délai puisse être mis à la satisfaction de ses désirs. Il ne supporte pas davantage que Dieu puisse préférer un autre que lui. Il ne connaît que le « tout avoir, tout de suite » et ne laisse pas de place à un autre désir que le sien. Dans l'obsession de ce que l'autre *a* et qu'il n'a pas, il ne peut pressentir l'*être* de l'autre et le respecter. Au contraire, Abel, vient du mot hébreu הבל *hevel* qui signifie « souffle », (buée ou vanité dans l'Ecclésiaste) ; rien chez lui ne peut faire l'objet d'une saisie, son temps est celui de l'éternité.

P. B. — ... Une éternité qui n'est peut-être pas assez enracinée dans le réel. Car Caïn symbolise l'« avoir », Abel l'« être ». Il faudra attendre la génération suivante avec Jacob qui tient son frère Esaü par le talon, pour entrevoir une possible réconciliation entre l'un et l'autre, vécus comme complémentaires et non contraires, pour que deux frères puissent partager l'amour de leurs parents et ne pas lutter pour une relation exclusive – un modèle qui devrait inspirer tous ceux qui se croient les uniques détenteurs d'une vérité spirituelle.

C. B. — Retenons ce que l'Éternel dit ensuite à Caïn : on peut relever la tête, dépasser la colère et le désir de vengeance, lutter contre la tentation du crime qui est de verser le sang dans sa propre famille, de porter atteinte à la vie d'un autre. Chacun peut trouver la paix au sein de toute relation.

LE TEMPS DU SHABBATH

P. B. — Il est intéressant de noter que cette activité divine de marieur a lieu pendant le *shabbath* divin, lorsque Dieu s'est reposé de la création du monde. Après le sixième jour nous dit en effet le texte biblique, Dieu a cessé – שבת *shavath* – la création du monde. Abraham Heschel dira que, le shabbath, nous quittons « le monde de la création pour entrer dans la création du monde[1]. Celui qui désire entrer dans la sainteté du jour doit se défaire de tout le brouhaha des préoccupations profanes ; il doit s'éloigner du tintamarre des jours discordants, de l'agitation et de la furie du gain, de cette sorte d'abus de confiance envers soi-même[2]. » Ce temps du shabbath est un avant-goût de l'éternité, un temps où le temps ne passe pas, où l'on prend le temps d'apprécier chaque instant. C'est ainsi que le shabbath est la sanctification du temps et non de l'espace.

Le temps du septième jour est un temps différent des autres. Les mystiques disent même que nous sommes alors dotés d'une âme supplémentaire, נשמה יתרה *neshama yetera*, qui rend cette journée plus spirituelle que les autres, et le midrash raconte que le shabbath est une épice qui fait de ce jour un jour de délices. Les rencontres ayant lieu pendant le shabbath de Dieu se font sous le signe non de la productivité et de l'efficacité des six jours de la semaine de travail, mais sous celui de la contemplation, de la spiritualité, et même de la respiration (sens du mot נשמה *neshama* que l'on traduit habituellement par âme) ou de l'inspiration.

C. B. — Prendre le temps de respirer, le temps d'être inspiré ! De suivre son inspiration et, dans ce temps de récréation, devenir le créateur de sa vie. Cette tradition d'un temps hebdomadaire consa-

---

1. Abraham Heschel, *Les Bâtisseurs du temps*, Éditions de Minuit, 1977, p. 109.
2. *Ibid.*, p. 111.

cré au repos et au recueillement correspond à une sagesse séculaire : celle de s'accorder le temps de se retrouver, de se reconnecter à l'essentiel.

« Prendre son temps » : à qui, à quoi le prendrions-nous ? À ceux qui exigent notre présence et pourraient, si nous leur donnions raison, nous rendre coupables de ne pas être là, répondant à leur demande immédiate ? Ou le prenons-nous à d'autres activités jugées nécessaires, urgentes, obligatoires et sommes-nous alors inquiets de « ne rien faire » ? Perd-on son temps quand on le prend ? Certains n'ont-ils pas entendu, enfants, qu'il fallait être occupés, toujours actifs, rapides, efficaces. Cependant, une grande patience et une grande persévérance ne sont-elles pas nécessaires pour accomplir de grandes choses, mais aussi bien faire les petites choses ? Ce qui se fait dans la précipitation est à l'image de ce que la femme romaine nous donne à voir : des actes irréfléchis, inconséquents, et dont la brutalité constitue pour soi-même, et surtout pour les autres, un danger.

Si nous respectons ces temps de repos, bénéfique retour au calme et à la tranquillité, nous respecterons davantage le monde qui nous entoure, celui des êtres humains, mais aussi, dans son rythme et sa croissance, la nature minérale, végétale et animale. C'est une autre philosophie de vie, plus proche du cœur, ouverte sur l'écoute et l'accueil, et non pas habitée par l'obsession de la toute-puissance et le souhait que le monde se plie à nos volontés. Cette pensée du shabbath habite chaque jour de la semaine, oriente chaque acte du quotidien. Elle est ce temps d'éternité qui nous est offert dans un sourire, un échange de regards, de paroles, dans la subtilité des senteurs et huiles parfumées, le délice de certains mets épicés. C'est un art que de savoir relever les saveurs des nourritures les plus quotidiennes.

P. B. — Tous les peuples, comme l'a montré Lévi-Strauss, s'expriment à travers leur nourriture. Les lois alimentaires de כשרות *kashrouth* sont un système élaboré qui permet de réfléchir à l'acte de manger. On ne satisfait pas un désir dans l'immédiat, sans réfléchir, on y introduit une réflexion, un différé qui permet de rendre spirituel et intentionnel l'acte de se nourrir. Par exemple en séparant les produits lactés et carnés, le judaïsme sépare les notions de vie et de mort. Par ces actions et ces réflexions, par le shabbath aussi, on clame comme le poète « Ô Temps ! Suspends ton vol ! ». Nous recréons des temps de latence, de contemplation au lieu de nous laisser aller à une angoisse des temps morts.

Aujourd'hui, on ne sait plus s'ennuyer, on doit par pression sociale avoir un emploi du temps surchargé, y compris les enfants, comme si plus on était occupé, plus on existait, comme si l'essence de l'être devait se résumer au faire. Il devient urgent de ne plus être « à la recherche du temps perdu » mais d'accéder « au temps retrouvé », ou de retrouver l'art du temps perdu ! « Qu'est-ce qui fut créé le septième jour ? La tranquillité, la sérénité, la paix et le repos », dit le midrash (Gen. R.10 :9). Le shabbath est une manière de réapprendre à ne rien faire, à regarder autour de soi, à jouer avec son imagination plutôt que de consommer des jeux tout cuits, dans des boîtes à rêve, à marcher, à parler, étudier, écouter un oiseau chanter, observer la nature, regarder un brin d'herbe se plier au gré du vent, un rayon de soleil traverser les nuages, un sourire transformer un visage, une larme couler sur une joue, se réjouir des plaisirs les plus simples et sans doute les plus beaux.

C. B. — Oui, dans ce temps donné à la contemplation, des beautés nous sont révélées, enchantement des sens, découvertes inouïes, inimaginables, transfiguration d'une réalité que voyons autrement. Et la vie prend son sens, tandis que nous reprenons notre souffle. Par ce rythme intérieur retrouvé, une intimité devient possible avec soi, et avec l'autre ; n'est-il pas merveilleux pour un couple de partager ensemble le temps de shabbath ? Et si Dieu fait des couples le jour de shabbath, cela signifie qu'il a besoin de ce jour « autre » où le temps a un parfum d'infini, de ce jour qui n'est pas ordinaire. Ne nous en étonnons pas : les belles rencontres ne sont-elles pas extraordinaires ? Et les âmes pourraient-elles se rencontrer ailleurs que dans ce temps d'éternité ?

Le temps de cette journée où dominent la paix et la clarté de la pensée est mis en contraste avec la petite nuit jugée nécessaire à la femme romaine pour marier ses couples. S'il est des affaires courantes que l'on peut bâcler, on ne peut agir à la hâte pour ce dont dépend la vie d'un autre, régler à la va-vite une situation qui, à plus ou moins long terme, l'engage. Se mettre à l'écoute de l'autre nécessite d'être là et de lui porter une véritable attention : de privilégier à tout intérêt personnel, et possible finalité productive, le respect de ce qu'il est.

P. B. — D'ailleurs nous ne pouvons être tout le temps productifs. Les temps de silence dans notre vie lui donnent sens comme les soupirs dans une mélodie. Il est nécessaire pour un peintre de prendre une distance avec son œuvre avant de pouvoir mieux s'y remettre et nous aussi avons besoin de nous arrêter et de respirer. C'est là le sens du shabbath – tout comme Dieu s'est arrêté de créer, nous aussi devons nous arrêter un jour par semaine.

Ces arrêts, ces silences sont de plus en plus difficiles avec les téléphones et ordinateurs, les connexions incessantes et les bruits ininterrompus. Écouter le silence devient un véritable défi et s'abstraire ne serait-ce qu'un moment de la civilisation demande un grand effort. Un récit hassidique raconte qu'un étudiant arriva en retard haletant auprès de son rabbi. Il lui présenta ses excuses. Mais le rabbin lui répondit : « Au lieu de courir, tu aurais dû prendre le temps de regarder le ciel ! »

C. B. — Même en courant, dans nos vies trop mouvementées, nous pouvons en effet prendre le temps de contempler le ciel : apaiser notre tumulte intérieur en respirant un peu de ce silence d'en haut. « N'existerait-il pas d'autres réalités que celle qui s'offre à nous dans le journal et dans les conversations irréfléchies et exaltées des gens affolés ? Il y a aussi la réalité de ce petit cyclamen rose indien et aussi celle du vaste horizon que l'on finit toujours par découvrir au-delà des tumultes et du chaos de l'époque[1] », écrit Etty Hillesum.

1. Etty Hillesum, *La Vie bouleversée, Journal 1941-1943*, *op. cit.*, p. 221.

Tourner notre tête vers le vaste horizon est retrouver ce « large » dont parle Rilke, et dans cette perspective, donner à nos élans, nos sentiments, nos gestes une dimension d'éternité. Dans ce silence de l'esprit, les réponses à nos questions s'imposent d'elles-mêmes et peu à peu les questions ont elles-mêmes disparu pour laisser la place à la douceur et la lumière d'une paix infinie. Le temps fait son œuvre et nous pouvons abandonner l'idée que c'est à nous de tout résoudre, de tout expliquer, de tout comprendre. Nos âmes ainsi libérées peuvent mieux se rencontrer. C'est le temps béni de l'amour.

P. B. — Le temps béni de l'amour est souvent celui où l'on se laisse guider au gré de nos aventures, de nos regards, de nos rencontres. Élie Wiesel raconte cette histoire. Un jour l'homme va voir Dieu sur son trône céleste et lui dit : « Qu'est-ce qui est plus difficile, être homme ou être Dieu ? Dieu répond : « Être Dieu est bien plus difficile, je dois m'inquiéter de tout l'univers, des planètes et des galaxies. Toi, tu n'as comme souci que ton travail et ta famille. » « Vrai, dit l'homme, mais Tu disposes d'un temps infini et Tu es tout-puissant. La difficulté n'est pas d'accomplir ma tâche mais de le faire avec les limites des forces humaines et de la vie humaine. » Dieu dit : « Tu ne sais pas de quoi tu parles, c'est beaucoup plus difficile d'être Dieu ». L'homme objecte : « Je ne vois pas comment Tu peux dire une chose pareille et de manière si assurée, puisque Tu n'as jamais été humain et moi je n'ai jamais été Dieu. Que dirais-tu d'échanger nos rôles pour une seconde et ensuite nous reprendrons nos places. » Dieu ne voulait pas, mais l'homme insista et Dieu finit par céder. Ils échangèrent. L'homme devint Dieu et Dieu devint homme. Mais une fois que l'homme fut sur le trône céleste, il refusa de le rendre : il gouverna le monde. Et, depuis, Dieu est en exil.

C. B. — À l'échelle humaine, nous pensons si souvent que « c'est plus facile pour l'autre que pour nous ». Car nous imaginons pouvoir nous mettre à la place de l'autre et être en mesure de savoir s'il a une existence heureuse ou malheureuse. On porte sur sa personne, comme sur ses actes, des jugements critiques ou admiratifs, on évalue ses réalisations et réussites à partir de données que nous croyons objectives. L'admiration peut être telle que nous pourrions avoir envie d'être à sa place ! Or envier la place d'un autre, c'est perdre de vue ses potentialités, son « je » unique ; et c'est ne plus être *en relation* avec lui.

Si, comme la femme romaine, nous souhaitons avoir le même pouvoir que Dieu, exercer notre toute-puissance sur les autres mais aussi sur nos propres sentiments, si par conséquent nous nous mettons à la place de Dieu, nous perdons toute relation avec LUI. Être à *sa* place, c'est reconnaître ce que l'on est, tout en éprouvant un sentiment d'humilité. Le jour du shabbath nous sommes « en relation » dans un temps d'Éternité, habités par une Présence autre, lumineuse, intemporelle. Or cette Présence infinie peut venir à chaque instant nous visiter, pénétrer au cœur de notre humanité « finie » et passagère. Cette Présence est déjà d'être pleinement présents à ce qui se vit ici et maintenant. « Là où l'on est, être présent à cent pour cent[1] », écrit Etty Hillesum.

P. B. — « Ne juge pas ton prochain avant d'avoir été à sa place », disait Hillel (Avoth 2 : 5). Il est impossible de se mettre à la place d'un autre puisque c'est « sa » place ; on peut imaginer sa place sans pour autant la prendre pour mieux le comprendre. Le lieu מקום *makom* est de la même racine que קיום *kioum* l'existence, ainsi l'endroit où l'on se trouve physiquement et spirituellement est intimement lié à qui nous sommes, notre essence, notre être. *Makom*?, le lieu, est aussi un des noms de Dieu que l'on traduit par l'Omniprésent. Le Talmud dit : « Le monde n'est pas le lieu de Dieu, Dieu est le lieu du monde. » Le monde ne contient pas Dieu ; Dieu contient le monde. Notre place peut donc s'imaginer au sein de l'infini. Un petit infini dans un grand infini qui le dépasse : nous sommes comme des étoiles dans la Voie lactée dont la lumière scintille bien

1. Etty Hillesum, *Une vie bouleversée, op. cit.*

au-delà d'elles-mêmes, tout autant d'infinis qui se côtoient dans le grand infini des Cieux.

DIRE MERCI,
L'ART DE LA LOUANGE

C. B. — La louange est le regard porté à l'infini de l'autre. Après son échange avec le rabbin, la femme romaine va-t-elle s'ouvrir à une autre dimension de la relation, comprendre que l'autre est *infiniment* « autre », irréductible au « même ». Parfois, nous aimerions tant que l'autre, précisément l'être aimé, soit identique à nous, animé des mêmes souhaits et porteurs des mêmes désirs. Nous avons du mal à reconnaître cette évidence : l'autre est un autre! Ainsi le dit Svâmi Padjnândpad : « Tous les êtres sont "autres" en réalité, il est donc vain de s'attendre à ce que quelqu'un d'autre se comporte comme "je" le désire; s'attendre à ce qu'une autre personne agisse suivant votre désir est une absurdité; c'est contre nature. Et pourtant, c'est ce que les hommes font. Et parce que cette attente est déçue, ils se sentent frustrés et insatisfaits[1]. » Il insiste sur cette notion essentielle d'un « oui » à ce qui est, sans restriction. Ce « oui » s'adresse à ce que l'autre est; si je décide de l'aimer, je dis « oui » à ce qu'il est. « Vous devez être un "oui" sans aucun "non"! Il y a EST. Il ne peut y avoir DEVRAIT ÊTRE. »

Accepter ce qui est ne ferme pas à la porte à un « peut-être » miraculeux – אולי *Oulaï*, un des noms de Dieu se traduit par « peut-être ». C'est un « oui » ouvert à des « peut-être » inattendus, magiques et merveilleux. C'est un « oui » plein de gratitude au bon, au beau, au bien, qui nous sont donnés, à tous ces cadeaux de la vie que nous apprécions d'autant mieux que nous prenons le temps de remercier.

1. Cité par André Comte-Sponville dans *De l'autre côté du désespoir, Introduction à la pensée de Svâmi Prajnânpad*, Accarias-L'Originel, 1997, p. 59.

C'est un « oui » qui accueille la vie et n'est pas inquiet, envieux, malheureux de ce qui ne se vit pas et pourrait se vivre. C'est un « oui » qui ouvre les bras et les tend aussi parfois vers le ciel. « Il y a longtemps que je ne demande plus rien au ciel et mes bras restent encore levés[1] », dit Porchia.

P. B. — Le mot juif יהודי *yehoudi* en hébreu provient d'une racine qui signifie la louange. יד *Yad*, c'est la main qui, tendue vers le ciel, dit תודה *toda*, « merci ». La ברכה *berakha*, la bénédiction prononcée à propos des actes les plus quotidiens de la vie – manger du pain, se lever le matin, se laver les mains –, on l'a vu, vient du mot ברך *berekh* le « genou », pour rappeler que les anciens pratiquaient la génuflexion en signe de remerciement. « C'est l'un des objectifs de la conception juive de la vie, que de ressentir les actes les plus communs comme des aventures spirituelles, et de saisir en toute chose l'amour de la sagesse[2]. » Une des premières choses que nous apprenons à nos enfants est de dire merci, par un mot de montrer notre reconnaissance, notre appréciation de ce que nous sommes, de l'existence de l'autre, du monde et du plaisir de cette relation à l'autre et au monde. Dire merci me grandit parce que ces deux syllabes me dédouanent de ma redevabilité, me rendent libre de tout esclavage. Et dire merci dans un couple est aussi important.

C. B. — Dire merci dans un couple, c'est reconnaître ce qui nous rend heureux et non déplorer ce que « notre couple » n'est pas en comparaison avec ce qu'il aurait pu être. Une telle attitude est pleine de reproches tels que : « Tu aurais dû, tu aurais pu... donner davantage, faire ceci ou cela. » Point n'est utile de revenir sans cesse sur des espoirs déçus, sur la douleur de s'être sentis trompés, abusés par des promesses non tenues. Être en colère contre un homme ou une femme pour un comportement qui nous paraît inacceptable,

1. Antonio Pochia, *Voix*, *op. cit.*
2. Abraham Heschel, *Dieu en quête de l'homme*, *op. cit.*, p. 60.

c'est parfois être en colère contre soi-même d'avoir accepté ce comportement, même un court instant.

Il en est de même concernant la peur que l'autre soit infidèle : ne fait-elle pas écho à notre propre infidélité dans le sens d'un manque de confiance, de foi en l'amour de l'autre, et peut-être en notre amour ? Où doit commencer et s'arrêter la confiance ? Et à qui prétendons-nous faire confiance : n'est-ce pas à l'autre tel que nous l'avons imaginé ? Les incidents majeurs ou en apparence si dérisoires qui provoquent une séparation sont souvent les répétitions d'un premier événement sans importance qui nous a déplu et nous est apparu au début de la relation. Cela ne rentrait pas dans le cadre de la belle histoire que l'on avait envie de se raconter, aussi nous l'avons relégué dans la case des « ça s'arrangera avec le temps », « notre amour est tel qu'il ou elle changera ». À l'occasion d'un nouvel épisode qui fait réapparaître le défaut indésirable de la compagne ou du compagnon, nous avons tenté de nous exprimer dans un premier temps avec gentillesse, puis avec plus ou moins de ressentiment et de colère, selon les caractères. Devant l'incapacité de l'autre à changer, nous avons fini par déduire que nous ne nous étions pas aimés ! Conclusion quelque peu hâtive, car les « défauts » de l'autre appartiennent à son histoire et même s'il souhaite lui-même « changer », nous savons combien certaines transformations sont difficiles et prennent du temps.

Aussi une relation ne peut-elle se construire sur un aveuglement des premiers instants, suivi du refus de voir certaines vérités, mais plutôt sur une lucidité, une capacité à aimer en toute connaissance de cause, dans une posture de choix et non de soumission. Sachant que nous ne saurons jamais pourquoi nous aimons et nous sommes aimés, ne pourrions-nous reconnaître et faire confiance à ce « je-ne-sais-quoi » qui fait de cet amour une relation belle et unique ?

P. B. — L'emploi du mot אמונה *emouna* dans le midrash est insolite. On a souvent pu traduire ce mot par « foi », mais en réalité il signifie la « confiance ». אמונה *emouna* l'occupation de Dieu est de former des couples, nous dit le texte. « Et c'est cela son occupation ? » s'exclame la femme romaine. Il signifie peut-être « ce à quoi Il est fidèle », ou « ce à quoi Il consacre sa vie ». Ainsi on peut avoir confiance sans avoir la foi à proprement parler. La **אמונה** *emouna* est adhésion par des actes de la même racine que **אמן** *amen* qui veut dire « je suis d'accord avec », « j'adhère », liée aussi à **אמת** *emeth* la fidélité, le soutien et la fermeté, la pierre et la vérité. **אמנת** *Omeneth* est une « nourrice » sans doute parce que l'on peut avoir confiance en elle, **אמנות** *omenoth* des « piliers » parce qu'ils soutiennent une construction. La confiance est cet élan qui structure, soutient et nourrit sur lequel on peut s'appuyer et bâtir comme des pierres posées les unes sur les autres.

L'histoire suivante illustre bien la différence entre la foi qui serait une forme de saut dans l'inconnu et la confiance, une forme d'optimisme dans le changement, de dépassement de soi. Dans un petit village, une vive dispute se déclara. Tout le monde y participait. Le chef du village voyant que personne n'allait pouvoir convaincre son adversaire porta la question au vote : « Dieu existe-t-Il ? » Après que chacun eut développé ses arguments avec force d'enthousiasme et de verve, un grand silence s'instaura pour l'organisation du vote. À une voix près, la conclusion fut déclarée : « Dieu n'existe pas. » Une petite main se leva alors et on entendit : « Bon maintenant que nous avons enfin décidé que Dieu n'existait pas, il est l'heure de réciter la prière de *min<u>h</u>a* [1] ! »

C. B. — Puisque Dieu n'existe pas, prions ! Prions justement pour qu'Il existe ! « Je vais t'aider, mon Dieu, à ne pas t'éteindre en moi [...]. Ce n'est pas toi qui peux nous aider, mais nous qui pouvons t'aider[2]. » Ces paroles d'Etty Hillesum ne résonnent-elles pas en écho à ces mots d'Abraham Heschel, dans son livre *Dieu en quête de l'homme*. « Il est vrai que Dieu nous assiste dans notre recherche. Mais l'initiative et l'intensité de notre recherche sont entre nos

1. La *min<u>h</u>a* est la prière de l'après-midi. *(N. d. A.)*
2. Etty Hillesum, *Une vie bouleversée*, *op. cit.*, p. 175-176.

mains[1]. » Ceux qui ont la foi sont-ils uniquement ceux qui prient, se rendent dans une église, une synagogue, un temple, une mosquée, et respectent des rituels ? N'expriment-ils pas tout au long de leur vie la foi dans ce qu'ils font, une gratitude pour ce qu'ils ont ? L'essentiel pour se rapprocher de l'Éternel – ne serait-ce qu'au sens de l'éternité –, n'est-il pas de remercier le bon et le beau de ce qu'il nous est donné de vivre, de voir et d'entendre ? En louant et respectant ce qui est, nous louons et respectons les hommes et les femmes que nous côtoyons, en toutes circonstances. Ce n'est pas une foi liée à l'invisible, mais à ce qu'il nous est donné de voir – si nous ne « mettons pas notre main devant nos yeux ». « Qu'il est beau et bon de vivre dans ton monde, en dépit de ce que nous autres humains nous infligeons mutuellement[2] », dit Etty Hillesum, au moment où elle vit une situation des plus dramatiques. « C'est comme une petite vague qui remonte toujours en moi et me réchauffe, même après les moments les plus difficiles : "Comme la vie est belle pourtant !" C'est un sentiment inexplicable. Il ne trouve aucun appui dans la réalité que nous vivons[3]. » Comment trouver les mots pour dire l'infini de cet amour !

LA VÉRITÉ ET LA CONFIANCE

P. B. — « Votre Torah est pleine de vérité utile et estimable », dit la matrone. En matière de sentiment, les mots ne sont jamais tout à fait adéquats pour exprimer une approximation de la vérité. « Comme la sincérité-limite n'est à la rigueur que la véracité ponctuelle d'une seconde, il faudrait multiplier les traductions à l'infini pour serrer au plus près la vérité totale. Quelle patience plus qu'hu-

1. Abraham Heschel, *Dieu en quête de l'homme*, *op. cit.*, p. 36.
2. Etty Hillesum, *Une vie bouleversée*, *op. cit.*, p. 202.
3. *Ibid.*, p. 221.

maine y suffirait[1] ? » Les lettres qui constituent le mot אמת *emeth*, « vérité » en hébreu, font écho à une notion de pérennité, comme la pierre – son sens étymologique – qui traverse les temps. Les trois lettres qui constituent ce mot, disent les rabbins, א *aleph*, מ *mem*, et *tav* ת sont au début, presque au milieu et à la fin de l'alphabet. Ainsi une vérité doit s'inscrire dans la durée. Dans une conception éthique de la vérité, le bien dépasse la véracité parce que la vérité n'est pas toujours bonne à dire. Sans vérité et confiance אמת ואמונה *emeth veémouna*, un couple se brise, mais avec trop de vérité, il se détruit aussi. Le philosophe Vladimir Jankélévitch poursuit : « ... Et cette vérité-là est pire que l'imposture, pire que la calomnie ; par exemple quand on dit une vérité qui tue, et qu'on la dit pour tuer. À ce compte, plutôt se tromper en toute bonne foi que dire le vrai dans un esprit de malveillance... si l'on a tort d'avoir raison, on a mille fois plus tort encore d'avoir raison sans amour ni charité[2]. »

Parfois la vérité doit s'effacer devant l'amour. La Bible nous donne un exemple émouvant de ce cas d'exception. Lorsqu'il est annoncé à Sarah qu'elle va enfanter alors qu'elle a passé l'âge « Sarah rit en elle-même en disant : "Flétrie par l'âge, ce bonheur me serait réservé ! Et mon époux est un vieillard !" » (Gen. 18 :12). Lorsque Dieu rapporte les paroles de Sarah à son époux Abraham, Il ne mentionne que ceci : « Eh quoi en vérité, j'enfanterais, âgée que je suis ! » (Gen. 18 :13). Cette omission, ce mensonge comme non-dit de la part de Dieu, est interprétée comme une volonté d'éviter « une poussière de médisance » (TJ, Péah 1 :1 ; TB, Yevamoth 65b). L'âge avancé d'Abraham est un fait, mais il vaut mieux cacher cette vérité pour qu'Abraham ne soit pas vexé. Ainsi le שלום בית *shalom bayit*, la paix du ménage est plus importante qu'une vérité terre à terre, concrète et objective mais qui manque d'humanité et de compassion. Tout dire n'est pas un devoir éthique comme nous le montre Levinas : « Un dire qui est déjà une manière de saluer l'autre, de lui

1. Vladimir Jankélévitch, *Les Vertus de l'amour*, Flammarion, coll. « Champs », p. 189.
2. *Ibid.*, p. 190.

manifester une attention. Tout ce qui est dit ne peut renfermer, totaliser tout ce qui est à dire[1]. » Il s'agit parfois pour préserver l'autre, d'évoquer sans dire, de faire allusion dans une caresse parlée plutôt qu'avec des mots crus.

C. B. — Il est intéressant que אמת *emet*, la « vérité » et אמונה *emouna*, la « confiance », aient la même racine. Pourrait-on faire confiance à qui ne dit pas la vérité ? N'est-ce pas dans la vérité que peut se construire, s'édifier une relation ? « Rien que la vérité, toute la vérité. » Nous ne sommes en amour, pas devant un tribunal. Dire la vérité renforce une relation, mais peut aussi la fragiliser : nous devons y mettre les formes, car tout dépend de la façon dont elle est dite. Claude Vigée fait remarquer que dans אמת *emet* on retrouve le א aleph, le מ mem et le tav ת. En l'absence de la lettre א aleph, on a מת *met* qui signifie la « mort ». Dans l'oubli du souffle créateur, de l'origine unique à toute vie, la vérité peut être une vérité qui tue. Il est une vérité qui fonde l'amour, une autre qui crée la guerre. « C'est *ma* vérité, à partir du moment où je dis ce que je ressens, je peux *tout* dire », « Moi, j'ai l'habitude de dire ce que je pense », entend-on souvent ; à savoir : « Peu importe ce que l'autre peut entendre et le mal que je peux lui faire. » Dire la vérité ne devrait-il pas toujours s'inspirer d'un amour pour l'autre, de ce qui est à la fois juste et bon pour lui d'entendre, tout en respectant ce qu'il est juste et bon pour nous de dire ? Dans un couple, cette recherche d'authenticité, de sincérité dans les gestes, de fidélité à l'essentiel n'est-elle pas le signe d'un « vrai » amour ?

P. B. — Le mot זוג *zoug* que l'on retrouve quatre fois dans ce midrash et que nous avons traduit par « couple » a une racine qui rappelle la transparence de la peau du raisin, celle aussi du verre et la clarté. Alors peut-on dire comme Racine : « Aimer un être, c'est le rendre transparent », ou bien plutôt comme Proust : « On n'aime que ce qu'on ne possède pas tout entier », c'est-à-dire qui nous

1. Emmanuel Levinas, *L'Au-delà du verset*, *op. cit.*, p. 193.

échappe ? En réalité, c'est une semi-transparence, un clair-obscur qui maintient l'amour, car maintenir l'être dans son infini, c'est lui laisser fermer la porte de ses secrets. On ne dit jamais tout dans un couple ; cette part d'infini nous échappe à nous-même et à l'autre ; c'est elle qui nous maintient en vie comme être libre, ravi par l'étonnement et la surprise. Si on lit זוג *zoug*, le couple en changeant la voyelle, on obtient זוג *zog*, la partie extérieure d'une cloche. Le graphisme des lettres cursives ג ו ז *zaïn-vav-guimel* fait penser à cette cloche qui fait entendre un son dialogué ou encore à l'union de l'homme et de la femme – principe féminin et masculin. Au centre est le י *youd* ou le ו *vav*, le « carillon » qui marque la présence de Dieu ; le couple représenté par la cloche est sonore si la présence divine est là. Il tintinnabule de bonheur et d'amour, mais en son absence, il sonne creux. Le couple ne peut sans la présence divine s'élever à une autre dimension que lui-même, il ne produit pas de musique. לזווג *Lizvog* de la même racine, signifie « verser », comme on verse le vin lors d'un mariage pour le sanctifier. Le vin représente cette joie qui diffuse à l'extérieur du couple comme à l'intérieur. « Le vin réjouit le cœur de l'être humain » (Psaume 104 :15). Et puis le verre est le symbole au-delà de la transparence, de la fragilité et de la finesse comme tous les sentiments humains à la fois très fragiles et étonnamment puissants. Dans ce midrash, Dieu est présenté comme un souffleur de verre qui insuffle comme principe de survie du couple, le respect et l'écoute infinie de soi et de l'autre.

C. B. — On casse un verre lors d'un mariage juif. Un des sens de ce rite n'est-il pas de remémorer la destruction du temple, par conséquent la fragilité d'une union ? Ezéchiel compare le couple à un « petit Temple », mari et femme étant prêtre et prêtresse de l'union. Pour revenir au midrash et conclure, la femme romaine reconnaît la « valeur de la Torah, pleine de vérité, utile, estimable », à travers les paroles du rabbin. Elle reconnaît la difficulté de faire des couples et elle tire un enseignement de son expérience : les hommes et les femmes mis en rangées, et rendus esclaves d'une situation qu'ils n'avaient pas choisie, étaient condamnés à s'affronter dans la violence et la haine. La comparaison avec le miracle de la mer des Joncs lui a appris, au contraire, que les deux « murs » qui se séparent et rendent possible le passage des Hébreux ne se font face que pour mieux laisser s'exprimer une magnifique force de vie, se manifester le ou les miracles que chaque couple attend ou espère.

Elle peut aussi penser que si Dieu consacre son temps à faire des couples, c'est parce que la paix dans le monde commence au sein du couple : de leur entente et de leur félicité peut naître un monde meilleur. Claude Vigée a écrit un texte pour les noces de sa petite-fille afin qu'elle n'oublie pas que « le mariage n'est pas un simple arrangement, comme tous les autres, un banal contrat ouvert sur des horizons tout à fait prosaïques » et afin de « faire apparaître aussi une dimension transcendante, un rayonnement caché dans toute union humaine[1]. » Ainsi dit-il de Dieu qu'il est « le marieur en chef » Il est métaphoriquement domicilié là-bas en Terre promise, mais « là-bas, c'est partout », là où la promesse se réalise.

1. Commentaire de Claude Vigée, au sujet de *L'Épithalame fleurit en Utopie*, dans *Danser vers l'abîme, ou La spirale de l'extase : choix de poèmes et d'essais (1995-2004)*, Parole et silence, 2004, p. 208.

LES SECRETS DE L'AMITIÉ

ויאמר יה' אל משה
קח־לְךָ אֶת־יְהוֹשֻׁעַ
אין קח אלא לשון לקיחה
לפי שאין נקנה אלא בקשי קשיין
מכאן אמרו
יקנה אדם חבר לעצמו
להיות קורא עמו
ושונה עמו
ואוכל עמו
ושותה עמו
ומגלה לו כל סתריו

אדר"ן ח

« Et l'Éternel dit à Moïse :
"Prends Josué" (Nbs 27 :18).
C'est bien du verbe "prendre" qu'il s'agit,
car ce n'est pas sans beaucoup de difficultés que l'on se fait un ami.
C'est pourquoi les sages ont dit :
"Chacun se fera un ami
afin de lire les Textes avec lui
de les commenter avec lui,
de manger avec lui
de boire avec lui
et de lui dévoiler tous ses secrets." »

Avoth de Rabbi Nathan 8

L'AMITIÉ, HASARD OU NÉCESSITÉ ?

Catherine BENSAID – Ce midrash nous parle de l'amitié. Si la littérature abonde de textes sur l'amour, il en est peu sur ce thème. L'amitié n'a-t-elle pas, cependant, une place essentielle dans notre existence et dans notre cœur, à tout âge de la vie ? « Sans amis, personne ne voudrait vivre, même s'il était riche de tous les autres biens », dit Cicéron. Le midrash commence par cette parole que l'Éternel dit à Moïse : « Prends Josué » (Nbs 27 :18). Il importe d'en comprendre le sens, et d'en situer le contexte, afin de mieux apprécier cette approche originale de l'amitié qu'il nous est proposé d'étudier dans ce midrash.

Pauline BEBE – Le verset cité est tiré du livre des Nombres (27 :18) où l'Éternel s'adresse à Moïse : « Prends Josué, fils de Noun, un homme inspiré (littéralement : « qui a le souffle en lui »), et appose tes mains sur lui. » Il s'agit de la transmission de l'autorité de Moïse à son successeur, responsable envers le peuple hébreu. Rabbi Tarfon dit : « Ce n'est pas à toi de terminer la tâche, mais tu n'es pas non plus libre de t'en défaire » (Avoth, II, 21), ce qui signifie que nous ne pouvons pas tout faire et cependant nous devons faire face à nos responsabilités. Nous nous sentons souvent submergés par l'importance d'une tâche, d'un travail, d'une mission. Nous ne devons pas l'abandonner pour autant, mais vient un temps où nous devons la transmettre à quelqu'un d'autre. Il nous faut savoir accepter nos propres limites, reconnaître que nous ne sommes pas éternels et qu'un jour nous mourrons. Moïse n'a pas pu conduire le peuple d'Israël, son peuple, en Terre promise : parfois nous avançons sur un chemin, mais n'arrivons pas à l'objectif que nous nous étions fixé. Le voyage est alors plus important que la destination et il nous faut trouver des successeurs spirituels afin que la vague du temps n'efface pas la trace de nos pas sur le sable.

C. B. — Il semble que l'injonction de Dieu envers Moïse se présente comme une aide, un soutien – « Je te désigne qui peut le mieux te succéder, un homme "inspiré", et une obligation : tu ne peux poursuivre seul ta tâche, ainsi tu n'as d'autre choix que de prendre cet homme que je te désigne, sur lequel tu apposeras tes mains. » Ce midrash évoque l'importance d'avoir un ami qui puisse nous relayer dans une mission ; ce peut être quand se profile une fin prochaine ou que se termine une période de notre vie, un temps consacré à une action ou une œuvre qui nous tient à cœur.

Nous devons aussi avoir un ami avec lequel lire et étudier les textes, partager les plaisirs de la table ou autres bonnes nourritures, et à qui confier nos secrets. Ainsi l'amitié n'est pas le seul fait d'un heureux hasard auquel nous pourrions nous abandonner, au fil de nos fantaisies et des circonstances de la vie. Elle obéit à une nécessité. En ce sens, elle ne se fait pas sans difficulté et requiert de notre part des efforts, nous demande d'aller à sa rencontre. « Il n'y a pas de hasard, il n'y a que des rendez-vous », disait Éluard.

P. B. — Oui, on pense souvent à l'amitié comme le résultat d'une rencontre au détour d'un chemin où la volonté n'a que peu de rôle à jouer, où l'on se laisse aller au gré des envies, des peut-être, des aléas d'un sentiment qui serait, ou ne serait pas. La Rochefoucauld écrit : « Un véritable ami est le plus grand de tous les biens et celui de tous qu'on songe le moins à acquérir. » Or, nous dit ce midrash, l'amitié n'est pas un sentiment inattendu ; elle se travaille, se mérite, s'acquiert, se construit. On ne commande certes pas la spontanéité, mais on sème les graines nécessaires à son épanouissement.

C. B. — Ces graines d'amitié, pour mieux se développer et grandir, ont besoin d'une belle qualité de présence. Si nous ne sommes pas là pour recevoir les gestes amicaux quand ils nous sont offerts et si par la suite nous ne donnons aucun signe d'amitié, ce qui aurait pu être une amitié n'a pas lieu d'être. Que serait l'amitié de Josué si Moïse ne le prenait pas en amitié ; que devient un ami si nous ne prenons pas en considération l'amitié qu'il nous offre ? L'amitié se donne à qui sait l'accueillir – la cueillir. C'est une grâce, au sens d'une chance à cultiver.

P. B. — En effet, la grâce ne vient pas comme une aide surnaturelle qui nous donnerait des aptitudes hors du commun. Elle n'est pas un phénomène spectaculaire, mais elle est une attitude. On ne reçoit pas la grâce, mais on la trouve dans le regard que l'autre nous porte. L'expression biblique la plus commune qui emploie le mot « ẖen », la grâce, est « trouver grâce aux yeux de » quelqu'un – ou aux yeux de Dieu, pour ainsi dire, puisque Dieu n'a pas d'yeux, même si Dieu voit. L'étymologie du mot est « tendre vers quelque chose », « se courber », « se pencher ». Ainsi, la grâce n'est pas un état d'être, mais une aptitude à donner. Le mouvement de tendre la main vers l'autre, de se pencher pour lui prêter attention, l'écouter et l'entendre est cette forme de grâce, de bienveillance et de douceur qui pense l'au-delà de soi.

C. B. — La grâce, au sens où l'on dit de quelqu'un qu'il est gracieux, évoque le charme de celui ou celle qui sait être aimable, une délicatesse dans l'attention, une élégance dans le soin porté à l'autre ; l'amitié est un don orienté vers la personne que nous allons désigner comme étant notre ami(e). On constate que l'acquisition dont il est question dans ce midrash porte sur l'ami et non sur l'amitié. L'ami crée l'amitié ; c'est à partir de cette élection que se crée un lien, élection suivie d'un acte de volonté, d'une décision.

C'est un engagement vis-à-vis d'une personne bien particulière : ce que cet ami est et que personne d'autre n'est. « Parce que c'était lui, parce que c'était moi » : on connaît la célèbre phrase de Montaigne.

P. B. — « Lui » et « moi », Montaigne décrit avec une grande poésie son amitié avec La Boétie, une amitié unique constituée par deux êtres irremplaçables. Les âmes des deux amis « se mêlent et se confondent l'une en l'autre, d'un mélange si universel qu'elles effacent et ne retrouvent plus la couture qui les a jointes[1] ». Et plus loin, il s'émerveille du mystère de ce lien si fort : « Il y a au-delà de tout mon discours [...] je ne sais quelle force inexplicable et fatale, médiatrice de cette union. Nous nous cherchions avant de nous être vus [...], nous nous embrassions par nos noms[2]. » Au fil de la plume, les âmes et les noms des deux écrivains communiquent dans un dialogue inspiré et nourri par une admiration mutuelle.

Ils se sentent, très vite, très proches, mais on peut se demander comment ils se sont choisis, comment ils sont parvenus à cette communion d'âmes. Ont-ils été poussés l'un vers l'autre ? Se connaissaient-ils avant de s'être rencontrés ? Car les amis que l'on se choisit ne sont pas toujours de bons amis. Si nous laissons agir le hasard ou le mystère de la rencontre, nous sommes parfois trompés, déçus par une amitié. Le midrash nous invite à penser que l'amitié n'est pas le pur fruit de coïncidences. Nous ne sommes pas des marionnettes entre les mains d'un destin tout-puissant ; nous choisissons nos amis et ce choix est un reflet de qui nous sommes, il est la mise en œuvre de notre libre arbitre, l'expression de notre être.

Nitaï d'Arbel disait dans le Traité des principes : « Éloigne-toi d'un méchant voisin, ne te lie pas d'amitié avec une personne mauvaise » (1 :7). En effet, pour se lier d'amitié avec quelqu'un – par nécessité plus que par volonté – on peut se laisser tenter, baisser la garde et être entraîné à mal faire. On le voit parfois chez des adolescents mais aussi chez des adultes qui se lancent mutuellement des

1. Michel de Montaigne, *Les Essais*, I, 27.
2. *Ibid.*

défis en levant tout interdit. Le groupe se fonde alors sur la transgression de la loi, la capacité à prendre des risques inutiles ou à se mettre en marge de la société. L'individu suit les autres pour être accepté comme « ami », pour être « cool », et le groupe instaure ses propres règles hors la loi. La pression peut être terrible et celui ou celle qui veut se faire adopter ou aimer n'ose souvent pas dire « non » de peur d'être rejeté. Le courage de refuser est pourtant salutaire lorsqu'il s'agit de « ne pas suivre la majorité pour mal faire » (Ex. 23 :2).

C. B. — Il importe d'être vigilant dans le choix de nos amis. Tout parent ne souhaite-t-il pas éviter à ses enfants de mauvaises fréquentations ? Il sait le pouvoir qu'un enfant peut avoir sur un autre. « Si tu es vraiment mon amie, prouve-le-moi, fais ceci pour moi. » L'enfance est le temps des défis : le petit garçon et la petite fille veulent se prouver à eux-mêmes ce dont ils sont capables, et c'est dans le regard des autres qu'ils vont trouver cette reconnaissance. Aussi sont-ils prêts à faire *n'importe quoi* pour plaire à leurs copains, se faire accepter dans une bande et, pour certains, devenir le chef ou le préféré du chef. L'amitié, à tout âge, peut faire gravir des montagnes, permettre de s'élever ensemble dans une plus grande hauteur de points de vue ; mais elle peut nous entraîner avec la même force dans un tourbillon de folie destructrice, chacun amenant l'autre, par effet de surenchère, à faire « toujours plus » dans une direction qui peut s'avérer néfaste pour l'un ou l'autre, ou encore pour les deux. Car si nous ignorons d'où nous vient cette inclination soudaine envers quelqu'un, nous ne savons pas davantage où elle va nous mener. « Dis-moi quels sont tes amis et je te dirai qui tu es. » Nos choix obéissent à des critères qui échappent à notre conscience ; aussi parlent-ils de nous bien plus que nous le croyons. Et quand nos choix se révèlent « mauvais », ils peuvent nous conduire à devenir, nous aussi, « mauvais » : à en vouloir à l'autre, tout autant qu'à nous-mêmes, de nous être trompés. Nous nous sentons trahis dans notre confiance ainsi que dans les espoirs que nous y avons mis ; et, restés seuls sur la rive, nous avons perdu en même temps que l'ami, nos illusions. L'amitié n'a pas tenu ses promesses car nous avions donné notre amitié à qui nous avait aussi pris en amitié.

P. B. — Pour revenir au midrash, l'expression « Prends (pour toi) Josué » (Nbs 27 :18) est étrange. Comment concevoir qu'une personne en prenne une autre, la transformant en objet qu'on instrumentalise, dans une tradition qui affirme l'égale dignité de chaque être humain créé, selon le célèbre texte de la Genèse, « à l'image de Dieu » (Gen 1 :27) ? Telle est l'énigme posée par le texte biblique, que les rabbins doivent résoudre.

Les emplois de ce mot dans d'autres contextes peuvent nous éclairer sur sa signification. Ce verbe לקח *lakakh*, « prendre », est employé, comme en français, dans l'expression « prendre la main ». Ainsi, on pourrait conduire un ami par la main, l'amener dans une aventure commune qui construirait l'amitié. Il est également utilisé dans l'expression talmudique « prendre femme ». Il signifie alors effectuer une transaction stipulée dans le contrat de mariage, concrétisée par l'échange des anneaux. לקח *lakakh* signifie plus simplement « s'approprier », « sélectionner », « choisir » et même « concevoir ». Si l'on rapporte ces différentes significations à l'amitié, on peut imaginer la main de l'ami tenue un moment pour partager un projet, une conception à deux.

L'amitié est réfléchie, pesée, pensée. Ce lien unique exige une implication de soi dans l'élaboration d'un projet à deux. L'amitié n'est fertile que si elle est vécue dans une réciprocité où chacun apporte de soi et le meilleur de lui-même. Elle se conçoit, se réalise. Comme toute création, elle nous réserve des surprises. Ce que l'on croit posséder nous échappe continuellement, à l'infini.

C. B. — Car l'amitié n'est justement pas *acquise* une fois pour toutes. Chacun doit y « mettre du sien ». Elle se construit à deux, et elle naît de cette relation. L'amitié demande d'être très investi et responsable ; et en même temps d'être comme l'enfant ouvert à l'inattendu et au merveilleux. L'amitié est un engagement : nous y sommes si intimement impliqués. Et elle est heureusement ludique, elle avance au rythme de nos aspirations, comme de nos imaginaires partagés.

P. B. — Roger Martin du Gard dit : « Le bonheur, ça n'est pas une timbale qu'on décroche, c'est une aptitude, je crois. » L'amitié évolue, devient solide avec l'expérience, enrichie du temps passé ensemble. Elle est un ferment de créativité, comme chez ces artistes dont l'inspiration est stimulée par le regard de l'autre, son exigence, sa volonté de se surpasser. Henri Matisse et André Derain ont peint ensemble et de cette amitié est née une audace artistique faisant fi des couleurs et des perspectives réelles, à l'origine du fauvisme. L'être-ensemble crée une émulation et un dialogue dans l'art qui sont sources de dépassement et de renouveau. L'ami se fait muse des meilleurs élans d'inspiration !

C. B. — L'expérience est essentielle pour découvrir, connaître et apprécier un ami. Mais ne pose-t-on pas parfois l'exigence avant l'expérience : « J'aimerais avoir un ami avec qui partager ce qui me plaît et qui pourrait m'apporter ceci, me donner cela, qui soit comme ceci ou comme cela... » ? Dans ce cas, le besoin suscite la rencontre et constitue le point de départ de la relation. Or l'amitié ne peut exiger de l'autre qu'il sache toujours nous satisfaire, auquel cas nos attentes débordent ce que l'autre peut nous donner. Et c'est ainsi que les reproches abondent.

P. B. — Oscar Wilde le dit de manière ironique : « Les gens ont la rage de nous donner ce dont ils ont le plus besoin. C'est ce que j'appellerais l'insondable abîme de la générosité » ! En effet, si nous projetons sur l'autre nos propres désirs en cherchant la similitude plutôt que de voir une étrangeté radicale, l'amitié s'affadit, se délite. Si l'amour du prochain est présenté comme un impératif, s'il est écrit : « Tu aimeras ton prochain comme toi-même » (Lév. 19 : 18), c'est que, précisément, il n'est pas facile d'aimer l'autre.

Pourquoi ordonner l'amour, si l'amour va de soi ? C'est parce que l'autre est « lointain » que j'ai tant de mal à l'aimer, qu'il me dérange, m'étouffe, me désespère. Je dis l'aimer quand je crois me reconnaître en l'autre, mais l'aimer vraiment pour ce qu'il est, c'est l'aimer dans sa différence, l'aimer parce qu'il n'est justement pas moi, mais qu'il est autre, irréductiblement autre, infiniment autre. L'altérité s'impose à moi comme un réveil qui sonne constamment le glas que je ne veux pas entendre. Elle bouscule l'agonie du moi étroit et égoïste qui ne veut laisser de place à l'autre. Car cet autre, empêcheur de tourner en rond, nous renvoie une image déformée de nous-même, il nous remet en cause, nous secoue, nous interpelle.

Le véritable ami est celui qui ne voit pas dans l'autre un miroir de lui-même. Il ne s'agit pas d'aimer l'autre parce qu'il vous ressemble, mais de l'aimer justement parce qu'il est différent de nous, et de ne pas en faire un objet de notre amitié, me servant de lui pour être qui je suis. Martin Buber l'explique très bien : « Dire *Tu*, c'est n'avoir aucune chose pour objet. Car où il y a une chose, il y a une autre chose, chaque *Cela* confine à un autre *Cela* [...], celui qui dit *Tu* n'as aucune chose, il n'a rien mais il s'offre à une relation[1]. » Dire « Tu », c'est accepter que l'autre, l'ami, soit sujet d'une relation et non objet, qu'il ne soit pas chose, mais être. Dès que l'autre est un moyen, il cesse d'être un ami.

C. B. — « S'offrir à une relation » : que peut-on offrir à un ami, si ce n'est soi, sa présence, ce que l'on est ? Cette richesse, plus intérieure qu'apparente, se donne sans compter et ne demande rien d'autre à son ami que d'être également ce qu'il est. Albert Camus a écrit à son ami René Char : « Ne supportez rien par amitié pour moi ; je vous aime libre, tel que vous êtes. » Mais, pour ne rien attendre qui puisse être ensuite revendiqué comme un possible manque de la part de l'autre, il est nécessaire, au préalable, d'être bien avec soi-même.

---

1. Martin Buber, *Je et Tu*, préface de Gaston Bachelard, traduit par Geneviève Bianquis, Éditions Aubier, 1992, p. 21.

Aussi l'amitié ne peut-elle naître que de deux solitudes, deux solitudes qui se vivent dans une heureuse plénitude. Avoir un ami n'est pas une acquisition qui viendrait répondre au besoin de « ne pas être seul » et réparer une difficulté à exister. Si on veut *avoir* un ami, comme chaque fois que l'on veut posséder quelqu'un ou quelque chose, et que l'on en est très dépendant, on est soi-même possédé par la peur obsessionnelle de *ne pas avoir*, ou de perdre ce que l'on aurait acquis. Un des paradoxes de l'amitié est de concilier un profond attachement, une sensation d'appartenance – « c'est mon ami » – avec une très grande liberté dans notre façon d'être. D'être, simplement, un ami : « La seule façon d'avoir un ami est d'en être un », dit Ralph Waldo Emerson.

P. B. — L'expérience de la solitude peut être douloureuse, mais lorsque l'on cherche à tout prix un ami pour combler une solitude, on ne le trouve pas toujours. Nous nous plaignons souvent d'être seuls, de ne pas être écoutés ou entendus mais, trop repliés sur nous-mêmes, nous ne sommes pas prêts à nous ouvrir à l'autre. C'est un peu comme si nous cherchions la pièce manquante d'un puzzle en nous plaignant qu'aucune ne s'emboîte parfaitement, et en oubliant que l'autre en face de soi construit son propre puzzle, avec un projet différent. La solitude n'est jamais totalement comblée par l'amitié et, pourtant, c'est peut-être par peur de rester seuls que nous allons vers l'autre.

Mais si l'amitié n'est qu'une réponse à la solitude, elle ne peut être une écoute infinie de l'autre, l'ami. Celui-là peut être le sujet de nos pensées, de nos attentions, nous pouvons lui tendre la main de même qu'il peut nous tendre la sienne. Comme l'écrit si joliment Fatou Diome : « Il arrive qu'un individu devienne le centre de notre vie, sans que vous ne soyez lié à lui ni par le sang ni par l'amour, mais simplement parce qu'il vous tient la main, vous aide à marcher sur le fil de l'espoir. Ami ! Frénétiquement[1]. » En hébreu, קו *kav*, le « fil », a donné תקווה *tikva*, l'« espoir », comme si l'espoir ne tenait

1. Fatou Diome, *Le Ventre de l'Atlantique*, Éditions Anne Carrière, 2003.

qu'à un fil. Accepter une main tendue ou savoir la tendre au bon moment est peut-être la plus belle dimension de l'amitié.

C. B. — L'ami est comme un ange qui nous porte vers le meilleur de nous-même : il « aide à marcher sur le fil de l'espoir », à faire ce pas de plus nécessaire pour que ne meurent nos désirs les plus fous et nos rêves d'enfant, Parfois, c'est le pas de la survie, le pas décisif qui changera notre existence. L'ami peut être celui qui en un instant bouleverse notre regard sur le monde, l'illumine et lui donne une autre saveur. Prendre un ami est accepter de recevoir des paroles qui nous consolent et parfois nous sauvent. Des paroles inconnues qui nous guident vers une part ignorée de nous-même.

P. B. — « Prendre » peut aussi revêtir le sens d'« emporter ». C'est ainsi qu'il est employé pour Job (15 :12), frappé par le malheur. Ses soi-disant amis tentent de le consoler bien maladroitement puisqu'ils justifient sa souffrance en l'interprétant comme une punition. Job est accusé d'avoir été « emporté » par ses passions, mot à mot « pris par son cœur ». Mais la passion peut être bonne, nous amener vers des lieux inconnus, nous inciter à nous découvrir, découvrir notre nudité, nous mettre à nu.

Dans la tradition juive, la passion n'a pas le sens négatif du latin *passio*, souffrance. Elle est source de créativité : יצר *yester*, « passion », signifie aussi « création ». Sans passion, le monde n'existerait pas, nous disent les rabbins : « On ne construirait pas de maison, on ne s'engagerait pas dans les affaires, on ne se marierait pas » (Gen. Rab. 9 :9), et l'on pourrait ajouter, on ne créerait pas d'amitié. L'être humain, comme Son Créateur, יוצר *yotser*, est un être passionné. Selon Hegel : « Rien de grand ne s'est accompli dans le monde sans passion. » Mais si la passion se réduit à la possession de l'autre, comme dans une amitié exclusive, elle devient destructrice et dévorante à la fois du Je tout-puissant qui n'est que dans l'avoir, et du Tu à qui elle ne laisse pas la possibilité d'être.

C. B. — Être « pris par son cœur », comment mieux dire le cœur consumé par la passion et le « je » qui voudrait exercer sa toute-puissance sur le « tu » ardemment désiré, avoir tout de lui et tout de suite, mais se trouve être au contraire sous son emprise ? Un « je » dépossédé de lui-même dès lors que le « tu » lui échappe et qui ne ressent plus que manque, vide et néant, jusqu'à en perdre le goût de vivre. Des philosophies, comme celle du « vedanta », insistent sur les dangers de l'attachement, lequel entraîne une dépendance, elle-même à l'origine de bien des souffrances.

Ainsi, puisqu'on en sait les possibles ravages, le mot « prendre » est à entendre dans un autre sens que celui de « prendre possession ». Prendre quelqu'un en amitié serait alors le prendre en considération, prendre soin de lui et lui accorder sa confiance. L'action de prendre est toujours associée à celle de donner : prendre par la main, c'est offrir la sienne. Mais un autre verbe est utilisé dans ce midrash qui lui aussi insiste sur la notion d'« appropriation » dans l'amitié – קנה *kana*, en hébreu. « Car ce n'est pas sans beaucoup de difficultés que l'on se fait un ami. » C'est pourquoi les sages ont dit : « Chacun se fera un ami... » Comment l'interpréter ?

P. B. — Oui, קנה *kana*, ce verbe est tout aussi surprenant pour parler de l'amitié. Il signifie davantage « acquérir » que « prendre ». L'amitié doit-elle s'acheter ? Le mot peut choquer, mais le midrash va à nouveau expliquer l'expression. L'obtention d'un ami s'accompagne de nombreuses difficultés. Ceux qui croient que l'amitié va de soi font face à des échecs. Les liens s'entretiennent, se construisent. Il s'agit presque d'une négociation afin que chacun prenne sa place dans la relation, que personne ne soit lésé.

C. B. — « Les hommes n'ont plus le temps de rien connaître ; ils achètent les choses toutes faites chez les marchands. Mais comme il n'existe point de marchands d'amis, les hommes n'ont plus d'amis[1] », conte le renard au Petit Prince. L'amitié ne s'« achète »

1. Antoine de Saint-Exupéry, *Le Petit Prince*, Gallimard, 1971.

pas, mais elle a un prix. Ce prix, nous y reviendrons, ce sont les difficultés rencontrées dans toute amitié et qui exigent de nous efforts et persévérance. Et elle est même si précieuse que l'on dit d'une grande et belle amitié qu'« elle n'a pas de prix » ! Merveilleuse amitié où chacun se donne sans compter, offre de son temps, de sa présence, de son attention comme de multiples attentions. Nous sommes bien à l'opposé de la notion d'« acheter un ami » qui laisserait à penser que ce dernier nous appartient, et que son amitié est un dû, non un don.

UNE BELLE AMITIÉ N'A PAS DE PRIX

P. B. — Oui, c'est l'amitié « sans prix » ou désintéressée qui est une véritable amitié. Le Traité des principes (V :19) l'explique : « Toute amitié fondée sur un intérêt cesse avec la cause qui l'a fait naître ; mais l'amitié désintéressée ne cesse jamais ». On ne cherche pas un ami pour obtenir autre chose en échange. C'est l'amitié qui s'échange. La racine קנה *kana*, « acheter », s'emploie également pour désigner Dieu qui est créateur קונה *koné*, « du ciel et de la terre », comme si le créateur avait un droit de regard sur son œuvre. Pour autant, celui-ci ne relève pas de l'ordre de la possession, mais d'une liberté surveillée.

Cette création qui s'accompagne d'un souci ou d'un regard bienveillant envers la chose créée, se retrouve dans une autre expression biblique désignant le peuple nouvellement libéré de l'esclavage d'Égypte : « עם זו קנית *am zou kanita*, tu as « acquis » ce peuple » (Ex. 15 :16). Le peuple naît, ou renaît, parce que à présent il est libéré du joug égyptien et devenu responsable de lui-même. Le lien n'est plus celui qu'il avait connu en Égypte – une relation tyrannique du maître, le Pharaon à l'égard de l'esclave – mais celui de deux entités autonomes qui dialoguent la tête haute, dans le respect de chacun. Cette relation-là est le modèle de la véritable amitié qui se crée dans la liberté des mots prononcés, des regards échangés et des accolades chaleureuses, sans hiérarchie ni volonté de pouvoir.

Comme nous le dit si joliment cette histoire <u>h</u>assidique. Un petit enfant apprenait à lire le *aleph beth*, l'alphabet hébraïque. Son rabbi lui dit solennellement : « Lorsque tu vois ces deux petits points l'un à côté de l'autre, il s'agit de deux *youd* יי, ne les prononce pas, ils forment l'abréviation du Nom de Dieu, tu liras à la place *Adonaï.* » Le petit enfant, fier de sa nouvelle sagesse, arrive à la fin d'une phrase où il y a deux points l'un au-dessus de l'autre. Comme il s'apprête à énoncer le nom divin, son maître l'arrête gentiment et lui dit : « Non, ici ce n'est pas le Nom de Dieu. » L'enfant incrédule interroge son maître du regard et dit : « Rabbi, comment peux-tu me dire une chose et son contraire ? » Le rabbi reprend en murmurant : « Tu vois, ces deux points sont l'un au-dessus de l'autre, c'est un signe de ponctuation, alors que les autres sont l'un à côté de l'autre. Lorsque tu vois un point au-dessus d'un autre, qui le toise de haut, jette un regard de supériorité et de condescendance sur celui qui est plus bas que lui, tu ne peux pas trouver le Nom de Dieu. En revanche, chaque fois que tu vois un point regarder un autre droit dans les yeux, le respecter comme son prochain et voir en lui l'étincelle divine, là tu trouveras le Nom de Dieu. »

C. B. — L'amitié en effet ne peut être associée à quelque forme de mépris ou de condescendance, et pas davantage à un désir de dominer. L'amitié ne veut pas posséder l'autre, ni avoir ce qu'il possède. L'amitié ne pose personne en situation de supériorité, mais impose une notion de responsabilité. Il pourrait être dit à son ami : « Je ne veux rien de toi, mais je te veux du bien. Et du bien que tu as, je m'en réjouis. » « Le partage du bonheur est un bonheur sans fin car il s'alimente du bonheur d'autrui », disait Sœur Emmanuelle.

P. B. — Car, proche de l'idée de possession, il y a celle de jalousie. קנה *kana*, de la même racine, signifie « jaloux » ou « possessif ». Si l'on doit « acquérir un ami », l'ami que nous nous sommes fait après de nombreuses difficultés, comme le dit le midrash, nous ne voulons souvent pas le partager. Nous pouvons avoir le sentiment que ce qui sort de nos mains, de nous-même, de notre esprit – toute forme de création, artistique, sentimentale, économique même, objet, lien ou relation nous appartient. Il nous est douloureux de partager ce que nous avons récemment créé, ce que nous venons d'acheter. Il en va de même pour un ami : nous voulons une relation exclusive, un lien privilégié qu'aucun autre ne pourra entretenir. Et, d'une certaine manière, nous avons raison ! Raison de vouloir l'unicité, mais tort de vouloir priver l'autre, l'ami, de sa liberté d'avoir d'autres amis.

Dieu aussi est possessif, mais cette possessivité est garante de sa transcendance et de son unicité. Il est dit dans les Dix Paroles qu'Il est אל קנא *El kana*, un « Dieu possessif ou jaloux » (Ex. 20 :5 et Deut 5 :9), c'est-à-dire un Dieu qui ne souffre pas la concurrence d'autres divinités. La relation est unique avec chacun d'entre nous. Le monothéisme s'oppose ainsi au polythéisme. N'avoir qu'un seul dieu, c'est n'avoir qu'une seule référence éthique car l'idée d'un bien universel est automatiquement niée par toute forme de relativisme. Si le dieu du soleil et le dieu de la pluie, le dieu de la guerre et celui de l'amour avaient des intérêts contradictoires au temps du polythéisme, le Dieu Un en revanche ne peut être schizophrène ! Quels que soient nos besoins, nos intérêts, nous nous adressons à une source unique, garante d'une éthique universelle.

Cette relation entre l'être humain et Dieu est donc elle aussi unique. Et si Dieu est un ami ou comme un ami, chaque lien amical reste unique, irremplaçable, et ce même si les amis se partagent. C'est le lien et non l'ami qui se possède, car l'ami doit pouvoir garder sa liberté d'être un ami. Ou non.

C. B. — Toute amitié est une création comparable à une œuvre d'art ! De même qu'un artiste fabrique, avec patience et labeur, une pièce qui est chaque fois unique, et la regarde comme étant *son* œuvre ; de même, l'ami que l'on « s'est fait » avec le temps est considéré comme étant “à soi”.

« Tu es mon ami, rien qu'à moi », disent les enfants, et continuent à penser certains adultes. Dès lors que certains revendiquent une exclusivité, ils se donnent le droit d'exclure dans la vie de leur ami tout ce qui pourrait porter atteinte à ce lien : ils s'autorisent à critiquer les *autres* amis ou s'irritent des activités auxquelles ils ne sont pas conviés.

Et si, pour certains, l'amitié n'est pas assez exclusive à leur goût, ils finissent par s'exclure eux-mêmes de la relation. « Nous étions très proches. Quand mon amie a rencontré son futur mari, j'avais l'impression de n'être plus rien pour elle, de ne pas exister. C'était insupportable, j'ai préféré ne plus la voir. » Dire « c'est mon ami », laisse entendre la force du lien, main non son possible enfermement.

P. B. — La possession peut induire la jalousie si l'autre est considéré comme objet et privé de sa liberté dans la relation. Alain Finkielkraut explique dans *La Sagesse de l'amour* que le visage est l'échappée belle. Lorsque l'on croit posséder l'autre, il vous échappe : « Il faut perdre le pouvoir pour sortir de soi, c'est parce que l'Autre ne se laisse pas assimiler, qu'il ne devient pas mien, que mes expériences ne sont pas toutes les péripéties d'un retour obligé à mon île natale. Il n'y a au monde que le visage d'autrui pour me séparer effectivement de moi-même, et me faire connaître des aventures qui ne soient pas des Odyssées. J'approche le visage, je ne l'absorbe pas : merveilleuse impuissance, sans laquelle la vie, même la plus extravagante, aurait la monotonie d'un voyage de soi à soi[1]. » La difficulté de l'amitié est de laisser son ami libre, libre d'être, libre de ses choix, libre d'être lui et de ne pas être soi.

C. B. — La liberté laissée à l'autre d'être tel qu'il est, et non tel qu'il devrait être, est une des difficultés de l'amitié. Ne faut-il pas déjà être soi-même libre à l'égard des regards d'autrui, ne plus chercher à plaire à ceux qui nous voudraient différent ? Plus nous voulons une amitié « sur mesure », plus nous la mesurons : notre ami

1. Alain Finkielkraut, *La Sagesse de l'amour*, *op. cit.*, p. 30-31.

est-il à la hauteur de nos espérances et de nos marques d'amitié? Certains affirment être en droit d'attendre beaucoup, car ils sont convaincus de donner eux-mêmes beaucoup; est-ce une raison valable? Nous jugeons si souvent les actes, paroles, voire les pensées des autres, même ceux de nos amis : c'est le signe que nous sommes les premiers à nous juger et prêts à nous condamner pour une faute que nous aurions pu commettre. «Je suis trop bête, vraiment stupide.» L'ami, par le regard qu'il nous porte, mais aussi par celui que nous lui portons, peut révéler une difficulté majeure : celle d'être pour nous-même un ami.

P. B. — Hervé Lauwick le dit avec humour : «Un ami c'est quelqu'un qui vous connaît bien et qui vous aime quand même!» Il vous aime avec vos qualités et vos défauts ou ce qu'il juge être des qualités ou des défauts. L'amitié, c'est justement pouvoir ne pas être d'accord sur tout et pourtant se respecter, en discuter et grandir ensemble. Et être à l'écoute de l'autre, c'est pouvoir s'écouter aussi soi-même. Il faut sans doute commencer par se trouver aimable pour laisser l'autre vous aimer. C'est un des sens de la maxime d'Hillel : «Si je ne suis pas pour moi, qui suis-je? et si je ne suis que pour moi, que suis-je? et si ce n'est pas maintenant, alors quand?» (Avoth I, 14) Je commence par me connaître, m'aimer, et me préoccuper de moi. Mais si je me limite à moi-même, je deviens égoïste. C'est en partant de mon expérience que je peux me tourner vers les autres et je dois le faire sans tarder.

LES DIFFICULTÉS DE L'AMITIÉ

C. B. — Il est parfois difficile d'aller vers l'autre, de dépasser une forme d'égoïsme qui privilégie nos intérêts du moment, retient nos élans et nous maintient dans l'inaction. Difficile de nous abstraire de nos occupations pour nous préoccuper de l'autre, de nous défaire de nos attentes pour l'accueillir tel qu'il est. Le mot « difficile » est très important dans ce midrash : en hébreu, קשה *kashé*...

P. B. — Le mot קשה *kashé*, difficile, vient de קש *kash* « la paille qui durcit ». « Le lit de paille est plus dur que le lit de plumes », nous dit le Talmud (TB, Kid 22a) et l'amitié se définit comme une exigence : celle d'être présent quand l'autre en a besoin, de ne pas se dérober au devoir moral. « L'ami aime en tout temps, et dans le malheur il se montre un frère » (Proverbes, 17 :17). C'est souvent dans les temps de nécessité que l'on voit si l'on peut compter sur ses amis. Avec ses amis, on partage les joies et aussi les peines. « Être à deux vaut mieux que d'être chacun seul, lit-on dans l'Ecclésiaste ; car c'est tirer un meilleur profit de son travail. Si l'un d'eux tombe, son compagnon pourra le relever ; mais si un homme isolé tombe ; il n'y a personne pour le remettre debout » (4 :9-10). Le rôle de l'ami est d'être un soutien et de se laisser soutenir.

C. B. — Oui, l'ami est un soutien, il peut nous relever et nous remettre debout. Mais parfois, il ne le peut pas. À cet instant précis où on a besoin de lui, il n'est pas disponible dans sa vie, dans sa tête ou dans son cœur. Faut-il lui en tenir rigueur et considérer alors qu'il n'est pas un ami ? « Tu savais ce dont j'avais besoin : pourquoi n'as-tu pas fait ceci, dit cela ? Je pensais pouvoir compter sur toi ! » Il est impossible de ne rien attendre d'un ami, mais certaines demandes sont excessives et elles ne sont pas toujours appropriées. Elles prennent l'allure de revendications ou de critiques et s'accompagnent d'une parole blessante, voire d'une franche agressivité : « Tu ne penses qu'à toi, tu n'es qu'un égoïste ! »

Et tant qu'un homme, une femme concentrent leur attention sur le comportement de leur ami, attendant que ce dernier se comporte comme il *doit* le faire, ils évitent soigneusement de porter leur regard sur leur propre personne. Or chaque expérience, *a fortiori* les déceptions et désillusions, est l'occasion de se remettre en question. « Qu'ai-je dit, qu'ai-je fait moi-même pour qu'il en soit ainsi ? Ne puis-je tenter de comprendre les raisons pour lesquelles mon ami agit de cette façon ? N'ai-je pas déjà connu de telles situations et ne suis-je pas en train de répéter une succession d'espoirs et de frustrations qui m'ont fait souffrir dans le passé ? »

L'amitié, comme tout sentiment, est un miroir actif qui nous renvoie à nos vieilles douleurs, par conséquent à nos désirs mêlés de craintes, à nos contradictions, et qui nous fait réfléchir sur nos comportements, nos réactions. Ce retour sur nous-même est nécessaire ; nous ne pouvons en faire l'impasse.

P. B. — קושיה *koushia*, de la même racine que difficulté קשה *kashé*, est aussi une objection, une question. « Rencontrer un homme, écrit Levinas, c'est être tenu en éveil par une énigme[1]. » L'amitié soulève de nombreuses questions, l'autre vous interroge et vous remet en question dans sa radicale altérité ; il vous appelle et vous interpelle. La question est salutaire, elle permet de progresser, de ne pas rester sur des positions arrêtées. L'ami est un partenaire de dialogue, de confrontation, d'interjection. « Il est facile, expliquent les rabbins, de se faire un ennemi, il est difficile de se faire un ami » (Yalk Deut. 845).

C. B. — Du fait de cette difficulté, l'amitié nous oblige à nous dépasser et elle en a d'autant plus de valeur. Rilke dit : « Nous savons peu de chose, mais qu'il faille nous tenir au difficile, c'est là une certitude qui ne doit pas nous quitter. Il est bon d'être seul, parce que la solitude est difficile. Qu'une chose soit difficile doit nous être une raison de plus de nous y tenir. Il est bon aussi d'aimer : car l'amour est difficile...[2] » Nous pourrions ajouter : « Il est bon d'avoir un ami... car l'amitié est difficile. » Mais si la difficulté ne justifie pas le refus d'une amitié, elle ne doit pas davantage être recherchée ou provoquée. Vivre une amitié, c'est oser affronter les obstacles, mais non les créer. Ainsi que le dit Sénèque : « Ce n'est

1. Emmanuel Levinas, *En découvrant l'existence avec Husserl et Heiddeger*, Vrin, coll. « Bibliothèque d'histoire de la philosophie », 2002, p. 125.

2. Rainer Maria Rilke, *Lettres à un jeune poète*, *op. cit.*, p. 73.

pas parce que les choses sont difficiles que nous n'osons pas, c'est parce qu'on n'ose pas que tout devient difficile. »

P. B. — Tout ce qui est difficile n'est pas nécessairement bon ! L'amitié est certes difficile mais elle est nécessaire si l'on considère que le propre de l'être humain est d'être social. Le mot איש *ish*, « être humain », provient d'une racine qui signifie « l'être avec ». Hillel disait : « Ne te sépare pas de la communauté » (Avoth II,5).

Même si la présence de l'autre me dérange, m'agace, m'insupporte parfois, c'est dans cette confrontation douloureuse que se polit mon humanité. La rugosité des « moi » qui s'affrontent se transforme en douceur d'un « je » et d'un « tu » qui dialoguent dans l'immense respect de l'infini du regard de l'autre. La solitude peut être encore plus cruelle que de se débattre avec les autres. Mais de ces combats ou confrontations, on en ressort plus fort.

Tel est l'expérience de Jacob qui lutte avec un ange dans la Genèse dont on ne sait s'il représente cette autre partie de lui-même ou s'il est un envoyé divin. Il en sort à la fois le muscle froissé et grandi, capable de porter la mission d'Israël. Son nom change, de Jacob, il devient Israël ; de père de famille, il devient père d'une nation. L'amitié qui perdure est le résultat d'un effort, d'un combat, dont on sort à la fois blessé et grandi.

C. B. — Au-delà d'un combat avec l'autre, c'est un combat avec soi-même, avec nos propres blessures. Une amitié n'est pas un parcours sans épreuves, elle peut faire mal, réveiller des sentiments d'abandon, de rejet, d'injustice. Accepter les sentiments de colère, de tristesse ou de peur, et les vivre en conscience, nous élèvent peu à peu au-dessus de nos douleurs d'enfance.

Citons à nouveau Rilke. Si l'on sait dans le domaine de l'amour les exigences que l'on se doit d'avoir, non pas seulement envers l'autre mais avant tout envers soi, n'en est-il pas de même dans l'amitié ? « Pourquoi voulez-vous exclure de votre vie souffrances, inquiétudes, pesantes mélancolies dont vous ignorez l'œuvre en vous ? Vous savez bien que vous êtes évolution et que vous ne désirez rien tant vous-même que de vous transformer[1]. »

L'AMITIÉ ET L'AMOUR

P. B. — Dans certaines langues, on exprime de la même manière l'amour et l'amitié. En anglais, des amis peuvent se dire « *I love you* ». En hébreu, le mot אהבה *ahava* peut exprimer les deux, דוד *dod* désigne l'« ami » et l'« amant ». ידידות *yedidouth*, autre mot pour amitié, vient de l'ami et de la main, יד *yad*, car l'ami est « celui à qui l'on donne la main ». Pour signifier l'amitié, il existe aussi אחווה *aḇva* du mot « frère », parce que l'ami est un frère de destin. On dit bien en français : il est comme un frère pour moi. Il y a aussi רעות *re'outh*, amitié du prochain ou du berger, l'ami étant celui avec qui on fait paître le bétail. Les Proverbes affirment : « En tout temps, l'ami aime » (17 :17), et dans les sept bénédictions du mariage, on souhaite au couple qu'il soit uni tant par des liens d'amour que d'amitié.

Les frontières entre l'amour et l'amitié ne sont pas toujours très nettes. Un exemple biblique célèbre est l'amitié amoureuse entre David et Jonathan : « Le cœur de Jonathan s'attacha à David, de sorte qu'il l'aima comme lui-même » (I Sam. 18 :1). Jonathan risque sa vie pour son ami David, lorsque le père de ce dernier, le roi Saul, souhaite la mort de son fils. Quand Jonathan meurt tué par les Philistins, David le pleure et s'exclame : « Je suis en détresse à cause de toi, mon frère Jonathan, tu m'étais très cher, ton amour était pour moi plus merveilleux que l'amour des femmes » (II Sam. 1 ; 26). Les deux sentiments peuvent être très forts et leur absence dévastatrice. On peut parler d'un deuil pour l'amour et l'amitié qui cessent et d'une joie intense lorsque les deux sont présents en même temps ou de

1. Rainer Maria Rilke, *Lettres à un jeune poète*, *op. cit.*, p. 97.

manière consécutive. L'amitié peut se transformer en amour, et l'amour en amitié. Le poète l'exprime avec beauté :

Quand deux cœurs en s'aimant ont doucement vieilli
Oh ! Quel bonheur profond, intime, recueilli !
Amour ! Hymen d'en haut ! Ô pur lien des âmes !
Il garde ses rayons même en perdant ses flammes.
Ces deux cœurs qu'il a pris jadis n'en font plus qu'un.
Il fait, des souvenirs de leur passé commun,
L'impossibilité de vivre l'un sans l'autre.
— Chérie, n'est-ce pas ? Cette vie est la nôtre !
Il a la paix du soir avec l'éclat du jour,
Et devient l'amitié tout en restant l'amour[1] !

C. B. — L'amitié et l'amour se côtoient dans une douce proximité, mais il n'est pas toujours aisé de trouver l'équilibre parfait : parfois l'un cherche à s'affirmer aux dépens de l'autre et c'est alors une souffrance. Celle de se voir proposer une amitié quand on ressent une attirance amoureuse, comme celle de ne pouvoir rester amis avec celui ou celle qui « en veut davantage ».

De même que pour tout ce qui est proche, l'amitié et l'amour sont objets de comparaison. Ne dit-on pas que l'amour passe, tandis que l'amitié dure ? Tout aussi intenses que passagers, les transports amoureux s'opposeraient à la permanence d'une longue et fidèle amitié. Cela n'est pas si certain, car des amitiés peuvent s'éteindre et l'amour avoir la vie longue. Une belle amitié dans l'amour n'est-elle pas l'amitié extrême ? Et n'y a-t-il pas beaucoup d'amour dans une belle amitié : une forme d'amour inconditionnel qui fait perdurer l'amitié, quand trop de « si » et de « mais » risqueraient avec le temps de la réduire à néant. L'amitié est généreuse pour l'autre, mais n'exige rien pour soi et, tout en posant les conditions favorables à l'amitié, elle ne pose pas de conditions à l'ami.

1. Victor Hugo, « Quand deux cœurs en s'aimant ont doucement vieilli... », *Toute la lyre*, Les sept cordes, VI, « L'Amour », LXIV, 1888.

On oublie parfois ce qu'une amitié demande de construction, autant que de charme, comme dans toute forme d'amour. Si elle ne garde pas au fil du temps sa part de séduction, sa capacité à donner, elle s'étiole au même titre que l'amour et entraîne déceptions et désillusions. « Qui néglige les marques de l'amitié finit par en perdre le sentiment », dit Shakespeare. Là où l'amitié diffère de l'amour, c'est qu'elle n'est pas exclusive : on ne demande pas tout à un ami et on lui pardonne plus facilement ses failles.

P. B. — Peut-être aussi parce que l'on passe souvent moins de temps avec son ami que son amant, et que pour l'amant, c'est le corps et l'âme qui chantent le lien à l'unisson. Même si on lui pardonne ses failles, l'ami doit pourtant dire ce qui le froisse chez l'autre. C'est parce qu'il est son ami d'ailleurs qu'il peut le lui dire. On trouve cette idée à nouveau dans les Proverbes (27 :5-6) : « Mieux vaut une réprimande ouverte qu'une amitié qui se dérobe. Les blessures faites par un ami sont preuves d'affection. Un ennemi est prodigue de caresses. » Il faut dire sans s'ériger en donneur de leçon, mais la confrontation avec l'autre incite à réfléchir. L'amitié n'est pas faite de platitudes, mais de tempêtes, de redéfinition de chacun, affûté par l'esprit de l'autre et d'acceptation de la différence.

André Malraux l'affirmait si justement : « L'amitié, ce n'est pas d'être avec ses amis lorsqu'ils ont raison, c'est d'être avec eux même quand ils ont tort. » Reste à savoir bien sûr où se trouve la vérité. Parfois elle est de l'ordre de l'évidence, parfois le temps qui passe nous la dévoile. Mais s'il s'agit d'opinions contraires ou de visions du monde qui diffèrent, elles peuvent se côtoyer harmonieusement ou, à l'inverse, s'opposer si violemment que l'amitié n'y résiste pas.

C. B. — Tout le monde est d'accord pour dire qu'il faut accepter l'autre dans sa différence. Mais cette tolérance face à un mode de vie et de pensée qui nous est étranger, comme à des convictions qui ne vont pas dans notre sens, s'avère difficile à mettre en pratique. Bien souvent, nous recherchons dans une relation les signes qui nous laissent à penser que l'autre est « comme nous » : nous nous sentons alors proches l'un de l'autre et cela nous rend heureux. Avec ceux dont les paroles semblent trop éloignées de notre façon de penser, nous aurions tendance à prendre de la distance : autres préférences et références, autres us et coutumes, et, ce qui peut dérouter, une autre manière de concevoir la relation amicale. L'amitié est en effet altérée dans le cas d'une trop grande incompréhension mutuelle : nous reprochons à l'autre un comportement qui dépasse notre entendement – « Comment peux-tu agir ainsi ? » – aussi bien qu'une impossibilité répétée à se faire reconnaître par lui tel que nous sommes – « Décidément, tu ne me comprends pas ! » N'est-il pas aussi difficile d'accepter que l'autre ne soit pas celui que nous avions imaginé que de se sentir dans son regard si différent de ce que nous aimerions être ?

P. B. — Nous nous surprenons souvent nous-même : cette part d'altérité en nous qui nous échappe aussi à l'infini. « Je est un autre », disait Rimbaud. Accepter l'amitié, c'est aussi accepter de faire confiance à quelqu'un, prendre le risque d'être déçu et de devoir parfois surmonter la déception en s'expliquant, en écoutant et en laissant à l'autre et à soi-même la possibilité de faire des erreurs. Le frottement de deux libertés qui se rencontrent crée des étincelles. C'est aux amis de faire face à ces étincelles.

C. B. — Les étincelles sont éclats de rire ou explosions de colère. Elles reflètent l'intensité d'une complicité ou la violence d'un désaccord. Ce sont des étincelles de vie, la confrontation de deux altérités. Même si les bonheurs et les malentendus alternent, les instants partagés avec son ami demeurent de grands moments de plaisir.

L'amitié est une fête, le lieu d'une confrontation joyeuse et bienheureuse. N'est-ce pas avec l'ami que nous partageons ce que nous aimons, nos musiques et nos livres préférés, des phrases, anecdotes et réflexions qui nous touchent, ce que nous avons vu ou entendu, ce qui nous séduit ou nous déplaît ? Et pour suivre l'ordre de ce midrash, n'est-ce pas à lui que nous donnons nos meilleures adresses, « bonnes tables », « bonnes recettes », comme nous dégustons les « bons vins » ? Et enfin à lui que nous confions nos plus grands secrets ? Un bon ami n'est-il pas, par conséquent, celui à qui on a le souhait de donner le meilleur, et ce en toute confiance, car on sait qu'il peut goûter le bon dans ce qui lui est offert, l'apprécier dans le sens de lui donner du prix ?

L'amitié est vitale, non pour répondre au besoin possessif d'*avoir* un ami, mais comme nécessité d'une présence qui nous permet, tout en éprouvant du bonheur à être ensemble, un enrichissement réciproque dans les domaines les plus variés, touchant aussi bien la tête que le cœur.

P. B. — Oui l'amitié est une véritable complicité entre deux êtres qui partagent les mêmes valeurs : l'Ecclésiaste dit même : « L'ami fidèle est un refuge solide, qui le trouve a trouvé un trésor » (VI, 14). L'amitié est un bien très précieux et, lorsque deux âmes se rencontrent dans l'amitié, on ressent une plénitude et une élévation.

ENTRE MOÏSE ET JOSUÉ : UN LIEN DE TRANSMISSION

C. B. — L'impératif de trouver un successeur est une tâche qui nous incombe à tous un jour ou l'autre, et chacun peut en éprouver la difficulté dans telle ou telle situation : la transmission de l'héritage entre parents et enfants, d'un savoir entre maîtres et élèves ou de responsabilités entre une personne et celle qui va occuper la même fonction. Ne pouvant poursuivre indéfiniment la mission qu'il s'est donné d'accomplir, tout être humain devrait en son heure savoir « passer la main » : après s'être engagé corps et âme et avoir assumé pleinement sa charge jusqu'à son terme, il est temps pour lui de s'en défaire.

Il doit trouver celui ou celle capable de poursuivre ce qu'il a commencé et accepter qu'une autre personne puisse reprendre le flambeau dans un cadre professionnel, scientifique, artistique, philosophique ou spirituel. Ce qui implique une proximité dans le savoir-faire et l'expérience, mais aussi la possibilité d'apporter quelque chose d'autre, d'innovant et même de plus performant. Or il n'est pas toujours facile de laisser la place à un autre, car il va de soi qu'il fera autrement ! Sera t-il inspiré ?

P. B. — Le midrash prend en effet comme point de départ la relation de Moïse avec Josué pour nous parler de l'amitié. Se pose la question du lien entre les deux. La transmission pose, comme l'amitié, la question de la confiance en l'autre ; car le successeur ne fera pas les mêmes choix, comme la graine de la pomme qui ne produit jamais la même pomme si on ne la greffe pas. On voudrait confier son œuvre à quelqu'un qui la poursuit de la même manière, mais toute transmission est à la fois continuité et rupture.

Le Talmud nous propose cette image d'une génération qui se tient debout sur les épaules de la précédente : elle voit plus loin et a une autre perspective. Tout comme l'ami, le successeur a une autre vision du monde. Cela me fait penser à l'histoire du fils du rabbin qui prend la suite de son père et à qui les membres de sa communauté, bousculés dans leurs habitudes, formulent ce reproche : « Pourquoi ne faites-vous pas exactement ce que faisait votre père ? » Il répond calmement : « Je fais exactement ce que mon père faisait. Mon père n'a jamais imité qui que ce soit, et moi non plus ! »

C. B. — Jolie réponse ! N'avons-nous pas le souhait de voir le successeur agir comme son prédécesseur ? Les habitudes ont été prises et des comportements inusuels peuvent déranger ; ces derniers sont pleins d'incertitudes. Le « nouveau » ne va-t-il pas détruire ce que l'« ancien » avait longuement mis en place ? On privilégie ce qui a été à ce qui pourrait être et que l'on ne connaît pas. Cette fidélité à l'ancienneté ne va pas dans le sens d'une possible évolution et admet difficilement le changement même s'il s'intègre dans une continuité.

Dans le cadre de la psychanalyse, on sait ce que les successions entre « maîtres » et disciples ont pu engendrer de passions, de conflits et de haines. Les fils spirituels se reprochent mutuellement de ne pas respecter la pensée du « père » ; et Freud, le « père de la psychanalyse », a exprimé son inquiétude, en léguant son enseignement, de voir se transformer ses recherches, sa pensée et tout ce qu'il avait pu acquérir avec efforts et patience, voire de grands sacrifices. S'il se réjouissait d'avoir un nouvel ami et de l'imaginer capable de compléter ses recherches, il s'en séparait quand la différence, selon lui, pouvait porter atteinte à l'intégrité de son œuvre. « Bien que je sois prêt à vous accueillir à bras ouverts comme notre collaborateur, un point me gêne : c'est que vous ayez, comme il semble, si peu réussi à vaincre cette banale ambition qui vous fait aspirer à de l'originalité et de la priorité[1] », dit-il à Groddeck tout en le considérant comme un « superbe analyste ». « Aspirer à de l'originalité et de la priorité » a de quoi effrayer ceux qui tiennent à la paternité de leurs découvertes. Freud ne laissait que peu de place à ceux qui voulaient lui succéder ; mais il ne les a pas empêchés de développer leur théorie et de se faire entendre dans le monde psychanalytique – Jung, Ferenczy, Groddeck, Otto Rank...

Les amitiés passionnelles, de part et d'autre, sont même le terreau d'une réflexion qui s'enrichit de la confrontation : chacun, tout en s'affirmant et assumant sa contradiction, cherche à plaire à celui ou celle qu'il admire. Cette dynamique est très fertile en idées et en inspirations ! Dans le cadre familial, « se faire un prénom » pour ceux dont le père ou la mère est célèbre est toujours un défi. Des parents trop présents peuvent étouffer les désirs de l'enfant. Le besoin chez l'adolescent de trouver ses propres modèles tient parfois de l'instinct de survie. Aussi faut-il parfois beaucoup de temps pour reconnaître pleinement ce que nos parents nous ont apporté,

1. Sigmund Freud, Lettre du 5 juin 1917, *Correspondance, 1873-1939*, Gallimard, 1966.

transmis avec amour, tout en se donnant le droit et la force d'aller au bout de notre désir véritable.

Stefan Zweig l'exprime très bien à travers un de ses personnages, fils d'un célèbre écrivain et dont on attend une performance dans l'esprit de celle de son père : « Ça suffit avec mon père ! Assez ! Assez ! On va encore me casser les oreilles avec son nom. Je veux me reposer de lui. [...] Puis-je me débarrasser de ce nom qui est le sien ? Non, je suis sous son emprise, désespérément... Je ne serai jamais personne d'autre que le fils... le fils... le fils, toujours comparé... jamais moi-même... partout je suis cerné par lui, tout ce que je fais est une ombre... Je ne peux pas sortir de sa gloire [...]. Certains se débarrassent de leur père en même temps que de leurs vêtements d'enfant, et moi je suis condamné à le porter sur mon dos, à le traîner partout, éternellement... partout où je vais, il est là aussi[1]. » Ce fils, comme d'autres « fils », trouvera sa liberté en cessant d'immortaliser son père dans une absolue et, par conséquent, inégalable perfection. Situation complexe que l'on retrouve aussi entre une fille et sa mère, mais qui apparaît beaucoup plus simple à dépasser entre enfants et parents de sexe opposé : l'identification n'étant pas obligée, la comparaison se fait plus légère et les bienfaits de l'admiration l'emportent sur la difficulté à exister, « en son nom », à part entière. Difficulté qui n'est pas sans relation avec la façon dont le parent l'autorise, ou non, à exister.

P. B. — Imaginer la succession, c'est regarder sa vie au passé, se mettre en marge de l'histoire et envisager sa propre finitude. Accepter que l'action soit portée par un autre tandis que nous aurons un rôle de conseil. Il est agréable de transmettre ce que l'on a acquis au fur et à mesure des années et cette expérience est source de sagesse pour ceux qui suivent. C'est un exercice d'humilité que de laisser sa place et de générosité que de partager ses connaissances avec nos successeurs.

---

1. Stefan Zweig, *Légende d'une vie*, traduit par Barbara Fontaine, Grasset, 2011, p. 38-39.

C. B. — Humilité d'accepter que nous ne sommes pas immortels et que tout ce que nous avons construit ne puisse perdurer *tel quel*, éternellement, au-delà de notre impermanence. Craindrions-nous de ne pas être uniques et irremplaçables? Nous le sommes, mais d'autres poursuivront ce que nous avons entrepris, à leur façon, avec leur personnalité et leur capacité à innover, à imaginer autrement. Nous sommes tous des «passeurs», là est l'essentiel de notre action sur le monde : transmettre ce qui sera à son tour légué par d'autres. Il en va de même dans l'amitié. Quand une amitié se crée, notre confiance réciproque n'est-elle pas de se transmettre l'un l'autre ce que nous avons de meilleur?

P. B. — C'est un grand bonheur d'avoir trouvé la bonne personne et de pouvoir transmettre son œuvre. La Mishna Avoth (I, 1) nous dit que «Moïse a reçu la Torah au mont Sinaï et l'a transmise à Josué», suit la chaîne des générations, des anciens aux prophètes jusqu'aux hommes de la Grande Assemblée. La révélation n'est vivante que si elle est transmise. Lorsque l'enseignement devient un code poussiéreux, il meurt. Les garants de la Torah, selon le midrash, sont les enfants qui sont les bâtisseurs de l'avenir.

C'est ainsi que le raconte Edmond Fleg : «Mais, reprit Moïse, quels seront, devant l'Éternel, les garants de votre promesse? – Que nos Anciens soient nos garants, dirent les Hébreux. – Vos Anciens vont mourir, comment seraient-ils vos garants? – Que nos Patriarches soient nos garants. – Vos patriarches sont morts, comment seraient-ils vos garants? – Que nos Prophètes soient nos garants. – Vos prophètes ne sont pas nés; comment seraient-ils vos garants?" Alors les femmes dirent au prophète : "Que nos enfants soient leurs garants; Dieu t'enseignera la Torah, tu l'enseigneras aux pères; ils l'enseigneront aux enfants et les enfants à leurs enfants, et les enfants de leurs enfants à leurs enfants[1]."» Ainsi Moïse ayant un successeur, un חבר *h̲aver*, un «ami», quelqu'un avec qui il est lié

1. Edmond Fleg, *Moïse raconté par les Sages*, Albin Michel, 1997, p. 77.

selon la racine du mot, il peut se retirer de la scène de la Torah. Un autre texte rabbinique décrit le nouveau-né qui vient au monde les poings fermés, il veut tout posséder. Dès qu'il a la parole, il dit « C'est à moi ! », protégeant jalousement tous ses jouets. Le vieillard, lui, meurt les poings ouverts ; il a réalisé que rien ne lui appartient, qu'il est un être passager sur terre et que ne perdurera que ce qu'il a réussi à transmettre.

C. B. — Quelle belle image que cette main qui s'ouvre dans le don : elle n'a rien à retenir. Ce qui nous a appartenu un jour peut ne plus nous appartenir. Cette sage et généreuse attitude se manifeste dès la plus tendre enfance. « Je t'offre mon jouet, il est à toi. » L'enfant qui a fait un cadeau sait qu'il n'a rien perdu ; bien au contraire, il est plein du plaisir qu'il a fait naître en l'autre.

Mais bien souvent fraternité rime avec rivalité : Pourquoi lui ou elle « a ce que je n'ai pas » ? « Il n'y en a que pour mon frère », « Moi, quand ma sœur est là, mon père ne me voit pas. » Et c'est le poison de la comparaison dont on peut subir les effets au sein d'une amitié. Nous aimerions être la priorité de l'autre, comme nous l'avons été pour les parents ou aurions aimé l'être. Notre besoin ne s'exprime pas tel quel : « Je veux que tu t'occupes de moi, et rien que de moi. » Il passe par des reproches, des bouderies, des revendications sur d'autres plans, des réflexions critiques et parfois teintées d'amertume : « Toi, au moins, tu t'amuses, tu passes du bon temps, c'est facile pour toi… » Une plainte qui fait écho à une déception : « Tu ne t'es pas comporté comme je pensais que devait le faire un ami. » Trop d'attentes détruisent une amitié, les malaises, doutes et insécurité ne laissent pas la place à des élans de générosité.

P. B. — C'est bien la générosité et non l'étroitesse qui doit être la muse de l'amitié. Lorsque l'on ne compte pas les invitations, les coups de fil, les attentions, dans une réciprocité libérée de tout calcul, lorsque l'on est emporté par l'élan, l'enthousiasme et non l'inventaire, les virgules, on peut être un ami…

C. B. — Être un ami qui mène son ami sur le chemin de lui-même. Quand il le fait, il n'attend rien en retour, si ce n'est le bonheur d'avoir pu l'aider, la joie de le voir joyeux. Mais, en lui permettant d'être plus libre, n'éprouve-t-il pas parfois la tentation de lui dire : « Souviens-toi que c'est grâce à moi, mes conseils, mes relations, mon argent, mes actions, ma présence... ! », et de lui faire porter ses actes de générosité, d'une façon plus ou moins explicite : « N'oublie pas *tout* ce que j'ai fait pour toi. Maintenant que tu es libre, grâce à moi, tu m'appartiens. » Là est le paradoxe : il est des libertés dont on peut rendre l'autre redevable.

P. B. — Dieu se présente dans les Dix Commandements comme un dieu libérateur. « Je suis l'Éternel, ton Dieu, qui t'ai fait sortir du pays d'Égypte » (Ex. 20 :2). C'est le Dieu qui donne la liberté et le libre arbitre ; il n'y a pas de liberté sans responsabilité. Mais pour autant l'ami n'est pas un dieu et nous ne sommes pas Dieu pour nos amis, heureusement. Quelle que soit la nature du lien, on ne peut se sentir éternellement redevable. Savoir dire merci est une manière de ne pas être condamné à une dette inépuisable. Et lorsque l'ami vous a sauvé la vie, chaque jour se décline comme un hymne de louange à l'amitié.

Le récit qui suit en est une belle illustration : un juif romain fut accusé à tort d'avoir volé l'empereur syrien et condamné à mort. Juste avant son exécution, il demanda la faveur de revoir une dernière fois sa famille à Rome et de revenir en Syrie trois jours plus tard. L'empereur demanda une garantie et l'homme lui dit : « J'ai un ami qui prendra ma place. » L'empereur, sidéré, accepta pourtant : « Si ton ami est prêt à risquer sa vie, d'accord, mais si le matin du troisième jour, tu n'es pas de retour, je lui couperai la tête. » Le juif romain alla faire ses adieux à sa famille et reprit la route pour arriver à temps et sauver son ami. Mais il fut attaqué par des brigands et lorsque l'aube du troisième jour pointa, il n'était toujours pas là. Son ami syrien fut conduit sur la place publique pour être exécuté. À ce moment-là, des cris furent entendus, le juif romain arrivait : « Non ! Ne le tuez pas, j'arrive ! » Son ami cria lui aussi :

« Tuez-moi, il est arrivé trop tard ! » Les deux amis s'égosillaient tant et plus que la foule se mit à hurler aussi. On appela l'empereur qui observa la scène avec stupéfaction. Il s'adressa alors solennellement aux deux amis : « Je vous laisse partir à une seule condition : faites-moi votre troisième ami ! »

C. B. — Être prêt à se sacrifier pour l'autre peut vous sauver la vie ! Il est toujours bon de s'entendre raconter de belles histoires d'amitié ! Nous sommes profondément touchés quand nous voyons autour de nous, ou sur un écran de cinéma, des vies transformées par l'existence et la belle présence d'un ami. Nous sommes émus de leur complicité et de leurs rires, de même que nous nous réjouissons du bonheur de nos amis. « Si mes amis sont heureux, je serai moins misérable », écrivait Victor Hugo.

LES CONSEILS D'UN AMI

C. B. — Une des vertus de l'amitié est d'amener l'autre à prendre conscience de ce qu'il ne s'autorise pas à faire, à vivre, ou à dire, afin qu'il puisse agir davantage en relation avec son désir. C'est également en ce sens que s'oriente la psychanalyse. Ce qui fait dire à certains : « Moi, j'ai des amis à qui parler, je n'ai pas besoin d'un psy » tandis que d'autres confient à leur « psy » : « Vous êtes la seule personne avec qui je peux vraiment m'exprimer. » Or un ami n'est pas un psychanalyste, de même que ce dernier n'est pas un ami. Les amis sont irremplaçables dans certaines circonstances, surtout s'ils ont une qualité d'écoute et de bienveillance qui donne véritablement la parole à l'autre. Mais, bien souvent, ils cherchent à identifier cette parole à leurs propres mots et maux, se montrent « directifs » en émettant des conseils qui, s'ils ne trouvent pas vite un écho dans la vie de l'autre deviennent des reproches – « Je t'avais bien dit qu'il fallait agir ainsi ! » Ils projettent sur l'autre leur propre histoire ou leurs difficultés, ou bien même leur « réussite » : « Moi, j'ai fait comme ceci, tu devrais faire pareil. Auparavant, j'avais les mêmes problèmes que toi, maintenant j'ai compris ce qui n'allait pas, je vais t'expliquer. » L'intention est bonne : offrir ses propres leçons de vie. Et ces dernières peuvent se révéler utiles, mais de façon générale, et non particulière. Il n'est pas certain qu'elles concernent, à cet instant bien précis, l'autre dans la singularité de sa problématique.

P. B. — Les conseils donnés sont alors des conseils pour soi, pas pour l'autre. Certains donnent parfois des conseils qu'eux-mêmes ne mettraient jamais à l'œuvre, ce que l'on pourrait appeler les conseils de la perfection, conseils théoriques qui ne tiennent pas l'épreuve du réel. Et puis, on pense trop souvent que la vie des autres ressemble à la sienne, qu'il existe une similitude de destin et que la solution qui pourrait convenir pour soi peut s'appliquer à tous. Il serait tellement rassurant de savoir qu'il existe des recettes de vie qui, appliquées à la lettre, procureraient le bonheur. Mais la réalité n'est pas ainsi. Il n'existe pas de mode d'emploi du bonheur qui pourrait satisfaire tout un chacun.

C. B. — Le psychanalyste ne possède pas les clés du bonheur et il ne donnera jamais des réponses toutes faites ! Il ne répond pas davantage aux questions posées, mais il permet à celui ou celle qui se les pose de trouver ses propres réponses – lesquelles ne cessent d'évoluer. Il n'a pas le même statut qu'un ami, la même implication dans la vie « réelle » et les échanges de paroles, de pensées et d'idées sont dans l'intérêt seul du patient. La distance qui s'instaure offre ainsi à ce dernier l'espace nécessaire pour aller à la rencontre de lui-même et le silence lui permet d'être à l'écoute de ses propres paroles. Si ce dernier dévoile ses secrets, de même qu'à un ami, il n'étudie, ni ne se nourrit, ni ne boit avec lui. La relation qui s'établit avec le psychanalyste ne peut se vivre que dans le cadre d'un espace-temps bien défini et ce dans une « neutralité bienveillante », comme chacun le sait. Ce qui signifie que le psychanalyste n'a pas de parti pris ; son écoute n'est pas orientée vers une satisfaction personnelle, ni ce qui peut apporter à l'autre plaisir ou déplaisir. Elle est libre de toute attente ou jugement.

P. B. — Avec un rabbin, on peut manger, étudier et partager des secrets, et le rabbin qui est consulté peut donner un avis sur une situation avec l'éclairage de la tradition et son sens de l'humain. Fort de sa connaissance des textes et du comportement humain, il ou elle peut se sentir plus légitime à exprimer une opinion en indiquant parfois une voie à suivre, un chemin à emprunter, quitte à aller à l'encontre du désir du fidèle... tandis que l'ami peut avoir peur de se risquer à perdre son ami.

C. B. — Certaines réflexions, en effet, peuvent mettre fin à une amitié. Il est peu fréquent qu'elles aient été prononcées dans le but de rompre le lien, alors que s'est-il passé? Il semble que l'un ou l'autre se soit senti blessé. Le plus souvent, il s'agit de l'un *et* de l'autre, car celui ou celle qui a des paroles offensantes les dit en réaction à des actes, gestes ou mots qui l'ont eux-mêmes meurtris. Or quand nous nous sentons maltraités, nous oublions que l'autre l'a peut-être été avant nous. Nous prenons au premier degré des remarques désobligeantes qui nous sont faites, sans nous questionner sur leur origine. Nous avons le sentiment d'être incompris, jugé et plutôt mal jugé, de ne pas voir notre souffrance entendue ni nos désirs reconnus.

Parfois, nous avons besoin d'exprimer des motifs de colère ou de chagrin concernant des personnes qui nous sont chères, mais nous ne souhaitons pas entendre une parole qui puisse être désobligeante à leur égard. Et on peut même en vouloir à l'ami qui se risquerait à les critiquer. Ceux qui se plaignent de leurs conjoints sont en demande d'une écoute bienveillante, mais non de conseils. Surtout si ces derniers sont péremptoires et s'ils vont dans le sens d'une séparation. S'ils avaient véritablement le souhait de remettre en question leur relation, ils auraient mis des actes à la place des mots. De même, nombreux sont ceux qui aimeraient changer une situation malheureuse, mais ne se sentent pas encore prêts à le faire. S'ils insistent sur la pénibilité de ce qu'ils vivent, leur en imputer la seule responsabilité n'est, pour eux, d'aucun secours.

Dans le cadre d'une relation thérapeutique, il importe de savoir pourquoi nous vivons certaines situations à répétition afin de nous orienter progressivement vers d'autres mécanismes de pensée et d'actions. Mais, il faut du temps pour mettre en acte ce que nous savons devoir faire ! La véritable aide que l'on peut donner, comme recevoir, est de ne pas se voir reprocher ses difficultés, ni d'en définir une cause bien précise qu'il suffirait d'éradiquer pour que tout soit réglé. « Tu n'es pas heureux avec cet homme ? Quitte-le. » « Ce que tu fais ne te convient pas ? Change de travail. » « Tu ne vas pas mieux ? Prends un autre médecin... » Ces injonctions sont rarement utiles. Même si l'ami a raison. Et peut-on être certain qu'il ait raison ?

P. B. — On peut avoir un sentiment, des convictions mais on ne peut juger. Ici s'applique encore la maxime de Hillel : « Ne juge pas ton prochain avant que tu ne te sois trouvé dans la même situation que lui » (Avoth II, 5). Un des cas les plus déconcertants de cette projection erronée de soi sur l'autre est face à la maladie. Les « amis » projettent souvent toutes leurs angoisses. Trop encombrés par leurs propres sentiments, ils ne sont jamais « avec » le malade, là où il est. Ils sont soit dans un scénario de catastrophe et se préparent à sa mort, oubliant les paroles d'espoir, soit ils ignorent la maladie même si le malade lui-même est prêt à en parler.

C. B. — Certains mettent en avant le *bon ami* qu'ils voudraient être, convaincus de leurs *bons sentiments*, mais ils peuvent oublier les priorités et les véritables désirs de leur proche. Leur bonne volonté s'appuie tout autant sur leur besoin de se valoriser à leurs propres yeux que sur une écoute attentive de ce que vit leur ami. Ils peuvent même se penser « formidables » ; mais le sont-ils pour l'autre ?

P. B. — Ils n'imaginent pas que sur le chemin de la vie, ils se trouvent à un endroit différent de celui du malade, surtout si celui-ci est vers la fin de la vie. Peut-être a-t-il envie de parler de la mort, peut-être pas, peut-être a-t-il des projets, peut-être veut-il partager ses angoisses. Il est difficile, face à la maladie, d'avoir des idées reçues et de prodiguer des conseils, et la tradition juive nous dit que tout en étant réaliste, il faut toujours formuler des paroles d'espoir. Ainsi, même devant un mourant, on prie pour son rétablissement...

C. B. — On l'encourage à penser que « tout se passera pour le mieux », à s'orienter vers le meilleur à venir. Le bon ami peut aider son proche à trouver les ressources nécessaires afin de résoudre ses difficultés, même dans ce qui apparaît être une impasse – il peut toujours y avoir de bonnes surprises. Il avance *avec* lui, à ses côtés.

APPRENDRE ENSEMBLE

P. B. — Selon le midrash, avec un ami, on lit les textes et on les commente. Le חבר *haver*, celui avec qui on est lié, l'ami, est aussi le partenaire d'étude. Dans la tradition juive, on ne peut étudier seul, car c'est la confrontation avec l'autre, avec ses idées, qui permet de progresser. Les maîtres sont essentiels et les compagnons d'études aussi (Ta'anit 7a) : « J'ai appris de mes professeurs mais de mes amis encore davantage. » La Mishna Avoth (I, 6) dit : « Procure-toi un maître et acquiers pour toi un compagnon d'études קנה לך חבר *kené lekha haver*, et juge tout le monde avec indulgence. »

Quel est le lien entre le compagnon et l'indulgence ? C'est comme si lorsqu'on est seul, entre soi et soi, il n'y avait pas d'indulgence. Nous sommes dans l'étroitesse d'une pensée en cercle fermé. En revanche, lorsque l'on connaît l'autre, qu'on le re-connaît, cet autre est le lien nécessaire du dépassement de soi et d'une vision des choses moins entière, plus nuancée, éclairée par une parole qui diffère de la nôtre. Cet espace entre lui et moi, ce « et » de liaison est la source d'une ouverture de cœur. Les liens se tissent alors dans un appren-tissage.

C. B. — Des liens se tissent à deux et forment le tissu si précieux d'une amitié ; un tissage fait d'indulgence, autant que d'exigence, et qui se parfait à l'infini tant chacun apporte le meilleur de lui-même. Sachant que le mot « texte » vient du latin *textus* qui signifie « tissu », celui-ci serait, ainsi que le dit Barthes dans *Théorie du texte*, « le tissu des mots engagés dans l'œuvre et agencés de façon à imposer un sens stable et autant que possible unique[1] ». De même que les fils de natures variées s'entrecroisent pour donner à un textile son apparence unique, de même deux amis font se rencontrer leur pensée à travers leur interprétation respective d'un texte – ou événement, création, expérience, sensations... – et ils donnent vie à un dialogue unique. Ces rencontres successives vont constituer peu à peu la trame d'une belle amitié, orientée dans une recherche de vérité – et non un tissu de mensonges ! Comme sur un métier à tisser, chacun revient sans cesse sur la création d'une belle amitié. Pour reprendre ces mots si connus de Boileau : « Hâtez-vous lentement ; et, sans perdre courage, / Vingt fois sur le métier remettez votre ouvrage[2]. »

Le tissage de l'amitié est parfois si subtil que l'on ne sait plus, de l'un ou de l'autre, qui a pensé ceci ou qui a dit cela. La réflexion se poursuit et s'enrichit de chaque rencontre. Et plus sont partagés les centres d'intérêt, lieux d'une connaissance approfondie et passionnée sur tel ou tel sujet, plus riche est l'étoffe d'une amitié. Ainsi celle qui naît d'études et de pratiques communes dans des domaines aussi variés que la recherche scientifique ou philosophique, l'apprentissage d'un instrument ou d'un sport, l'amour de la peinture, du cinéma, du théâtre ou de la littérature, la joie de la marche ou de la table, le goût pour le beau de la nature et le bon d'un certain art

1. Roland Barthes, *Théorie du texte*, Encyclopédie Universalis, 1974.
2. Nicolas Boileau, « Chant I », *L'Art poétique*.

de vivre. Ce qui lie deux amis l'un à l'autre se construit au fil du quotidien, sur le plan des activités et plaisirs partagés, mais aussi sur un plan plus vaste, l'un et l'autre étant reliés à la même source créative, spirituelle ou poétique. Celle-ci les inscrit dans une relation au temps autre que celle d'une consommation effrénée, immédiate et insatiable : un temps qui n'appartient qu'à eux.

P. B. — Lorsqu'on étudie, on se penche sur un texte qui est extérieur à soi. On est amené à se dépasser, à penser l'au-delà de soi. Il s'agit alors de ne pas tout ramener à sa seule personne, mais de se laisser emporter par l'intention de l'auteur et par l'interprétation qu'en a notre partenaire d'étude. Le texte est comme un entremetteur, le liant de la conversation entre les deux étudiants. L'auteur des textes est une troisième personne dans la conversation ou encore le professeur si l'on suit un cours ensemble, l'artiste ou le créateur, pour une exposition, un concert, une pièce de théâtre. Cet autre regard nous fait réfléchir différemment, appréhender la réalité avec un nouveau souffle, et nous invite à sortir de nos habitudes de pensées.

Mais revenons au sens biblique du mot *ḫaver* que jusqu'à présent nous avons traduit par « ami ». Il signifie joindre, associer, nouer. À l'époque biblique, il fait référence à une forme de magie. En effet, les magiciens faisaient des nœuds, utilisaient des charmes ou sortilèges qu'ils accrochaient au cou comme des amulettes. Dans le Deutéronome, ce type de pratique est interdite parce qu'elle est associée à de l'idolâtrie : « Qu'il ne se trouve personne chez toi... qui emploie des charmes חובר חבר *ḫover ḫaver* » (Deut. 18 :10-11).

Aujourd'hui certains porte-bonheur peuvent être comme des objets que l'on ne quitte pas et auxquels on attribue un pouvoir superstitieux. Tout lien qui se présente comme un enfermement, qui prive l'autre d'une liberté fondamentale peut être néfaste. Certaines amitiés étouffent comme des nœuds coulissants, elles deviennent comme des pensées obsédantes et peuvent, dans un harcèlement de l'esprit, nous empêcher de vivre. L'amitié devient parasitaire. En revanche, un lien léger est source de bien-être, il peut être très solide sans être pesant. Ainsi le décrit Corneille dans *Rodogune* : « Il est des nœuds secrets, il est des sympathies / Dont par le doux rapport les âmes assorties / S'attachent l'une à l'autre et se laissent piquer / Par ces je ne sais quoi qu'on ne peut expliquer[1]. »

C. B. — La force d'un lien est invisible ; et sa légèreté ne le rend pas moins solide, bien au contraire. Comme en amour, les expressions trop bruyantes d'amitié, exagérément sentimentales et les déclarations trop souvent répétées ne signent pas la valeur d'un sentiment, mais plutôt la volonté d'y croire. Ces manifestations excessives ne disent rien de la profondeur et de la vérité d'une histoire qui échappent même aux personnes concernées ; car si l'amitié se construit par des actes et paroles choisies et orientées vers l'ami, elle naît aussi de ce « je ne sais quoi » : la rencontre de deux imaginaires, deux inconscients, unis dans la magie inattendue d'un espace-temps qui en fait un instant unique.

P. B. — La racine ח.ב.ר. *h̲.v.r.*, en hébreu, est employée aussi dans le sens de deux tissus qui se touchent comme des rideaux du Tabernacle, ou bien encore comme un groupe de personnes qui sont liées par une même activité – d'où l'idée d'amitié. Chez le prophète Ezéchiel nous trouvons une belle image : les créatures ailées dont il rêve joignent leurs ailes les unes aux autres et ainsi ne se retournent pas, « chacune allait droit devant elle » (Ez. 1 : 9). Ce mouvement des ailes au même rythme est exprimé précisément par cette racine חבר *h̲avar*. Si l'on rapproche ces diverses significations, on pourrait parler du charme de l'amitié, où d'une amitié ailée, en opposition à ce que dit lord Byron : « L'amitié est l'amour sans ailes. »

C. B. — L'amitié a des ailes quand deux âmes se rencontrent. Alors, « l'amitié est une âme en deux corps », ainsi que le dit Aristote. L'amitié se crée à partir d'activités communes, « coude à

1. Pierre Corneille, *Rodogune*, acte I, scène 5.

coude» et, en même temps, sur un plan plus inspiré «ailes contre ailes», dans le partage d'une même école de pensée, semblable appréhension subtile de la vie et de ses enseignements. «Ce sont les amis par excellence, eux que ne rapprochent pas des circonstances accidentelles, mais leur nature profonde», souligne de nouveau Aristote pour qui l'amitié suppose une ressemblance avec l'ami, «une similitude de nature, une parenté essentielle[1] ».

P. B. — Quand nous ressentons une véritable complicité dans une amitié, les échanges peuvent nous donner des ailes. Dans un autre registre, *hevra* est une association de personnes, une société qui permet de construire ensemble, des individus associés les uns aux autres dans un même projet. Un conte hassidique explique que lorsqu'une communauté prie, c'est comme si les bras des uns étaient mis au bout des autres et qu'ensemble ils atteignaient le ciel.

C. B. — De tout temps et en tout lieu des groupes de prière se sont institués. Les rassemblements galvanisent les esprits : quand plusieurs personnes se retrouvent autour d'un idéal commun, tel que la paix et la guérison, individuelle ou collective, la force de chaque personne se communique alors aux autres et peut avoir un pouvoir bien supérieur à la puissance d'un seul. Il est aussi des groupes qui favorisent une grande émulation intellectuelle, artistique, scientifique ouvrant à des découvertes et grandes avancées dans ces différents domaines.

P. B. — Toujours de la même racine, חיבור *hibour*, rédaction, est une association de mots : une composition. Comme un mot à côté d'un autre, l'amitié donne une nouvelle unité de sens. Elle n'est pas la présence simultanée de deux êtres à un même endroit, elle n'est pas simple apposition : elle est composition. On lit et on écrit ensemble, on s'élève spirituellement. D'ailleurs la racine

1. Aristote, *Éthique à Nicomaque*, Livre VIII, traduction par François Stirn, Hatier, 1988, p. 34-35.

לקח *lakah* que nous avions vue auparavant dans le sens de «prendre» peut signifier aussi «apprendre», comme dans les Proverbes (4 :2) : «Car je vous ai donné une leçon לקח *lékah* de bien, mon enseignement תורתי *torati*, ma Torah, ne l'abandonnez pas.»

L'amitié est par conséquent source d'enseignements, de leçons. מלקוח *malkoah* désigne la proie ou la mâchoire. La leçon est mâchée et absorbée. L'accomplissement de ce commandement d'étudier à plusieurs renferme sa propre récompense : on prend et on donne en même temps, avec son «autre», car חבר *haver* n'est pas seulement l'ami mais l'autre, le prochain, à la fois proche et lointain.

C. B. — L'amitié est une leçon, car nous apprenons ensemble, mais aussi parce que l'amitié nous enseigne la relation à l'autre : elle nous aide à grandir l'un par l'autre, et l'un à côté de l'autre. Peut-on dire que, dans l'étude de la Torah, l'un ne peut se concevoir sans l'autre?

P. B. — Oui, la conception de l'étude juive est toujours dans le dialogue. Le Talmud, la tradition orale mise par écrit, est en réalité la transcription de nombreuses conversations à travers les siècles, un dialogue infini auquel nous ajoutons nos propres commentaires. La Torah est appelée מקרא *mikra* «lecture», puisqu'elle était lue en public et orale avant d'être écrite. קורא *koré*, c'est «lire à voix haute» ou «appeler». On appelle son ami pour entrer en relation avec lui; le nommer, c'est le reconnaître. On va à sa rencontre comme le fiancé va à la rencontre de sa fiancée. «Parler, c'est en même temps que connaître autrui, se faire connaître à lui, écrit Levinas. Autrui, n'est pas seulement connu, il est salué. Il n'est pas seulement nommé, mais aussi invoqué[1].»

C. B. — Aller ensemble à la rencontre d'un texte, c'est aussi aller à la rencontre l'un de l'autre. Inviter l'autre à découvrir une pièce,

1. Emmanuel Levinas, *Difficile liberté*, *op. cit.*, p. 21.

un film, une musique, c'est s'inviter chacun à mieux se découvrir. L'amitié naît alors d'une relation avec la beauté d'une œuvre qui nous touche et du possible partage de cette émotion. Il en est ainsi avec la tradition : nous poursuivons un dialogue infini avec les grands auteurs qui nous ont précédés, avec leurs pensées et leurs expériences.

P. B. — ... des grands auteurs qui ont aussi dialogué entre eux. Ce dialogue avec des textes très anciens relie le lecteur à un passé, l'enracine pour pouvoir mieux être dans le présent. L'être humain est souvent comparé à un arbre dont les racines sont profondément ancrées dans la terre et les branches dans les nuages. Les partenaires d'études poursuivent la révélation en la réécrivant, la commentant chaque fois différemment. Ils posent un double regard sur le texte écrit, un regard dialogué sans cesse renouvelé. « Lecture de l'Écriture ainsi toujours recommencée ; révélation toujours continuée[1] », écrit Levinas. Étudier, c'est laisser la place au troisième, commenter à l'infini, et c'est accepter le caractère de l'autre, que l'autre puisse être un interprète au même titre que soi. Dans cet accès au texte, tout un chacun a droit à la parole et il ne faut pas être expert pour avoir droit d'interpréter.

Dans n'importe quel domaine, il y a des connaisseurs qui pensent détenir le monopole de l'interprétation. Ils disent : « C'est ainsi qu'il faut comprendre tel ou tel maître, et pas autrement. » Les non-initiés ont l'impression de ne pas avoir de légitimité de parole car ces experts ne supportent aucun regard neuf sur un texte ou un auteur, une œuvre. « Quel est le vrai sage, celui qui ne dédaigne les leçons de personne », proclamait justement Ben Zoma (Avoth 4 :1). Dans une école talmudique, on donnait toujours la parole au plus jeune avant de la céder aux anciens pour qu'il puisse garder cette fraîcheur de pensée et ne pas être influencé par les autres.

1. *Idem*, p. 7.

C. B. — Celui qui a su garder sa fraîcheur de pensée exprime dans ses propos une grande part de vérité. Et il cherche moins à l'imposer que ceux qui croient la posséder. Chez ces derniers, le ton est donné, ne serait-ce que dans la façon de prendre la parole : « Je sais et je vais dire ce qu'il en est de la vérité... » Autrement dit : « Je sais mieux que toi et ma parole n'admet pas de remise en question. » Nous ne sommes plus dans l'égalité du droit au commentaire et, dans ces conditions, nous ne pouvons pas étudier ensemble. Il n'y a pas de réflexion possible avec ceux qui sont convaincus de détenir la vérité, pas d'ouverture à l'autre. Face à eux, nous ne pouvons que nous taire.

P. B. — Ces personnes qui sont dans une position de dictateurs de la pensée, qui savent mieux que tous, peuvent-ils avoir des amis ou bien cherchent-ils seulement des adeptes de leur pensée, ceux qui les flattent sans jamais les remettre en cause ?

C. B. — Ils aiment faire grande impression sur les autres par leurs belles paroles, et ils ont effectivement des admirateurs qui se laissent convaincre par leurs discours. Certainement, ces derniers aimeraient être aussi « brillants » et faire impression sur leur auditoire. Mais quand le dialogue n'est plus que la succession de deux monologues où chacun reste sur sa position et, par conséquent, ne permet pas de possible évolution, on ne peut pas parler d'amitié.

COMMENTER ENSEMBLE

P. B. — Après la lecture des textes, le midrash poursuit avec la Mishna, ou les commentaires. La משנה *mishna*, écrite entre le IIe siècle avant notre ère et le IIe siècle de notre ère, est un enseignement et constitue la première partie du Talmud – ce que l'on appelle la loi orale par opposition à la loi écrite, la Torah. Elle est le premier commentaire, sur lequel va se greffer le commentaire du commentaire, la Guemara. Mishna et Guemara constituent ensemble le Talmud. « L'apport de chacun et de chaque temps se confronte aux leçons de tous les autres et de tout le passé. D'où référence continue des lectures aux origines à travers l'histoire allant d'élève à maître ; d'où la discussion dans les assemblées entre collègues s'interpellant d'un siècle à l'autre, le tout s'incorporant comme tradition à l'Écriture commentée et en appelant toujours à nouveau à une lecture et érudite et moderne[1]. » La racine du mot mishna *(.ש.נ.ה shin.noun.hé)* est très riche. Elle signifie à la fois « répéter », לישנות *lishenoth*, et « changer » לשנות *leshanoth*, puis « enseigner ». Car enseigner, c'est répéter et il n'y a pas de répétition sans changement.

La tradition est liée à l'idée de renouveau, car par l'étude même des textes anciens, on réinterprète la Révélation. Dans les sociétés babyloniennes qui entouraient le peuple hébreu, l'histoire était représentée comme un cercle fermé dans lequel les événements se reproduisaient irrémédiablement. Le monde était gouverné par les cycles de la nature, et les dieux décidaient de manière hasardeuse et tout à fait imprévisible du destin des êtres humains. La Bible introduit le concept d'histoire linéaire, où les cycles naturels sont certes présents, mais où il y a un début, בראשית *bereshit*, « au commencement » (Gen. 1 :1), et une tension vers des temps messianiques. Même si le cycle des saisons se répète, aucun événement ne peut ressembler à un autre. Et l'être humain a un pouvoir sur son destin et un libre arbitre. Il est responsable de ses actes.

C. B. — Cela rejoint les recherches en physique quantique : aucune expérience n'est semblable à une autre. Et l'observateur influence ce qu'il observe. Par conséquent, toute forme d'expérimentation ne peut aboutir qu'à des résultats différents. Dans l'étude du midrash avec un ami, notre regard sur le texte est chaque fois modifié car nous avons nous-mêmes évolué entre temps et notre

1. Emmanuel Levinas, *Au-delà du verset, op. cit.*, p. 10.

état d'esprit de l'instant transforme notre regard selon que nous sommes joyeux, tristes ou en colère. Étudier ensemble, ce n'est jamais semblable d'une fois à l'autre.

P. B. — Et la lecture des textes, l'apprentissage et les nouvelles idées qui vont émerger de cette rencontre font que les acteurs changent ; ils sont transformés par leur étude, grandis par leur expérience spirituelle ou créative ensemble. שנה *Shana* veut dire aussi « briller », .שני *shani* « l'écarlate ». Vassily Kandinsky décrit ainsi le rouge « couleur sans frontière, typiquement chaude, agit intérieurement comme une couleur très vivante, vive, agitée [...] donne l'effet, malgré toute son énergie et son intensité de la note puissante d'une force immense presque conscience de son but [...]. Il donne une impression de force, d'énergie, de fougue, de décision, de joie, de triomphe[1] ». Les partenaires d'études ou de réflexion sont portés par cet enthousiasme passionnel de la découverte de nouvelles idées, cet élan qui les propulse au-delà d'eux-mêmes dans un inconnu palpitant.

C. B. — C'est jubilatoire ! N'a-t-on pas les yeux qui brillent ? Étudier avec l'autre, c'est se transformer sans cesse, apporter de la lumière sur des zones restées obscures, ne plus être enfermés dans des idées inutiles et stériles, ouvrir le champ de ses pensées, le chant de sa pensée, vers des sphères toujours plus hautes. Quel merveilleux moyen d'entendre son ami dans sa différence quand nous posons tous deux notre regard sur le même texte, et partageons nos points de vue. Et quelle évolution quand nous sommes nous-mêmes différents en ayant intégré d'autres regards !

P. B. — Précisément, שוני *shoni* signifie aussi la différence, la diversité, la transformation, l'altération. Deux êtres qui discutent ensemble et autour d'un texte sont mutuellement transformés par la

1. Vassily Kandinsky, *Du spirituel dans l'art, et dans la peinture en particulier*, Gallimard, coll. « Folio Essais », 1991, p. 157-158.

parole de l'autre. שן *shen* est aussi la dent. Comme le disent les Proverbes «le fer s'aiguise avec le fer et l'être humain s'aiguise au contact de son prochain» (27 :17). On est amené à souvent préciser sa pensée pour qu'elle soit audible, compréhensible à celui qui nous écoute. Une pensée en entraîne une autre et dans la conversation chacun insuffle son souffle. Emanuel Levinas cite le Rabbi Hayim de Volozin : «Pourquoi les paroles des sages sont-elles comparées à des cendres et non des flammes? C'est qu'elles ne deviennent flammes que lorsque l'on souffle dessus[1] !» Le texte prend vie quand nous l'animons, lorsque nous y insufflons un peu de notre âme comme un danseur qui se met en mouvement au son des premières notes de la symphonie. «La lecture de la Bible, même si elle est diverse, exprime dans sa diversité ce que chaque personne apporte à la Bible. La condition subjective de la lecture est nécessaire à la lecture du prophétique[2]. »

C. B. — Étudier les commentaires, c'est changer au fur et à mesure que l'on apporte sa contribution personnelle, sa propre interprétation, sous l'effet de ce que l'autre a dit, mais aussi de ce que l'on a dit soi-même, ce que l'ami nous a donné la liberté de dire. Le psychanalyste ouvre à une prise de conscience par sa propre parole, mais plus encore par une parole qui laisse l'espace nécessaire à la parole de l'autre. De même, l'écoute entre deux amis permet à chacun de mieux entendre ce qu'il dit et de prendre du recul face à des pensées et réflexions qui lui paraissaient être des certitudes. Cette distance entraîne un changement de perspectives, à l'origine d'autres changements plus tangibles et parfois essentiels.

P. B. — Il existe une expression hébraïque qui dit : «Que tes oreilles écoutent ce que dit ta bouche»! Parfois la parole échappe avant même d'avoir été complètement élaborée. Alors on s'entend dire une chose et l'on est surpris par sa propre énonciation! «À

---

1. Emmanuel Levinas, *L'Au-delà du verset, op. cit.*, p. 135.
2. *Id., Éthique et infini : dialogues avec Philippe Nemo*, Fayard, 1982, p. 114.

moins que ce ne soit la dignité prophétique du langage, capable de signifier toujours plus que ce qu'il ne dit, merveille de l'inspiration où l'homme écoute, étonné, ce qu'il énonce, où déjà il lit l'énoncé et l'interprète, où déjà la parole humaine est écriture[1]. »

C. B. — On pourrait dire de tout grand texte, sage et profondément instructif, qu'il ouvre la porte de notre imaginaire et constitue ainsi un lieu de projection libre et infini. On donne sa propre interprétation avec d'autant plus de facilité que ce texte a été souvent commenté, et on découvre au fil de la lecture d'autres interprétations qui ouvrent aussi à une découverte de soi-même. L'ami qui apporte une légère modification à notre propre regard possède une parole qui ne s'adresse pas directement à nous, mais qui nous parle. Ainsi chacun s'autorise sans restriction ni limite à dire ses pensées les plus intimes, et peut recevoir de l'autre une façon de voir, de sentir, qui le fait évoluer sans que cela soit vécu comme une profonde remise en question.

P. B. — On évolue, en effet, vers plus d'intimité. La pensée est comme un oiseau qui sautille de branche en branche, librement. Les mots sont autant de notes de musique qui s'inscrivent sur ce parcours. Les partitions se croisent et se répondent en se faisant écho et l'esprit est porté vers l'infini. Le texte devient un prétexte à l'euphorie des sens, la profondeur de la réflexion, le dévoilement de soi. Il peut se présenter comme un point de départ vers lequel on revient de temps à autre pour mieux repartir au loin, nourrir d'autres horizons et dire à nouveau : « Au fait, où en étions-nous ? »

C. B. — La conversation se poursuit quelques heures, quelques jours, quelques mois plus tard, qu'importe ! Le lien d'intimité nous inscrit dans un temps infini ; l'intensité lui confère un goût d'éternité. L'évolution vers le plus intime se conjugue avec le nombre restreint de personnes qui ont le nom d'« amis » : ceux avec lesquels

1. Emmanuel Levinas, *L'Au-delà du verset*, *op. cit.*, p. 7.

nous pouvons partager ce que nous avons de plus cher. Les secrets dévoilés sont réservés à quelques initiés, les mets savoureux ne peuvent être goûtés que par des *connaisseurs* et les vins par des *amateurs*. Ainsi l'ami sait-il goûter et apprécier les bonnes choses et peut-on avoir le grand plaisir de les déguster avec lui.

MANGER ENSEMBLE, BOIRE ENSEMBLE

P. B. — On commence, dans ce midrash, par l'étude qui est une transformation de la vie spirituelle, ensuite vient une expérience plus matérielle, la nourriture et la boisson. Dans l'esprit talmudique, autour de la table on mange et l'on étudie ; le matériel est source aussi d'élévation spirituelle. Rabbi Shimon dit même dans le Traité des principes que trois personnes qui mangent à la même table doivent s'entretenir de la Torah (III,4). Le repas est une occasion d'étudier et, lorsque l'on étudie, on peut être amené à manger ensemble. On pousse les livres un moment pour se sustenter différemment. Partager un repas est déjà chose plus intime que d'étudier. Quant à boire, on imagine qu'il s'agit de vin et de se détendre encore davantage. On se nourrit l'esprit puis le corps. Le texte se présente comme un crescendo car le partenaire d'études ne se choisit pas forcément, il peut être choisi pour vous, imposé par un enseignant, mais on devient plus proche lorsque l'on étudie ensemble, la prolongation de ce rapprochement se fait autour d'un repas et d'un verre. Le début d'une intimité est souvent une invitation à prendre un verre, boire un café, puis partager un repas.

C. B. — Le partage de la table est la continuité d'autres partages : temps d'études, de travail, d'apprentissage ou de loisirs. Il prolonge un état de communion sur un plan intellectuel, artistique ou spirituel, et il s'en nourrit. La qualité des échanges est d'autant plus intense que les instants qui précèdent l'y ont préparé. Ce partage est aussi initiateur d'une rencontre intime, il crée les conditions nécessaires à une plus grande proximité des âmes. Un peu de vin ajoute à l'ivresse de l'instant, ouvre à des confidences, participe à ce rapprochement des esprits dans un état d'abandon et de possible confiance. Manger et boire ensemble est une célébration, ne serait-ce que du plaisir d'être en compagnie l'un de l'autre.

P. B. — Le vin représente la joie du partage et la célébration du quotidien. On raconte qu'un homme au Mur occidental du Temple à Jérusalem vous accueille avec un verre de schnaps en disant : « Buvez avec moi : j'ai une שמחה *simha*, une joie à célébrer aujourd'hui. » Lorsqu'on lui demande quelle est cette joie, cette fête, il répond : « Chaque jour pour moi est une fête. Je suis sorti d'Auschwitz et, chaque fois que le soleil se lève, c'est une célébration que je veux fêter avec mes amis ! »

C. B. — Chaque jour, se souvenir que nous sommes vivants ; et le fêter à sa façon ! Il est des grands malheurs auxquels des hommes et des femmes ont échappé et qu'il leur est impossible d'oublier : se remémorer signifie alors prendre conscience d'une toujours possible renaissance. « Il est interdit de désespérer », dit Rabbi Nahman de Braslav. Pour d'autres, les mauvais souvenirs sont mis de côté et la valeur de chaque instant n'en est pas moins unique et essentielle ; elle est occasion de chanter, de danser sa joie pure d'être au monde. « Je danse donc je suis », ainsi que le dit Claude Vigée. Ce sont des ondes de joie qui se propagent en cercles concentriques aux amis que l'on aime. Rabbi Nahman dit encore : « C'est une grande מצווה *mitswa*, obligation, d'être toujours dans la joie. La tristesse, c'est l'exil de la Présence divine. Mais lorsque l'homme fait une action dans la joie, il s'ouvre au miracle à venir, il délivre les étincelles de sainteté retenues prisonnières dans les êtres fermés. Lorsque la joie saisit le corps de l'homme, ses mains se lèvent, ainsi que ses pieds. Il ne peut alors s'empêcher de danser. » Ainsi les plaisirs de la table qui se partagent dans la joie sont-ils, eux aussi, rappel du miracle de vivre.

P. B. — Les plaisirs matériels et spirituels ne sont pas distincts. La spiritualité peut être cachée dans les épices d'un bon plat, celle qui va nous enivrer, nous évoquer un souvenir, nous faire rêver d'un ailleurs. Un roi se promenait dans son royaume et fut invité dans une maison juive. C'était la veille du shabbath. On lui servit un plat qu'il trouva si délicieux qu'il demanda à son cuisinier favori de le reproduire très exactement. C'est ce que fit le cuisinier à la lettre, mais le plat parut insipide au roi. Questionnée sur cette différence, la famille juive dit : « Il vous manque l'ingrédient principal, l'épice qui donne le goût unique à ce plat : le shabbath ! » Ainsi, les mots qui s'échangent dans un cadre particulier constituent une nourriture. Et une symbiose peut s'installer discrètement entre les convives, entre ce qu'ils mangent et ce qu'ils disent, entre les mets et les mots.

C. B. — Cette harmonie entre les mets et les mots reflète bien celle qui se vit au sein de l'amitié. Le choix du lieu, des plats comme des sujets de conversation ne répondent pas à la volonté de l'un qui s'opposerait au désir de l'autre : il respecte sans heurts les souhaits exprimés par chacun afin de faire plaisir et de se faire plaisir.

Cette douce entente est d'autant plus précieuse qu'elle ne va pas toujours de soi. Parfois, elle fait défaut. Les mets sont raffinés, mais les mots échangés sont grossiers, ou la conversation passionnante, tandis que les plats manquent de goût. Les nourritures célestes ont beaucoup de saveur, mais l'assiette est vide ou peu appétissante. Ou encore les mots qui se portent sur les mets viennent en gâter le goût : ils sont critiques quant à ce que l'on apprécie « Comment peux-tu aimer ça ? » – ou intolérant de nos intolérances. « Depuis quand tu ne manges plus ceci... ? Tu es certain que tu n'en veux pas ? C'est de plus en plus compliqué de manger avec toi ! » Bien « recevoir » est offrir à notre ami ce qui le réjouit, mais aussi accueillir avec bonheur ce qu'il nous offre.

P. B. — Et refuser ce que l'on nous donne à manger peut être assimilé à un refus de l'autre. C'est avec grande délicatesse qu'il faut prévenir de ses nouvelles habitudes culinaires pour ne pas risquer de blesser l'hôte et qu'il se sente rejeté. Car, dans la nourriture que l'on prépare, on transmet beaucoup d'amour et d'attention à l'autre. Les plats de notre enfance nous rappellent souvent par leurs parfums évocateurs l'amour de nos parents et nos racines culturelles. Mais lorsque l'on refuse l'œuvre des mains de l'autre, c'est comme si l'on refusait un cadeau. Et lorsque l'amour ne vient pas avec le plat mais qu'il est apporté avec réticence ou agressivité, il ne reste que des « mais » et on a vite l'appétit coupé. Mal regardé, mal aimé, on ne peut apprécier le partage d'un repas ; il devient très vite indigeste !

C. B. — Un seul « mais » gâche le plaisir d'un bon repas. « C'est bon, mais ce n'est pas assez cuit… mais il y a trop de sel… ! » « J'ai passé un excellent moment, mais tu aurais pu rester plus longtemps… », « Ton cadeau me fait très plaisir, mais tu n'aurais pas dû ; et puis je n'en ai pas besoin, j'ai déjà ce qu'il faut. » En un mot : « Tes efforts sont louables, mais ce n'est pas ce que j'aurais voulu, ce que j'attends de toi. Ainsi, malgré tout ce que tu fais pour moi, ce n'est pas *ça*. » Que signifient ces « mais » ? Ils voudraient se glisser dans la phrase sans crier gare comme une restriction sans importance, surtout ne blesser personne, *mais* dire cependant ce qu'*il faut* dire.

Car ces « mais » se cachent derrière une apparente légitimité : « C'est normal que je te dise cela, c'est pour ton bien. » Ils expriment néanmoins une profonde insatisfaction : l'attente d'un *quelque chose* d'indéfinissable et que l'on ne cesse d'espérer, *mais* qui ne vient jamais. Cette demande restée sans réponse, cette soif d'amour qui n'a pu être désaltérée, comblée par un autre, ne cessent de se manifester à travers les « mais » trop souvent répétés. Ainsi est-il parfois difficile de s'entendre autour d'une table, d'y être pleinement heureux, de trouver des mets savoureux qui soient bons à déguster ensemble, car le don de soi par une présence généreuse, l'ouverture à l'autre, viennent à manquer.

Générosité et ouverture qui se manifestent à travers le respect de ce que l'ami aime manger : apprendre à connaître ses goûts et accepter qu'ils puissent être différents des nôtres est une marque d'attention envers lui. Celui qui est amateur de viande penserait-il faire plaisir à un végétarien en lui offrant un de ses morceaux favoris ? Accorder notre amitié est aussi reconnaître que notre ami puisse évoluer avec le temps : être celui que nous croyons connaître *et* celui que nous ne cessons de découvrir.

P. B. — La nourriture est souvent associée à l'idée de changement ; la capacité de l'autre à changer dans une amitié qui dure. Je pense aux personnes qui se convertissent au judaïsme et entendent leurs amis dire : « Je ne te reconnais plus, tu n'étais pas comme ça quand je t'ai connu » ; « Avant tu mangeais cela » – sous-entendu la même chose que moi. On assiste à l'incapacité d'accepter que l'autre change. C'est une manière de l'enfermer dans des catégories et de ne pas supporter qu'il en sorte, de ne pas respecter sa liberté. Une façon de dire : j'aimais l'image que tu donnais de toi avant, maintenant qu'elle a changé, je ne t'aime plus.

C. B. — « Reste identique à ce que tu es, car c'est ainsi que je t'aime. » Ce qui signifie : « Reste identique à ce que tu es, à mes yeux, *tel que je veux te voir.* » Pourquoi est-il si difficile d'accepter que l'autre puisse changer ? Pense-t-on, si l'ami change, qu'il ne nous aimera plus, aura des intérêts autres qu'il partagera avec de nouveaux amis, et ne sera plus disponible, naviguant dans des sphères étrangères et lointaines ? Il se peut qu'un ami prenne le large, mais refuser son évolution ne le retiendra pas plus près de nous. Il est essentiel de s'adapter sans cesse à ce qu'il est devenu, même si ce devenir nous éloigne l'un de l'autre. Car « être ensemble » n'est-ce pas pouvoir s'accompagner dans nos évolutions respectives ?

P. B. — Notons que עמו *imo*, « avec lui », apparaît cinq fois dans le midrash comme pour nous dire que l'« être avec » est essentiel dans l'amitié, qu'il en est la quintessence – « essence du cinq » – pourrait-on dire ! Le chiffre cinq est symbolique dans de nombreuses civilisations. Pour le judaïsme, il est associé aux cinq doigts de la main, comme cette main tendue vers l'autre qui la saisit avec toute l'affection qui s'en dégage. Pensons aux merveilleuses mains sculptées de Rodin qui s'épousent et, en même temps, laissent l'espace nécessaire au dialogue et à la respiration de chacune des âmes qu'elles portent.

C. B. — Les mains s'approchent et les paumes restent ouvertes pour accueillir et donner, dans cet « entre-deux » resté libre et ouvert. Ainsi se vit le partage de la table, témoin de la façon dont la relation se vit : espace propice aux échanges riches et variés, et aussi au plaisir de goûter ensemble ce qui est bon et de s'apporter une écoute mutuelle ; échange d'idées, de pensées, de réflexions, de douceurs, d'une présence réconfortante quand les temps se font durs. Il n'est pas alors besoin de grandes paroles, juste de se voir offrir un bon verre de vin et de partager une soupe chaude, servie avec un sourire. Ainsi que le dit René Char : « Ce n'est pas l'estomac qui réclame la soupe bien chaude, mais le cœur. » Au creux de l'estomac se nourrissent l'âme et le cœur. Et c'est au cœur de ce partage que l'âme révèle ses secrets.

LES SECRETS DE L'AMITIÉ

P. B. — Le midrash se termine par ce mot סתריו *setarav* ses « secrets », de סתר *seter*, qui est un « lieu où l'on se cache », où l'on s'abrite, un lieu secret. Ce mot signifie à la fois « secret » et « contradiction ». מסתר *Mistar,* de la même racine est aussi une cachette, d'ailleurs, on peut se demander si le mot mystère du grec *mustérion* n'a pas été emprunté à l'hébreu. Dans la mesure où le Talmud nous incite à être les mêmes à l'intérieur et à l'extérieur, תוכו כבכו *tokho kevakho,* un secret peut être perçu comme une contradiction, ce qui ne peut être dit ou su à l'extérieur. Ainsi l'amitié véritable est la possibilité de partager ses secrets, les dire et les entendre et d'accepter les contradictions chez soi et chez l'autre, l'humanité et la faillibilité de l'autre. « Un des plus grands bonheurs de cette vie, écrit

Alessandro Manzoni dans le Comte de Carmagnole, c'est l'amitié; et l'un des bonheurs de l'amitié, c'est d'avoir à qui confier un secret. »

C. B. — Nos secrets, nous les tenons cachés dans un lieu protégé des regards indiscrets : dans un coffre si bien scellé parfois que nous n'y avons plus accès. Ils constituent cette part de nous-mêmes que nous ne voulons pas montrer et ils nous accompagnent, même s'il en est que nous avons oubliés. Aussi quand nous ouvrons la porte de notre intimité à un ami en lui confiant nos secrets, nous les donnons à voir à l'extérieur, en même temps que nous le laissons entrer dans notre vie *intérieure*. Et s'il est certain qu'il est bon d'avoir un ami et de pouvoir lui dire le fond de ses pensées, il est tout aussi évident qu'il faut se garder de dire ce qui pourrait ensuite nous nuire; à *trop* nous confier, le danger serait plus tard de le regretter. Personne n'a le souhait, une fois qu'il a montré ses blessures d'enfant comme ses trésors les plus précieux de les voir exhiber par d'autres au grand jour. Il est une intimité avec soi-même qu'il importe de protéger.

Aussi les secrets ont ceci de paradoxal qu'il importe tout autant de savoir les garder que de pouvoir les exprimer. La psychogénéalogie a montré le danger de ces secrets de famille qui, s'ils ont été tus, sont d'autant plus lourds à porter pour les générations qui suivent. « Un secret qu'on est vraiment seul à détenir, un tel secret rendrait malades les plus robustes, et on peut même se demander s'il existe une conscience assez intrépide pour supporter ce tête-à-tête, sans en mourir », dit Vladimir Jankélévitch.

L'ami qui nous libère de notre secret allège notre âme et soulage notre cœur. Mais si la confidence est ébruitée, alors notre délivrance n'aura eu qu'un temps. Et nous regretterons de nous être livrés. Les psychanalystes ont l'art de l'écoute, et ils apportent aussi la certitude pour les patients de ne pas être trahis dans cette écoute : ce qui est dit dans une consultation ne sortira pas de ce cadre. Ainsi le cabinet d'un psychanalyste est-il le lieu de bien des secrets et ce qu'ils laissent apparaître de faiblesses, peurs ou contradictions ne sera pas l'objet d'un jugement ou d'une condamnation. Bien au contraire, une richesse à explorer.

P. B. — Il en est de même pour de nombreuses professions tenues par le secret professionnel, comme les prêtres, imams, pasteurs et rabbins, les médecins ou avocats. Mais si l'ami n'est pas tenu légalement au secret, on attend qu'il ou elle le respecte et la trahison d'un secret signe souvent la fin d'une amitié. סתר *seter* signifie aussi la « destruction » comme si le secret était chose si délicate qu'il pouvait construire ou détruire au gré de son existence, de son mystère ou son dévoilement. Lorsque les secrets sont trop nombreux, ils entraînent une défiance et l'on appelle à la transparence ; lorsque le secret n'existe pas, on froisse la pudeur. Le secret peut être une arme pour inclure ou exclure, respecter ou humilier.

C. B. — Dire ses secrets, c'est laisser apparaître l'inavouable, le désordre intérieur, le tumulte des sens, la douleur du manque, la révolte qu'il faut taire, les sentiments qui perdurent alors qu'ils ne devraient pas, la haine mêlée à l'amour, l'angoisse sans objet, les pensées honteuses et les regrets interdits. C'est donner à voir l'envers du décor, reconnaître l'imperfection et par conséquent laisser apparaître ses propres contradictions : entre ce qui se pense et ce qui se dit, ce qui se dit et ce qui se vit. Ne sont-elles pas le lot de tout être humain ? La lucidité n'est-elle pas de les voir en face ; et ne pas craindre en les disant de perdre la face ! Car il est une image que nous voulons montrer de nous, une illusion que nous souhaitons entretenir au regard des autres. Mais à quoi servirait de courir derrière une apparence qui se défait à la « première vérité venue. » Ainsi que le dit Porchia : « Combien, fatigués de mentir, se suicident dans la première vérité venue[1]. » La différence s'impose entre ce que l'on aimerait être, dire, faire et la réalité qui n'est pas tout à fait comme nous l'avions rêvée ! « Je sais ce que je devrais faire, mais je n'y arrive pas ! » est l'écho de toutes nos bonnes résolutions sans cesse répétées,

1. Porchia, *Voix*, *op. cit.*

mais peu mises en action. Cependant, nous voulons continuer à y croire ; l'espace entre l'intention et l'acte contient l'espoir d'un devenir meilleur.

Dans ce contexte, les confidences sont signe d'une grande confiance – il s'agit de la même racine étymologique –, confiance à qui l'on se montre ainsi dans sa nudité, confiance de l'ami qui se dévoile à nos yeux. « L'amitié est un long chemin en quête de la confiance. Quand elle est là, les âmes sont en paix, elles laissent venir les conseils sincères. Les consciences scellées s'entrouvrent, les masques sont arrachés, la méfiance est bannie[1]. » Accepter de voir et de laisser voir sa nudité est le point de départ d'un possible changement.

P. B. — Existe-t-il vraiment une nudité ? En hébreu le mot « nu », ערום *aroum*, signifie aussi « rusé ». Adam et Ève, après avoir consommé du fruit de l'arbre de la connaissance, ont vu qu'ils étaient rusés et non pas nus. On ne peut parler de vérité nue car l'être humain échappe toujours. Il ne laisse voir au grand jour qu'une partie de lui-même et c'est en cela que le dévoilement de la vie privée en public n'a rien de nécessaire ni d'éthique. Chaque être a droit à son jardin secret et le propre d'un ami fidèle est de savoir le préserver du regard d'autrui. « Celui qui colporte les commérages divulgue les secrets, l'être de confiance sait les tenir cachés » (Pr. 11 :13). C'est un devoir éthique de ne pas divulguer les secrets qui ne nous appartiennent pas – comme le souligne le verset 25 :9 des Proverbes, sauf si la dissimulation provoque un danger pour autrui. Et c'est à chacun de définir ce qui est un secret. Car ce qui est un secret pour l'un ne l'est pas nécessairement pour un autre. Lorsque l'on confie une information à un ami, ce dernier n'a pas le droit de la répéter sans que le premier lui donne la permission (TB Yoma 4b), nous dit le Talmud. C'est ainsi que l'on pourrait éviter de nombreuses blessures. Dans certaines cultures, on cache par exemple le mystère des rencontres amoureuses. On ne

1. Tawhîdî, *De l'amitié*, Extraits choisis et traduits de l'arabe par Évelyne Larguèche et Françoise Neyrod, Sindbad-Actes Sud, 2006.

les raconte qu'aux plus intimes; dans d'autres on ne se lasse pas de raconter à des inconnus ces moments précieux.

Les lieux aussi ont leurs secrets – parfois on fait visiter sa maison, parfois pas, parfois certaines pièces seulement. À chacun de poser le voile de l'intimité là où il le souhaite. Mais l'existence de secrets est nécessaire à l'être humain. Le saint des saints dans le Temple de Jérusalem n'était vu que par le Grand Prêtre, une fois par an au moment le plus solennel de l'année, le jour de Kippour. Certains mystiques y voient un symbole de l'être humain qui garde ses secrets ou les livre, qui se voile et se dévoile selon le souffle du vent qui l'anime, au gré des désirs et des rencontres.

C. B. — Nous nous sentons libres d'exprimer nos secrets à celui ou celle qui sait les garder secrets. Mais un secret en cache un autre; en nous dévoilant, nous laissons apparaître d'autres voiles. L'ami qui s'arrêterait à ces paroles pourrait être induit en erreur : « Je veux me montrer tel(le) que je suis » ne vient pas mettre au jour un mystère. Par-delà des mots, il demeure. Être ami, n'est-ce pas accepter les incohérences autant dans ce qui est dit que dans ce qui ne l'est pas et que l'on perçoit intuitivement ? Sachant que partager les secrets, c'est aussi entendre le silence. Il est des secrets dont on ne parle pas, mais dont chacun connaît l'existence. Une belle amitié est celle qui peut se vivre en silence. Il est bon d'être libre de ne rien dire.

P. B. — La véritable amitié, c'est accepter la liberté de l'autre. Baudelaire décrit merveilleusement l'homme et la mer qui se ressemblent et se dissemblent : « Vous êtes tous les deux ténébreux et discrets : /Homme, nul n'a sondé le fond de tes abîmes, /Ô mer, nul ne connaît tes richesses intimes, /Tant vous êtes jaloux de garder vos secrets[1] ! »

Le mot secret, סתר *seter,* signifie aussi un abri et l'utérus et le Psaume dit à propos de Dieu : « C'est Toi qui es mon abri

1. Charles Baudelaire, « La Mer », *Les Fleurs du mal,* Flammarion, coll. « GF ».

(אתה סתר לי *ata seter li*), Tu me protèges contre l'adversité» (Ps. 32 :7). On se retranche dans des secrets comme dans une matrice protectrice. C'est dans ce lieu intime qu'ont lieu la création et la gestation, comme le dit Marcel Proust dans *Le Temps retrouvé :* «L'art véritable n'a que faire de proclamation et s'accomplit dans le silence.» Comme le papillon qui se prépare en secret dans sa chrysalide, la création est enveloppée de mystères. Le lien amical se crée ainsi sans faire de bruit, mélange d'ombres et de lumières, de mélodies et de silences.

C. B. — L'ami respecte chez son ami les zones d'ombre, mais plus encore, il magnifie les espaces de lumière, met l'accent sur le beau – le bon et le bien –, davantage que sur les déficiences et autres aspects problématiques qu'il peut découvrir. Ainsi, la liberté est donnée de se montrer sous ses différentes facettes, n'étant pas inquiet d'en montrer certaines ou d'avoir à en cacher d'autres. Car l'ami a plus d'indulgence et de bienveillance pour son ami que ce dernier en a pour lui-même; aussi l'aide-t-il à résoudre ses contradictions, plutôt que de les condamner. Et de les entendre, ce n'est pas les approuver, juste les écouter.

«C'est si bon de se contredire de temps en temps; cela repose[1]», dit Albert Camus. Cela repose de n'avoir pas à donner de soi une image de perfection, lisse et sans faille. La moindre de nos pensées n'est-elle pas à elle seule un paradoxe? Aucune vérité ne peut exclure son contraire et il n'est pas de désir cherchant à s'affirmer qui ne rencontre, sitôt exprimé, la preuve d'un désir antinomique. «Quand toi et la vérité me parlez, je n'écoute pas la vérité, je t'écoute», dit Porchia. «Je t'écoute toi, mon ami, différent de tout autre : ces incohérences qui sont les tiennes, c'est toi, tel que tu es, tel que je te connais et je n'ai pas envie de te dire : "Tu me déçois, car tu ne fais pas ce que tu dis, ni prétends vouloir faire. Bien au contraire, loin de t'en tenir rigueur, je peux en sourire, et même en rire, avec toi."»

1. Albert Camus, *Caligula*, Gallimard, 1941.

Le rire est salutaire qui défait les tensions et répare les blessures. Et si nous pouvons entre amis plaisanter de nos travers, n'est-ce pas déjà le moyen de nous en défaire ? Chacun peut ainsi prendre de la distance avec lui-même. Alors toute parole qui insisterait sur les « défauts » de l'autre est inutile ; l'écoute est présence, attention, générosité. Il n'est pas indispensable de tout comprendre ; il suffit parfois de rester patient et d'offrir une affection inconditionnelle qui laisse à l'autre la place d'être tel qu'il est, toujours en devenir.

P. B. — Dieu se retire du monde pour laisser place à l'être humain de créer ; cela peut être une métaphore de l'amitié : si, dans une forme de toute-puissance, l'un ne se retire pas un instant du champ social, aucune place ne sera laissée à l'autre, de créer, d'être là, d'exister tout simplement. Les yeux de l'un miroitent dans ceux de l'autre. Toute amitié se constitue d'un dialogue composé de paroles et de silences, d'être et d'écoute, d'actions et d'attentions. « Toute vie véritable, écrivait Martin Buber, est rencontre. » Lorsque l'on voit une foule de personnes, on doit prononcer cette bénédiction : « Béni sois-Tu Éternel notre Dieu qui connaît tous les secrets du monde. » En chaque être se trouve un univers.

C. B. — Chaque ami est un univers. Et chaque amitié crée son propre univers que les rencontres enrichissent, comme des points d'orgue posés sur la mélodie propre à ce fil invisible, temps de respiration, de silence ou de confidences. L'expérience est celle du don : le don du cœur. René Char écrit à Albert Camus : « Merci de votre lettre et de votre amitié. Les mots retrouvent leur sens exclusif avec vous, au même titre que les images qui ne sont rien si elles ne sont également sentiment (et vérité)[1]. »

Ainsi faut-il insister sur la force du sentiment qui donne à l'amitié toute sa valeur. C'est avec le cœur que nous partageons la lecture

1. Albert Camus, René Char, *Correspondance, 1946-1959*, Gallimard, coll. « NRF », 2007, p. 27.

des Textes, les commentons, mangeons et buvons ensemble. On peut ajouter qu'avec un ami, nous rions de bon cœur ; et nous lui confions les secrets de notre cœur : « De tout cœur à vous, toujours », avait signé Char à Camus.

P. B. — Selon l'expression hébraïque : « Ce qui est dit avec le cœur va droit au cœur. » Cela me fait penser à ce texte... « Un jour Rabbi Yo<u>h</u>anan dit à ses disciples : Qu'y a t-il à vos yeux de plus avantageux pour l'être humain ? » L'un répondit « le contentement », un autre « un ami sincère », un autre encore « un bon voisin », « la prévoyance », et le dernier, Eléazar, « un bon cœur ». « Je préfère, répliqua le maître, l'opinion d'Eléazar, fils d'Arach, car vos réponses sont contenues dans la sienne » (Avoth, II, 13).

AU NOM DU NOM

חילול השם כיצד
אמר רב
כגון אני
כשאני לוקח בשר מבית הטבח
ואיני נותן דמים לאלתר
אביי
כשהיה לוקחַ בשר משני שותפים
נתן ממון לזה וממון לזה
ואחר כך הביאם זה אצל זה
ועשה חשבון
דבי ר׳ ינאי אמר
כל שחבריו מתביישים מחמת שמועתו
הא כיצד
אמר רב נחמן בר יצחק
כגון שאומרים עליו הבריות
ימחל רבונו לפלוני

יומא פו

Quand peut-on dire qu'il y a profanation du Nom divin ?

Rav dit :
« Quand moi, par exemple
j'achète de la viande chez le boucher
et que je ne la paie pas sur-le-champ. »

Abaye dit :
« Quand j'achète de la viande dans une boucherie où il y a deux associés
et que je leur donne de l'argent séparément.
Ensuite, ils sont réunis
pour faire les comptes. »

L'école de R. Yanaï a dit :
« Chaque fois que des amis éprouvent de la honte pour ce qu'ils ont entendu de la réputation de l'un d'entre eux. »
C'est-à-dire ?
Nahman bar Isaac a dit :
« Par exemple, ceux qui disent à son propos
"Que Dieu lui pardonne !" »

TB, Yoma 86a

LA PROFANATION DU NOM

Pauline BEBE. — Comment comprendre cette expression ? La « profanation du Nom », חילול השם *ḫilloul hashem*, est une notion abstraite que l'on va expliquer en termes très concrets. Elle apparaît dans le Lévitique (22 : 31,32) : « Gardez mes commandements et pratiquez-les, je suis l'Éternel. Ne déshonorez point mon Nom. » L'injonction n'est pas claire, le Talmud va l'expliciter par ce midrash.

Catherine BENSAID. — Notons qu'il commence par une question. Celle-ci met notre esprit en éveil, nous offre l'opportunité de nous interroger sur nous-mêmes. Et c'est de nous, de notre vie quotidienne qu'il va être question dans ce midrash. Au travers des réponses qui nous sont données prend forme une éthique de la relation à l'autre, une philosophie de vie qui ne relève pas de la théorie, mais d'une possible pratique de chaque instant. Nous constatons, dès la deuxième ligne, que le rabbin se donne lui-même en exemple. Il nous invite à porter un autre regard sur nos propres comportements, et en les envisageant sous un angle nouveau, à peu à peu les transformer : à penser et à agir autrement. Mais, précisons dans un premier temps la signification du mot השם *hashem*, le « Nom divin », et de façon plus générale celle du mot שם *shem*, le « nom ». Ensuite, nous évoquerons les différentes approches du mot חילול *ḫilloul* profanation.

LE NOM QUI NE SE PRONONCE PAS

P. B. — השם *Hashem* signifie le Nom par excellence. Dans la tradition juive, le Nom divin ou Tétragramme ne doit pas être prononcé. Il appartient à l'indicible parce qu'il nous échappe à l'infini. Le Talmud nous dit que le Nom de Dieu doit rester caché (TB, Kid.71a). Aucun son ou phonème ne peut exprimer son essence. On dénombre soixante-dix noms de Dieu qui correspondent à soixante-dix attributs divins : cette multiplicité des noms exprime aussi l'insaisissable. L'origine de ces noms remonte probablement aux temps polythéistes où chacun avait son dieu et l'invoquait pour une nécessité précise. Avec l'avènement du monothéisme, tous ces noms ne désignent plus qu'un seul et même Dieu. Mais notre langage est inapproprié pour signifier ce qui nous dépasse. Un nom est l'esquisse d'un être, jamais un résumé de l'être. Le nom ne fait que dessiner un pointillé, un contour tandis que l'essence de l'être ne se laisse jamais définir. C'est vrai pour Dieu, c'est vrai aussi pour l'être humain.

C. B. — Et les voyelles qui sont absentes dans le Tétragramme – composé de quatre consonnes – ne font-elles pas écho par leur silence au mystère de ce qui ne peut se dire ? Le caractère indicible, imprononçable du nom de Dieu, ne peut-il être rapproché de cette autre signification du mot שם *shem* « là-bas » (en changeant une voyelle שם *sham)* ? Dieu sera éternellement « là-bas », séparé de nous par un espace impossible à franchir. Il en est de même pour ceux qui font partie de notre vie : une part d'eux, mystérieuse et silencieuse, demeure dans un « là-bas » inaccessible à tout regard. « Il n'est près de moi que des lointains », dit Porchia dans *Voix*[1]. Même

1. *Op. cit.*

si nous pensons les connaître, une part inaccessible résiste chez ceux que nous pensons connaître, étrange et étrangère. Cela peut-être la part muette des souffrances et désirs qu'ils ne parviennent jamais à exprimer, mais aussi une échappée belle dans le monde des abstractions et visions poétiques, une intimité avec un ailleurs étoilé. Connaître le nom de ceux que l'on souhaite appeler et évoquer est nécessaire, mais cela ne suffira jamais à les nommer tout à fait.

P. B. — Lorsque Moïse reçoit pour mission d'aller solliciter le Pharaon pour libérer son peuple d'Égypte, il demande à Dieu son nom : « Or je vais trouver les enfants d'Israël, et je leur dirai : le Dieu de vos ancêtres m'envoie vers vous... S'ils me disent quel est son nom ? Que leur dirai-je ? » (Ex. 3 :14). Dieu lui répond par une esquive, **אהיה אשר אהיה** *eheyé asher eheyé*, qui signifie « Je serai qui Je serai[1] », autrement dit « chaque fois que tu penseras m'atteindre, je serai encore au-delà de ce que tu penses, toujours plus loin, dans une exigence infinie ». Le rabbin Isaac de Berditchev explique cette expression mystérieuse par une magnifique métaphore : Dieu est comme un parent qui apprend à son enfant à marcher. Chaque fois que l'enfant s'approche de son parent, celui-ci se recule pour que l'enfant progresse dans sa marche. Ainsi en est-il pour sa découverte du divin. De manière plus humoristique, on raconte que trois juifs se vantent de leur rabbin en disant chacun que son rabbin est meilleur que celui de son voisin. L'un dit : « Mon rabbin est le plus instruit !
— Comment le sais-tu ? rétorque le deuxième. Le mien est celui qui est le plus tourné vers les autres ! » C'est alors que le troisième déclare : « Le mien est comme Dieu. On ne sait jamais où il se trouve ! »

C. B. — Mystère des mystères, aussi bien pour l'enfant que pour l'adulte, Dieu « se recule » alors que nous croyons nous en approcher. Lacan s'est beaucoup interrogé sur l'« opaque » réponse reçue par Moïse dans le buisson ardent : « Mais quand Moïse demande au messager dans le buisson ardent de lui révéler ce nom secret qui doit

1. L'expression est souvent traduite au présent, alors qu'il s'agit en hébreu d'un futur.

agir dans le champ de la vérité, il ne lui répond que ceci : אהיה אשר אהיה *eheye asher eheye* [...] "Je suis ce que Je suis", ce qui veut dire : tu n'en sauras rien quant à ma vérité entre ce « je » préposé et celui qui est à venir[1]. » Lacan se heurte à l'irréductible distance de ce qui ne peut se dire tout à fait : une définition qui *n'est que* ce qu'elle est, car elle ouvre à un futur qui se redéfinit sans cesse : « Je serai qui je serai. » Il a été souvent noté que la Genèse commence par la lettre ב *Beith*, deuxième lettre de l'alphabet – בראשית ברא אלוהים *Bereshit bara Eloyim...* » Au commencement, Dieu créa la première lettre, *Aleph*; aussi apparaît-elle comme la source invisible du monde tel qu'il nous apparaît, le « Un » Créateur qui procède à la création du monde, lequel est symbolisé par le « deux » (le ciel et la terre, le jour et la nuit, l'homme et la femme...) « L'*Aleph*, la patiente pierre de fondation, faite de bonté et de tendresse cachées, précède le ב *Beith*, lettre seconde, lieu du conflit amoureux entre l'homme et la femme, maison-mère du commencement visible des êtres déchirés en ce monde instable[2]. » Ainsi le Nom divin qui échappe à toute définition est retour à cette unité, indicible et silencieuse, à l'origine et au-delà de tout ce qui se vit. Unité vers laquelle tendent nos cœurs souvent « déchirés » car séparés de l'« Un ».

P. B. — Le א *aleph,* première lettre de l'alphabet hébraïque, fait en effet souvent référence à Dieu, le premier ou l'un. Il désigne le chiffre « un » car chaque lettre en hébreu est aussi un chiffre. C'est pour cette raison que le Talmud commence toujours par la page ב *beith* ou « deux », le un étant réservé à Dieu, origine de tout. On peut dire aussi que le *aleph*, première lettre du mot אני *ani* est le « je ». Le « je » se situe avant la première page de tout livre et ainsi chaque livre est différent selon son lecteur. Et chaque lecture du même livre est autre puisque le regard du lecteur change chaque fois qu'il le lit.

1. Gérard Haddad, *Le Péché originel de la psychanalyse*, Seuil, coll. « Non conforme », p. 217-218.
2. Claude Vigée, *Dans le silence de l'Aleph*, *op. cit.*, p. 35.

C. B. — De même, chaque regard que nous portons vers l'autre, à chaque instant, est témoin de notre évolution, ainsi que de la sienne. Selon l'expression : « Va voir là-bas si j'y suis », chacun pourrait dire à ceux qui chercheraient à lui donner une identité pour toujours : « Ne me cherche pas là où tu crois me voir, car je n'y suis plus. Je suis déjà loin. Ne m'enferme pas dans l'idée que tu as de moi ; car alors, ce n'est pas moi, mais un autre imaginaire que tu as en face de toi. Ne m'arrête pas là où tu veux que je sois, car je suis en devenir. » L'identité est en perpétuel mouvement.

P. B. — Nous avons souvent la mauvaise habitude de vouloir confiner les gens dans des catégories, les étiqueter, dire « celui-ci ou celle-ci est comme ci ou comme cela ». Réduire un être humain à un adjectif, c'est l'empêcher de grandir, le condamner à n'être qu'une infime partie de lui-même. Le nom est simple évocation d'une personne qui ne se laisse pas définir. Ces syllabes d'appellation apposées les unes à côté des autres sont un constant rappel de l'impossible définition d'autrui. La distance entre soi et l'autre est irréductible et même si l'autre est tout près, il reste lointain. C'est un peu ce qu'exprime Verlaine dans son poème « Mon rêve familier » : « Je fais souvent ce rêve étrange et pénétrant /D'une femme inconnue, et que j'aime, et qui m'aime /Et qui n'est, chaque fois, ni tout à fait la même / Ni tout à fait une autre, et m'aime et me comprend[1]. »

QUEL EST TON NOM ?

C. B. — Nommer, c'est l'ébauche d'un lien qui se crée, une main tendue vers l'autre, le passage entre une personne tout à fait inconnue et celle dont l'identité va nous être révélée, avec des éléments de permanence auxquels nous référer. C'est un moyen d'aller

1. Paul Verlaine, « Mon rêve familier », *Poèmes saturniens.*

vers l'autre, sans ignorer que le chemin est long et demande que l'on y consacre du temps. «Apprivoise-moi, dit le renard au petit prince. «Il faut être très patient; tu t'assoiras d'abord un peu loin de moi, comme ça, dans l'herbe. Je te regarderai du coin de l'œil et tu ne diras rien. Le langage est source de malentendu; mais chaque jour, tu pourras t'asseoir un peu plus près[1].» Peu à peu diminue l'irréductible distance : l'autre, d'étranger, devient plus proche et, de se sentir mieux aimé, peut en devenir plus aimant. Dis-moi quel est ton nom?

P. B. — Le nom est le trait d'union entre l'être humain et la divinité et aussi entre soi et l'autre. Lorsque l'on nomme, on établit une relation. C'est un peu comme lorsque l'on essaye de faire communiquer un ordinateur et une imprimante. Il faut que les deux machines se reconnaissent d'abord, soient conscientes de la présence l'une de l'autre pour pouvoir transmettre une information.

Le premier acte des parents qui crée la relation avec l'enfant est la nomination. Donner un nom est une manière d'instaurer le dialogue et de dire : «Tu es différent de moi», «Tu es un autre» avec qui je peux dialoguer. Le nom est la séparation de deux entités. C'est parce que l'enfant est «là-bas» qu'il peut être nommé et, s'il n'est pas nommé, c'est-à-dire distingué de la mère, il ne peut exister en tant que tel.

Lorsque le nouveau-né tète le sein de sa mère et que la mère souffre au début de la succion, elle repousse momentanément l'enfant. Il apprend alors qu'il ne fait plus un avec sa mère, il prend conscience de cet autre qui le nourrit et qu'il doit ménager. Dans la Torah, ce sont d'ailleurs souvent les femmes qui donnent un nom à leurs enfants, comme si elles devaient marquer la différence entre elles-mêmes et ce nouvel être qu'elles ont porté. Ainsi, nommer, c'est faire venir à la vie, appeler à l'existence.

C. B. — Nommer contient ce paradoxe de faire venir à la vie, tout en étant le premier acte de séparation. Le prénom, qu'il soit choisi par la mère ou le père – dans la pratique, il semble que ce soit

1. Antoine de Saint-Exupéry, *Le Petit Prince*, Gallimard, coll. «Folio», p. 73.

le plus souvent par les deux –, identifie l'enfant comme un autre mais un autre encore imaginaire.

Le prénom que l'on attribue à un nouveau-né est un compromis entre la part d'inconnu que représente l'enfant et ce que les parents, aussi bien que l'entourage, projettent sur lui de connu. Il n'est pas seulement « joli » ou « à la mode », il a aussi une histoire qui n'est pas neutre. L'enfant y percevra un message, de façon plus ou moins consciente. Choisi avant même sa mise au monde, ce prénom sera lourd de sens, de signification et d'orientation pour la vie du bébé ! Avec lui, il reçoit des espoirs, des attentes et beaucoup de rêves.

Bientôt, ce prénom s'accordera à un visage, à un regard, à une ébauche de personnalité. L'altérité s'imposera. Et plus la mère reconnaîtra l'enfant comme un autre, mieux elle pourra établir un lien avec lui. Cet enfant n'est pas que « son » enfant : il est celui dont le prénom va de plus en plus s'imposer, avec la forme que l'enfant voudra bien lui donner. En nommant son enfant, toute mère crée ainsi la distance nécessaire pour pouvoir l'appeler. Et elle sera même la première à l'appeler par son prénom !

P. B. — Donner un nom, c'est inscrire un nouvel être dans l'humanité, puisque l'être humain est un être de parole. Lors de la création de l'être humain telle qu'elle est décrite dans la Genèse, l'Éternel « fit pénétrer dans ses narines un souffle de vie » (Gen. 2 :7). Onkelos interprète en araméen l'expression « souffle de vie » par « souffle de parole ». L'apparition de la vie humaine est par conséquent d'emblée associée à l'énonciation et la première fois que l'être humain parle, c'est pour nommer les animaux. Cette nomination est associée à un respect pour l'animal. La parole se doit d'être éthique. Avec justesse, on fait souvent plus attention aux actes qu'aux mots mais les mots conduisent à des actes. Ils ne doivent pas être pris à la légère. La langue hébraïque s'en fait l'écho : דבר *davar* signifie à la fois mot et chose, invitant toujours à imaginer l'effet des mots.

On sait que les mots consolent, les mots rassurent, mais ils peuvent aussi blesser et détruire. L'attention portée au nom de quelqu'un est une attention portée à sa personne, son être essentiel.

À l'inverse, lorsque, dans l'univers concentrationnaire, les bourreaux ont voulu déshumaniser les êtres humains, ils les ont privés de leur nom pour ne leur laisser qu'un numéro. Perdre son nom, nous le savons si douloureusement, c'est perdre son humanité et renommer ceux qui ont disparu, c'est un peu comme si on leur redonnait une dignité niée. Lorsque nous rappelons la mémoire de personnes disparues, lors des événements familiaux, naissance, mariage, bar et bat-mitsva ou lors des offices, c'est une manière de les inviter à participer à l'occasion, la fête, le shabbath. Ils ne sont pas physiquement présents, mais ils le sont spirituellement, leur souvenir étant évoqué dans nos cœurs, parce que nos lèvres prononcent leur nom. On retrouve d'ailleurs cette idée d'évocation des ancêtres dans des cultes africains.

C. B. — יד ושם *Yad vashem* – où l'on retrouve le mot שם *shem* – , le Mémorial de la Shoah à Jérusalem, ainsi que le Musée juif de Prague, le Mémorial de la Shoah à Paris ou le Mémorial de l'holocauste à Berlin (entre autres exemples) ont en commun d'exhumer une succession de noms de famille, d'identités disparus. Tous ceux qui ont eu l'expérience d'être dans un ou plusieurs de ces lieux savent combien cette énumération, si longue qu'elle paraît sans fin, est bouleversante. Elle l'est parce que le nombre ne renvoie pas qu'à un nombre, qu'à une ombre. Il fait état d'une multitude d'êtres humains qui avaient un nom, un nom propre, et par conséquent une histoire propre, une humanité, une façon d'être au monde bien à eux. Ces lieux leur redonnent une parole, une âme. Ces noms, ce sont aussi leur visage, leur regard, leur sourire. Une écriture. Ils sont présents sur ces murs afin que l'existence de ceux qui le portaient ne soit jamais oubliée. Et certainement, du bout des lèvres, les prononce-t-on afin de les maintenir éternellement en vie.

P. B. — « Et je leur donnerai dans ma maison et dans mes murs un mémorial (יד *yad*, littéralement une main ou un bras) et un nom (שם *shem*) qui ne seront pas effacés », écrit le prophète Isaïe (56, 5).

Nommer, c'est redonner un peu de vie. C'est ce que dit de manière poignante le poème de Primo Levi, en prélude à *Si c'est un homme* :

> Vous qui vivez en toute quiétude
> Bien au chaud dans vos maisons,
> Vous qui trouvez le soir en rentrant
> La table mise et des visages amis,
> Considérez si c'est un homme
> Que celui qui peine dans la boue,
> Qui ne connaît pas de repos,
> Qui se bat pour un quignon de pain,
> Qui meurt pour un oui pour un non.
> Considérez si c'est une femme
> Que celle qui a perdu son nom et ses cheveux
> Et jusqu'à la force de se souvenir [...]
> N'oubliez pas que cela fut,
> Non, ne l'oubliez pas :
> Gravez ces mots dans votre cœur[1].

C. B. — Qui meurt pour un oui pour un *nom*. Toute négation du nom est la mort de l'âme. Et le « oui » qui nous nomme et affirme notre existence, un acte de reconnaissance. Un « oui » à la transcendance et à la descendance : un « oui » qui reconnaît que nous sommes tous des êtres humains, animés de souffle et porteurs de lumière, mais qui reconnaît aussi les origines, l'histoire, les fondations de notre vie comme de toute vie.

L'HISTOIRE D'UN NOM

P. B. — Un nom, c'est une histoire. Dans la tradition juive, l'histoire ne se dit pas *historia*, dont l'étymologie grecque signifie

1. Primo Levi, *Si c'est un homme*, traduit par Martine Schruoffeneger, Robert Laffont, coll. « Pavillons », 2002.

l'« enquête », mais תולדות *toledoth*, les « générations ». Le livre de l'Exode qui raconte la sortie d'Égypte s'intitule en hébreu ספר שמות *sefer shemoth*, le « livre des noms », et commence par la longue liste de noms des enfants d'Israël sortis d'Égypte. Ce n'est pas la seule fois qu'une liste apparaît dans le texte.

Les rabbins s'interrogent. Selon eux, énumérer des noms est une manière d'affirmer la valeur de chaque individu. On peut penser bien sûr aux génériques qui défilent à la fin d'un film, hommage à tous ceux qui ont contribué à sa création. Mentionner, c'est honorer, reconnaître une œuvre, établir une filiation, c'est veiller à ne pas laisser sombrer dans l'oubli.

C. B. — Dans de nombreuses histoires familiales, nous retrouvons le souci de ne pas laisser un être aimé tomber dans l'oubli. Un enfant mort prématurément revient par son prénom dans les générations qui lui succèdent. Un deuil particulièrement difficile crée la nécessité de prolonger une lignée ; ainsi, il n'est pas tout à fait mort. La difficulté est que d'autres, sans le savoir le plus souvent, vont être alourdis d'un deuil à faire qui ne leur appartient pas, et sentir un poids, une difficulté à avancer, dont ils ignorent l'origine.

Les enfants qui portent le nom de leur frère ou sœur morts avant eux, ces « enfants de remplacement », comme les a appelés Dolto, ne sont pas sans savoir l'existence de leurs jumeaux par le nom, de ces destins tragiques auxquels, bien malgré eux, ils sont liés. Mais ils ne connaissent pas la portée de cette douloureuse et involontaire transmission. Or, c'est une entrave à la liberté d'être ce qu'ils sont. Le choix d'un nom n'est pas sans histoire.

P. B. — On choisit souvent un nom pour sa signification, sa sonorité ou, en effet, pour rappeler la mémoire d'un proche. Dans certaines familles, on peut donner à un enfant le prénom d'un parent vivant (chez les séfarades, les juifs du pourtour méditerranéen), dans d'autres uniquement celui d'un parent disparu (chez les ashkénazes, les juifs d'Europe de l'Est et centrale).

Il y a parfois des superstitions liées aux noms. Les peuples anciens croyaient à leur pouvoir, comme si leur était attachée une destinée. D'ailleurs, certains sorciers ou devins égyptiens murmuraient des noms de divinités pour exercer un certain pouvoir sur ces divinités. C'est peut-être pour s'éloigner de ces pratiques superstitieuses que le judaïsme a placé le Nom divin dans le domaine de l'Ineffable. Par une formule magique, on ne peut faire pression sur Dieu et les prières ou les rites ne doivent pas être considérés comme des moyens de « s'acheter » la divinité. Les formules non plus, et il faut se méfier des expressions quasi automatiques **בעזרת השם** *beezrat hashem*, « avec l'aide de Dieu », **אם ירצה השם** *im yirtsé hashem*, « si Dieu le veut », ou **ברוך השם** *baroukh hashem*, « béni soit le Nom de Dieu ». N'est-ce pas une forme de profanation du Nom divin quand ce Nom est galvaudé, banalisé, entraîné dans les rouages du quotidien, prononcé comme une formule magique qui éloignerait le mal plutôt que réservé à l'exceptionnel ?

Mais, au-delà de la superstition, il est difficile de porter certains prénoms ; depuis la guerre, plus aucune famille juive ne peut appeler un enfant Adolf. Il n'est plus possible, comme c'était parfois la pratique, de donner le nom d'un enfant mort à un autre enfant.

Il existe une coutume qui consiste à ajouter un prénom signifiant « la vie » (**חיים** *Hayim* ou **חייה** *Haya*), à quelqu'un qui est gravement malade. On peut y voir une manière de conjurer le sort ou y lire une belle intention : un nouveau nom, c'est un nouveau départ, la possibilité d'emprunter une autre route. De nombreux personnages bibliques changent de nom au cours de leur existence.

C. B. — Des hommes et des femmes changent leur prénom, d'autres leur nom de famille afin de rompre avec une filiation. Ce nom fait d'eux les héritiers d'une histoire qu'ils ne souhaitent plus porter : pour cause, des drames connus dans leur lignée ou durant leur propre parcours, mais aussi des empêchements à vivre qu'ils ressentent sans pouvoir se les expliquer.

« Nous sommes des héritiers sans testament », écrit René Char. Au fil de leur existence, certaines personnes vont découvrir des événements dans leur généalogie qui ont été délibérément occultés, tels des suicides, des internements psychiatriques, des faillites, des naissances hors mariage... Sont un jour révélés dans l'héritage familial des faits méritoires, mais aussi scandaleux, l'existence de princes et de voyous, de bourreaux et de martyrs. Le nom est chargé d'instants de gloire et de bonheur, mais aussi de tragédies et de pertes. Ceux dont le comportement a été héroïque nous exhortent à nous montrer à la hauteur, ceux qui ont commis des infractions à la loi nous en font porter la faute, bien malgré nous, et malgré eux.

Dans le judaïsme, le changement de nom est une question lourde de sens. Il a été décidé dans un contexte bien particulier par ceux qui en éprouvaient l'absolue nécessité. Pour les descendants, le nom porte une judéité tronquée. Ils sont et ne sont pas juifs, du moins par la sonorité ou la graphie de leur nom vis-à-vis des autres. Or cela peut être inconfortable de se vivre comme étant juif, tout en n'étant pas identifié véritablement comme tel. Il est aussi difficile de se voir défini comme juif – « Toi qui es juif, tu es ceci ou cela... » –, avec l'approche réductrice que cela induit trop souvent.

P. B. — Oui, le nom peut signifier une appartenance ou une exclusion. Pendant la guerre, de nombreux juifs ont changé de nom pour pouvoir échapper au danger. Grâce à de faux papiers, à une autre identité, ils ont réussi à avoir la vie sauve. Ma mère me racontait que, petite fille sous l'Occupation, on lui interdisait de garder des copies d'école qui portait son nom. Elle devait les déchirer pour qu'on ne sache pas qu'elle était juive. Aujourd'hui, les enfants et petits-enfants de ceux qui ont changé de nom font parfois la démarche inverse et souhaitent reprendre leur nom d'origine avec sa consonance juive. Les circonstances différentes font que les choix changent.

C. B. — Dans toute famille, on retrouve ce mélange d'acceptation et de refus de l'héritage, au sens large, même s'il paraît plus lourd pour certains que pour d'autres. Que peut-on faire de ce poids du passé qui se met en travers de notre route ? « Monsieur mon passé, laissez-moi passer », disait Goethe

La psychanalyse nous aide à nous en détacher, au sens où nous ne sommes plus « attachés » à nos douleurs d'enfance, ni davantage conditionnés par une image idéalisée de nous-même, elle aussi en relation avec l'attente de nos aïeuls. Elle permet aussi de reconnaître la force et la valeur de l'amour et des enseignements qui nous ont été donnés, mieux, de les accueillir et de pouvoir les transmettre à notre tour, autrement. Alors, au lieu de porter notre destin, c'est notre destin qui nous porte.

P. B. — Le Deutéronome (24 :16) nous dit que chacun doit être responsable de son destin et que nous ne pouvons rejeter la faute des parents sur leurs enfants et vice versa. Mais évidemment, dans la réalité, nous portons tous les traces de notre histoire, avec ses avanies et ses espoirs. Parfois nous nous inspirons de notre passé, parfois nous devons nous en affranchir.

UN AUTRE NOM, UNE AUTRE VIE

C. B. — Quand Saraï a quatre-vingt-dix ans, Dieu change son nom en Sarah, lui promettant qu'elle enfantera un an plus tard. Celle-ci passe de « ma princesse » à « princesse » : elle n'est plus la princesse de ses parents qui l'avaient nommée ainsi, ni de son mari. Elle a acquis une nouvelle autonomie.

Il est intéressant de noter que Saraï s'était fait passer auprès du pharaon pour la sœur d'Abram, – ce qui n'était pas un mensonge, car ils avaient tous deux le même père. Cela peut être une des raisons pour laquelle ils avaient des difficultés à procréer : peut-on avoir un enfant avec sa sœur ou avec son frère, c'est-à-dire avec une femme ou un homme « trop proche », non différencié, ne venant pas d'une autre lignée et porteur d'un autre désir ? C'est à la suite d'une alliance conclue par Abraham avec Dieu (il se nommait alors Abram) que Sarah a pu enfanter. La maternité chez cette femme stérile de quatre-vingt-dix ans a été rendue possible par la « bonne distance » qui s'est établie avec son mari, c'est-à-dire une proximité non possessive et fusionnelle, mais aussi par l'alliance d'Abraham avec l'Éternel, relation ouverte à l'ailleurs, à l'infini. « Regarde les étoiles et tu verras la multitude de ta descendance » (Gen.15 : 5), dit Dieu à Abraham. Auparavant, tous deux faisaient des prières incessantes afin d'être exaucés dans leur souhait d'avoir un héritier, mais sans obtenir aucun résultat. C'est quand leur nom s'est ouvert à une autre dimension qu'ils ont pu concevoir : quand s'est ajouté à leur nom, Sara*h* et Abra*h*am, la lettre ה *he*, lettre présente dans le tétragramme – « *Yod He Vav He* » – qui signe l'alliance avec Dieu. Des prénoms qui contiennent אל *el*, le nom de Dieu – Gabriel, Raphaël, Michaël, Emmanuel, Uriel –, sont fréquents pour les hommes dans le judaïsme et le christianisme, et chez les femmes sont souvent donnés ceux de Marie et Myriam. On retrouve le nom du Prophète Mohamed chez les musulmans, mais aussi Ibrahim (Abraham), Moussa (Moïse), Issa (Jésus) et Nouh (Noé), et pour les femmes, le nom des épouses de Mohammed (Aicha, Khadija) et de la fille du Prophète (Fatima). Dans le judaïsme, sont souvent donnés les noms bibliques (Sarah, Esther, Judith). Est-ce là favoriser, par cette « présence » au sein du nom, une protection divine pour le destin de l'enfant ?

P. B. — C'est s'ouvrir à l'autre, au Tout-Autre, et peut-être tout simplement au miracle de la création. C'est aussi affirmer un lien avec un héritage, une histoire inspirée...

C. B. — Dans le cas de Sarah et d'Abraham, on voit qu'une transformation de leur nom a changé leur destin. Prendre un autre nom au cours d'un baptême, d'une conversion, c'est se donner une chance d'avoir une destinée à la mesure de ses rêves et couper avec un passé dans lequel on se sent enfermé ; se libérer du poids de certaines attentes qui empêcheraient d'aller de l'avant comme nous le souhaiterions.

S'il est vrai qu'aucun prénom n'est choisi au hasard et qu'il est chaque fois porteur d'une histoire, il est ensuite donné à chacun de l'adopter, de faire sien l'imaginaire qui lui est associé. Au cas où un individu le refuse, ne se sent pas en accord avec ce choix qui lui a été imposé, il lui est difficile de se faire reconnaître par les autres, même par les siens. II peut avoir des difficultés à trouver sa place, au sein de la famille et de la société. Alors il, ou elle, prend un prénom riche de sens et d'espérance. Celles qui se font appeler Judith ou Myriam ou Fatima ne souhaitent pas avoir la vie de Judith ou Myriam ou Fatima, mais « adopter » pour leur propre vie des qualités, des valeurs et une liberté qu'elles prêtent à ces personnages. La distance prise avec leurs origines les fait se souvenir d'une autre origine, le souffle à la fois unique et intemporel qui anime toute vie : « Nos enfants ne sont pas nos enfants, ils sont les fils et les filles de l'appel de la Vie à elle-même. Ils viennent à travers vous mais non de vous[1] », dit Khalil Gibran dans *Le Prophète.*

P. B. — Il s'agit là d'une manière d'inscrire une présence divine, la capacité de discerner l'au-delà de soi, de ne pas oublier de s'extasier, d'écarquiller les yeux devant les merveilles du monde, d'être surpris, étonné, ébahi, jamais blasé. « Le tort de l'être humain, dit le Talmud, c'est d'oublier qu'il est un prince. »

C. B. — N'est-ce pas le renard qui apprend au Petit Prince qu'il est un prince ? Comme sont princes et princesses tous ceux que des regards attentifs et bien attentionnés habillent de l'essentiel « invisible pour les yeux ». Et si l'« on ne voit bien qu'avec le cœur », de même, on ne nomme bien qu'avec le cœur. « Tu es encore pour moi un petit garçon tout semblable à cent mille petits garçons. Je ne suis pour toi qu'un renard semblable aux cent mille renards. Mais, si tu m'apprivoises, nous aurons besoin l'un de l'autre. Tu seras pour moi unique au monde; je serai pour toi unique au monde[2]... »

1. Khalil Gibran, *Le Prophète, op. cit.*, p. 19.
2. Antoine de Saint-Exupéry, *Le Petit Prince, op. cit.*

P. B. — Le Petit Prince apprend le paradoxe entre la similitude et la différence : nous sommes tous semblables et uniques à la fois. Un midrash (TB, Senh. 35a) s'interroge : Pourquoi Dieu a-t-Il créé l'humanité à partir d'un seul couple ? La réponse différencie la création de l'artisan de celle de Dieu. Lorsque l'artisan prend un moule, ou frappe des pièces avec le même sceau, alors toutes ses pièces se ressemblent, mais lorsque le Saint béni soit-Il crée l'être humain à partir d'un seul couple, ils sont tous différents, et créés à l'image de Dieu. Afin que personne ne puisse dire : « Moi, je suis issu de telle ou telle famille et je suis supérieur à toi », tous ont été créés à partir d'un seul couple. Ce midrash tente d'expliquer cette apparente contradiction : nous sommes semblables dans notre dignité, uniques face à la diversité.

C. B. — Nous sommes tous des princes et des princesses, mais chacun l'est, à sa façon. Citons le Petit Prince encore... Quand il vit un jardin fleuri de roses, il les regarda. « Elles ressemblaient toutes à sa fleur. Et il se sentit très malheureux. Sa fleur lui avait raconté qu'elle était la seule de son espèce dans l'univers. Et voici qu'il en était cinq mille, toutes semblables, dans un seul jardin ! » Il pensa même qu'elle en serait tellement vexée si elle le savait « qu'elle se laisserait vraiment mourir ». Et il se dit : « Je me croyais riche d'une fleur unique et je ne possède qu'une rose ordinaire. [...] Mais, à elle seule, elle est plus importante que vous toutes car c'est elle que j'ai arrosée... Puisque c'est ma rose[1]. » Chaque rose est unique pour celui qui la nomme avec son cœur ; comme chacun est unique qui nomme une rose, « sa » rose. Sur la planète terre, sait-on combien il y a de noms de roses...

P. B. — Ce texte est magnifique ! Les mots « je t'aime », qui sont si banals, sont toujours prononcés de manière unique. Le nom rappelle l'unicité de chacun, la variété extraordinaire de l'humanité. Le nom retrace une histoire en pointillé, une histoire d'expériences et

1. *Ibid.*, p. 272.

de rêves comme le dit le poème écrit par la poétesse israélienne Zelda (1914-1984) :

Chacun de nous a un nom
Donné par Dieu
Et donné par nos parents.
Chacun de nous a un nom
Donné par notre apparence et notre sourire
Et donné par nos habits.
Chacun de nous a un nom donné par les montagnes
Et donné par les murs que nous érigeons.
Chacun de nous a un nom
Donné par les étoiles
Et donné par nos voisins.
Chacun de nous a un nom
Donné par nos erreurs
Et donné par nos espérances.
Chacun de nous a un nom
Donné par nos ennemis et donné par ceux que nous aimons.
Chacun de nous a un nom
Donné par nos réjouissances
Et donné par notre ouvrage.
Chacun de nous a un nom
Donné par les saisons
Et donné par nos aveuglements.
Chacun de nous a un nom
Donné par la mer
Et donné par notre mort[1].

C. B. — N'avons-nous pas un nom à chaque regard qui nous est porté ? Autant de noms, déjà, dans la façon dont ils sont prononcés ! Avec tant d'amour, parfois, que nous entendons bien plus que notre nom et sommes transportés d'émotion : le son mélodieux s'adresse

1. Shirey Zelda, Hakibbutz Hameuchad, 1985.

à l'unique que nous sommes, éveille la perspective d'un amour infini. S'y trouve inscrit, présent et invisible, l'étincelle du Nom divin. Pour revenir au midrash, parler de la profanation du nom, n'est-ce pas évoquer cet « unique » qui est profané : l'unique de notre nom et l'unicité primordiale qui nous relie les uns les autres, source céleste au sein de notre identité.

L'INFINI DE TON NOM

P. B. — La racine *shama* signifie « être élevé ». En assyrien *shamou*, c'est « l'étincelle » et שמים *shamayim* désigne les cieux, « l'immensité que nous ne pouvons concevoir » selon la liturgie. « Les cieux racontent la gloire de Dieu », dit le Psaume 19 :2. Le regard porté vers les cieux est une invitation au rêve, au dépassement de soi. Le nom contient cette poussière d'étoiles. Abraham Heschel l'écrit si bien : « À l'intérieur d'un cabinet d'études, on peut soutenir n'importe quelle idée qui survient à l'esprit. On peut même prétendre que le monde n'a pas de sens et que toute valeur est un rêve ou une fiction. Mais nul ne peut se gausser des étoiles, railler l'aurore, brocarder la venue du printemps, ni bafouer la totalité de ce qui est. Séparés de l'immensité, cloîtrés dans nos propres concepts, nous pouvons mépriser et insulter tout ; mais debout entre ciel et terre, nous sommes réduits au silence[1]. »

C. B. — L'être humain « debout entre ciel et terre » parle aux étoiles, mais il n'a pas oublié son appartenance à la terre. Il sait combien sont puissants les liens qui l'enracinent à une histoire, un lieu, forte l'affection pour les siens, son clan, sa famille, mais stériles et handicapantes certaines douleurs qui le maintiennent prisonnier du passé. Cependant, tout aimants qu'ils puissent être, ces liens

1. Abraham Heschel, *Dieu en quête de l'homme*, *op. cit.*, p. 117.

archaïques le tiennent reclus dans une époque révolue. Les désirs qui animaient ses ancêtres peuvent être encore les siens, de même que leurs erreurs et souffrances se répètent malgré lui dans sa propre vie ; mais il n'est pas condamné à poursuivre les rêves de ceux qui l'ont précédé, ni à répéter leurs plaintes, échecs et désespoirs. Aussi, pour ne pas être enfermé dans des schémas aliénants, ne pas être le réceptacle passif de souffrances qui ne lui appartiennent pas, lui faut-il s'élever, se souvenir de cette part du ciel qui l'invite à de plus hauts horizons, l'exalte et le magnifie.

L'être humain est souvent comparé à un arbre, les pieds solidement ancrés dans le sol, les bras et la tête élancés telles des branches vers le ciel. Quand on trace le dessin d'un d'arbre généalogique, on place les ascendants au-dessus ; ne devrions-nous pas, nous appuyant sur eux pour mieux nous élever, les situer en dessous ? Ainsi cesserions-nous de les porter, non seulement comme un poids, mais comme un empêchement à voir la lumière, voile d'injonctions et de contraintes qui s'interposent entre nos plus belles aspirations et leur possible réalisation. Notre vision n'en serait pas entamée ; bien au contraire, nous deviendrions visionnaires.

P. B. — Une légende raconte qu'Atlas portait la terre sur son dos, comme un fardeau, tandis que l'ange Gabriel portait la coupole des cieux sur sa tête pour amener sur terre la présence des cieux. On peut ainsi porter son passé comme un poids qui nous écrase, ou bien essayer de nous élever en l'éclairant par ce qui nous dépasse.

C. B. — Éclairer le passé par ce qui nous dépasse, c'est se laisser traverser par la lumière jusqu'à nos racines, éclairs de lucidité qui ouvrent à une meilleure compréhension de nos impasses et de nos limitations, souffle céleste qui nous allège du poids de nos émotions. C'est laisser l'irrationnel nous surprendre, amuser nos sens sans les abuser, égayer notre raison sans nous égarer et permettre à l'inattendu de nous transporter de joie et de bonheur.

C'est aussi s'ouvrir à l'illumination fulgurante de l'inspiration poétique. « La lucidité est la blessure la plus rapprochée du soleil », écrivait René Char. Cette lucidité se transmet par les mots du poète, mais ce qu'elle suggère va au-delà des mots : elle nous fait toucher un espace inconnu, lequel agit comme un révélateur sur notre appréhension du monde. Elle est aussi intuition, ouverture à un univers qui échappe à notre entendement, et nous impose de ce fait d'accepter de ne pas « tout » comprendre. Acceptation qui, en tant que telle, est élévation.

P. B. — לב *Lev*, que l'on traduit par « cœur », est, dans la Bible, le siège à la fois de la pensée et des sentiments. Récemment les neurosciences ont montré que le siège des idées et celui des émotions n'étaient pas séparés. La philosophie occidentale, on l'a vu, soutient que l'âme est prisonnière du corps et qu'elle doit s'en détacher pour parvenir au monde supérieur des idées. En revanche, pour la tradition juive l'âme s'exprime à travers le corps et les sens. La réalité sensorielle est source de spiritualité. Et l'humain reste mystérieux. Le Talmud nous dit : « Apprends à ta langue à dire je ne sais pas » (TB, Ber. 4a).

C. B. — Les oscillations de nos pensées affectent les pulsations de notre cœur. De même que les variations de notre vie affective et amoureuse ne sont pas sans effet sur notre réflexion et vision du monde. Quand la tête est reposée, notre cœur n'est plus troublé et un cœur aimant rend notre esprit joyeux et pétillant.

La recherche de vérité, qui semble concerner essentiellement le monde de la réflexion et des idées, est bien souvent alimentée par des questions d'ordre affectif : si l'on s'interroge sur le sens qu'il nous faut donner à l'existence, et la nôtre en particulier, si l'on cherche à comprendre le pourquoi de ce qui se dit et se vit, c'est bien souvent que notre cœur est en peine : il a peine à comprendre une solitude et un désespoir qui l'envahit, la douloureuse sensation de n'être pas aimé.

Certainement faut-il faire la distinction entre ce questionnement inquiet et celui d'une saine curiosité, fait d'un esprit apaisé, capable d'explorer les lointains. L'enfant qui ne cesse de poser des questions est à la fois inquiet et curieux : « Pourquoi ceci, pourquoi cela... ? », dit-il jusqu'à rencontrer chez ses parents une lassitude et une incapacité à répondre. L'adulte poursuit ces interrogations tout au long de sa vie, mais il apprend à se satisfaire de réponses qui ne sont ni absolues ni définitives. Il sait que les affirmations, certitudes d'un jour, s'avèrent bientôt sans fondement et inexactes.

Il est des hommes et des femmes qui, cependant, ne peuvent tolérer des espaces sans réponse. Ils ne se sentent en sécurité que face à des vérités tranchées, des références scientifiques ou historiques, un recours aux statistiques – même très approximatif : « Tout le monde préfère ceci, personne n'aime cela. » En un mot : « Je sais ce qu'il en est, c'est ainsi et pas autrement. » Ils se ferment, parfois avec rage et colère, à une infinité de regards et de points de vue qui leur sont proposés et qui pourraient les « élever ».

Aussi, pour en revenir à l'injonction « Tu ne profaneras pas le nom de Dieu », n'est-elle pas à entendre comme : « Tu ne profaneras pas le nom de Dieu qui est en toi. » Par tes actes, paroles et pensées, tu seras à l'écoute de ce ciel étoilé qui habite ton nom, de cet espace éclairé et éclairant, sage, poétique et éthique qui accompagne ton inscription dans le monde d'ici et maintenant. Sans cette ouverture à l'espace céleste, ton monde n'est qu'un chaos. Si l'on suit la Genèse, avant l'apparition de la lumière et sa séparation d'avec les ténèbres, avant la création du ciel, la terre n'était-elle pas vide et désolation ?

P. B. — שמים *Shamayim*, c'est le « ciel » et שממה *shemama*, la « désolation » : ces deux mots sont proches, un peu comme הילול *hilloul*, la « glorification », et חילול *hilloul*, la « profanation ». Comme si, en hébreu, la différence graphique entre la lettre ה *hé* et la lettre ח *heth* – un trait ouvert ou fermé – pouvait faire basculer la vision de soi et la vision du monde. On sait qu'il suffit de changer de ton en prononçant les mêmes mots pour provoquer des effets contraires. On sait qu'un peu trop de sel dans la pâte l'empêchera de lever, une erreur de virgule peut rendre impossible le décollage d'une fusée, dépasser d'un milligramme une dose de médicament peut être mortel ou, à l'inverse, salvateur.

Aussi, c'est la célébration du détail qui fait de l'œuvre de Proust une pure merveille. Rappelons-nous ses mots sur la madeleine : « Mais à l'instant même où la gorgée mêlée des miettes du gâteau toucha mon palais, je tressaillis, attentif à ce qui se passait d'extraordinaire en moi. Un plaisir délicieux m'avait envahi, isolé, sans la notion de sa cause. Il m'avait aussitôt rendu les vicissitudes de la vie indifférentes, ses désastres inoffensifs, sa brièveté illusoire, de la même façon qu'opère l'amour, en me remplissant d'une essence précieuse : ou plutôt cette essence n'était pas en moi, elle était moi. J'avais cessé de me sentir médiocre, contingent, mortel. D'où avait pu me venir cette puissante joie ? Je sentais qu'elle était liée au goût du thé et du gâteau, mais qu'elle le dépassait infiniment, ne devait pas être de même nature. D'où venait-elle ? Que signifiait-elle ? Où l'appréhender[1] ? »

C. B. — Ces mots, si beaux à relire, traduisent bien les « plaisirs délicieux » et « puissantes joies » qui nous visitent à l'improviste et émerveillent un quotidien désenchanté. Il est parfois plus facile de découvrir l'origine de certaines blessures que de comprendre ce phénomène où nous sommes soudain « remplis d'une essence précieuse » au point d'*être* cette essence même ? N'est-ce pas l'appréhension de ce mystère qui, ouvrant à un plus grand mystère, nous met au-dessus des contingences et autres vicissitudes de notre condition d'êtres humains ? Profaner serait alors l'absence d'ouverture à cette essence mystérieuse.

1. Marcel Proust, *À la recherche du temps perdu, Du côté de chez Swann*, Gallimard coll. « Bibl. de la Pléiade », t. 1, p. 46.

BLESSÉ DANS SON CŒUR

P. B. — Le mot חילול *hiloul* traduit par « profanation » vient d'une racine qui signifie « percer », « trouer », « perforer ». On connaît le gâteau rond *hala* qui est percé en son milieu pour lui donner la forme d'une couronne, le roseau en éthiopien qui est creux à l'intérieur, qui a donné en hébreu חליל *halil*, la « flûte », ou חלון *halon* la « fenêtre », l'« ouverture ». Tous ces sens sont positifs. Mais la seconde famille de sens est négative : dénouer, polluer, profaner, rendre impur. On peut bien imaginer qu'une perforation peut être une blessure et non une ouverture. Le Psaume 109 : 22 en est un exemple : « Mon cœur est blessé [percé] à l'intérieur de moi. » Le mot désigne la sensation de creux, de vide. De cette racine vient le mot חולה *holé*, « malade », et מחלה *mahala*, la « maladie », le « chagrin ».

C. B. — Être malade, c'est être blessé dans son corps mais aussi dans son cœur et dans son âme. Le chagrin d'une vie qui apparaît vide de sens précède souvent des symptômes physiques. Tomber malade, c'est être là où « là-bas blesse » : être coupé de l'origine, du souffle, de l'infini étoilé. La blessure prend place et lieu d'une ouverture à la vie, à l'amour, au changement, à l'inconnu : le cœur pleure de ce que l'on s'interdit de vivre même si l'on justifie ses actes par de « bonnes raisons » : « Il y a des choses qu'on ne fait pas », « Moi, ça jamais », « Et si ça ne marchait pas », « Je ne vois pas à quoi ça sert », « Je suis bien là où je suis ». Par éducation, idée préconçue, peur, manque de connaissance, absence de désir, etc., l'audace vient à manquer et son absence est à l'origine des regrets. Ainsi, ceux qui sont phobiques de l'avion – comme de toute forme de « transport » tel le transport amoureux – se réjouissent d'abord de ne pas « partir », mais ils s'attristent ensuite de toutes les contrées qui resteront pour eux inconnues.

S'ouvrir à la vie, c'est ne pas craindre d'ouvrir son cœur à toujours plus d'amour, de générosité, d'attentions au monde qui nous entoure et c'est une aptitude à vivre la relation sans oublier qu'elle porte en elle une ouverture spirituelle. Elle est écoute du ciel qui est en nous, comme en tous ceux que nous aimons et croisons sur notre chemin. Quand cet espace, vision élargie, vient à manquer, le cœur est « désolé », esseulé, inconsolable, car la relation à l'autre n'est pas habitée par les étoiles : quand nous n'avons pas d'autre « nourriture » que périssable, il finit par se fermer, se « serrer ».

Réfléchir ensemble autour de « la profanation du Nom » revient à se poser la question de la relation à l'autre dans son caractère à la fois éthique et inspiré. Et parce que ce n'est pas une notion abstraite, ce qui est tout son intérêt, il s'agit pour nous de mettre des exemples concrets au service de cette question.

P. B. — Il est en effet intéressant de noter dans quels cas l'expression חילול השם *hilloul hashem*, « profanation du Nom », est employée d'abord dans la Bible. Dans le Lévitique (18 :21 et 20 :3), elle est associée au culte de Molokh à qui l'on sacrifiait des enfants. La Bible hébraïque s'oppose radicalement à tout sacrifice humain et c'est l'un des enseignements fondamentaux de l'épisode de la « Ligature d'Isaac » (Gen. 22) : le Dieu de la Bible abhorre ces sacrifices. Le חילול השם *hilloul hashem*, « la profanation du Nom divin », signifie dans ce passage la contradiction absolue avec le respect de la vie. Aucun dieu, aucune religion ne peut demander le sacrifice de ses enfants.

C. B. — Et aucun être humain ne peut l'accepter ! Toute forme de sacrifice apparaît comme une abnégation, un dévouement qui se fait aux dépens de ce qui nous tient à cœur, la négation de nos désirs pour ne donner vie et réalité qu'à ceux d'autrui. Mais le sacrifice ne pourrait-il aussi être considéré comme le lieu d'un dépassement de soi : l'occasion de se découvrir plus aimant que nous le pensions, capable d'une plus grande générosité, d'un élan qui ne calcule rien, ne questionne pas le pourquoi, et se laisse inspirer par un appel chez l'autre qu'il pressent, urgent et essentiel. C'est un amour dont la vision élargie accueille et accepte une autre façon d'aimer.

À l'inverse des sacrifices qui en exigent d'autres en retour, et enferment l'être aimé dans la culpabilité de ne pas savoir aimer : « Regarde comme je sais t'aimer; ne pourrais-tu en faire tout autant ? » Le sacrifice consiste alors en une volonté déguisée de faire de l'autre le *même*, considérant avec autorité que « c'est ainsi, et pas autrement » que l'on aime ; c'est alors tuer chez l'autre sa force de vie, sa créativité, son essence originale et originelle, le vivant unique de ce qu'il est. Nous sommes dans la profanation quand l'*un* de l'autre n'est pas respecté, voire anéanti. Il est des attaques à mots armés, même par mots aimés.

P. B. — D'ailleurs, en hébreu, le sacrifice se dit aussi קרבן *korban* qui signifie « rapprochement ». Le sacrifice n'est pas une monnaie d'échange, mais plutôt la marque d'une intention de se rapprocher. Peut-être faut-il penser les relations humaines non pas comme des échanges de sacrifices mais comme des tentatives d'association – je ne me sacrifie pas pour toi, auquel cas tu me serais redevable. Plutôt : je t'offre un peu de moi pour être plus proche de toi.

Et cette offrande doit être au plus proche de l'honnêteté car on trouve aussi cette notion de profanation du Nom dans le verset : « Vous ne jugerez point par mon Nom à l'appui du mensonge, ce serait profaner le Nom de ton Dieu : je suis l'Éternel » (Lév. 19 :12). Ici profaner, c'est mêler le divin à un mensonge. Parler de Dieu lorsque l'on ment est une négation du divin.

C. B. — Mêler le mensonge au service de Dieu, c'est laisser entendre que l'on agit pour une grande cause, alors que ce n'est qu'à des fins – et faims – personnelles : accroître ses avoirs et son pouvoir. La cause invoquée peut être religieuse, humanitaire, médicale, sociale ou politique. On assiste régulièrement à des scandales, tels ces abus de confiance envers des personnes convaincues que leurs dons s'adressent à ceux qui en ont la nécessité, alors que ces dons ne font qu'enrichir encore davantage ceux qui n'en ont nul besoin. Au jeu du poker, on « bluffe », laissant croire que l'on n'a pas de jeu, alors que l'on exulte intérieurement à la pensée des belles cartes que l'on va abattre, pour mieux abattre l'autre ! Mais il n'y a pas de mensonge véritable dans le sens où ce dernier fait partie des règles du jeu.

Le mensonge est inacceptable quand il prend l'autre pour dupe et abuse de ses meilleures intentions, faisant preuve d'un comportement sans foi ni loi. Et que dire des mensonges par amour ? Ceux qui sont prétendument utiles, pour mieux protéger l'être aimé, « pour son bien » ? Le mensonge ne viendra-t-il pas altérer la beauté de la relation ? Car ce qui n'est pas dit se laisse entendre au-delà des mots, au travers des omissions, incohérences ou silences plus éloquents qu'il n'y voudrait paraître. L'autre n'est-il pas nié dans son désir de vérité ? Là est la profanation : prétexter l'intérêt d'un autre pour défendre le sien propre, se prétendre altruiste pour mieux nier l'autre dans ses besoins et sa liberté. Récolter ainsi admiration, amour et respect alors que les intentions ne sont ni admirables, ni aimantes, ni respectueuses.

P. B. — C'est alors une forme d'hypocrisie, on camoufle un égoïsme par des valeurs altruistes. Même si, dans le judaïsme, il est permis de mentir dans des cas extrêmes, pour protéger la vie ou l'espoir – car le bien est une valeur supérieure à la vérité. En cas de danger, pour sauver son peuple par exemple, la reine Esther a caché son identité. En revanche la manipulation pour justifier l'oppression est interdite. Ainsi chez le prophète Jérémie, la négation de la liberté humaine est considérée comme une profanation du Nom divin : « Puis, vous ravisant, vous avez outragé mon Nom et chacun a repris son esclave et chacun sa servante, que vous aviez rendus libres à eux-mêmes, et vous les avez contraints à redevenir vos esclaves ! » (Jér. 34 :16). Le refus de la liberté de l'autre est une négation du divin puisque l'autre n'est pas libre comme soi. L'égale dignité fondamentale de chaque être humain est alors bafouée. Le prophète Amos désigne aussi l'extorsion des pauvres comme un חילול השם *hilloul hashem* (Amos 2 :7).

C. B. — La profanation du Nom consiste ici à donner une liberté pour la reprendre ensuite : il s'agit d'une liberté conditionnelle. Cela fait penser au jeu du chat et la souris : « Un coup, je te prends, un coup je te lâche, et je te reprends quand bon me semble. » En décidant ou non de sa liberté, en lui en donnant le goût pour ensuite l'en priver de façon autoritaire et arbitraire, on exerce sur l'autre sa toute-puissance. Les comportements que l'on qualifie de « pervers » alternent le compliment et l'insulte, une déclaration d'amour avec la plus grande indifférence, un accueil emphatique suivi d'un rejet et d'une exclusion : l'autre est adulé, puis *persona non grata.*

Accorder à l'autre une liberté, puis la lui refuser, est aussi un comportement paternaliste : la liberté est alors offerte comme un cadeau, et non un dû. Dans le cadre éducatif, l'autorité a sa justification si elle n'est pas abusive et ne fait pas usage de chantages affectifs tels que : « Si tu fais ceci (et que tu vas dans le sens de mon désir), tu seras libre. Car c'est moi qui sais ce qui fera de toi un homme/une femme libre. » Ces attitudes entre adultes dénotent d'une volonté de supériorité qui n'a pas lieu d'être. On n'a pas à donner à l'autre quelque liberté que ce soit, mais à reconnaître la sienne, inhérente en tant qu'être humain. Quand la liberté est imposée, le mot est galvaudé, perverti, éloigné de son sens premier. Il en est qui « redonnent leur liberté » à ceux qui ne la souhaitaient pas, à un moment où ils n'en voulaient pas. C'est un abus de pouvoir sous toutes ses formes, familial, professionnel, social.

P. B. — La liberté fondamentale de chaque être humain doit être de l'ordre de l'évidence. Nier la liberté de l'autre, c'est nier son humanité. L'autre devient chose, objet, moyen, au lieu d'être une personne, un sujet, une destinée. De manière générale, les textes bibliques associent le חילול השם *ḥilloul hashem* à l'idolâtrie, et les rabbins vont par la suite développer l'idée inverse de קידוש השם *kiddoush hashem* : « sanctification du Nom divin ». Les deux expressions opposées ont pour thème la réputation, l'honneur de Dieu. Au fond, selon notre comportement, soit nous sommes les garants de l'honneur de Dieu, soit nous l'avilissons. Lorsque nous nous comportons avec justice envers notre prochain, nous défendons l'honneur de Dieu et protégeons cette étincelle divine qui est en nous.

C. B. — Les actes, paroles et pensées ne sont-ils pas justes dès lors qu'ils sont animés par cette étincelle divine ? Justes dans leur intention et leur orientation ? Quand ils s'inspirent d'une haute idée de l'autre, autre dans sa différence et son individualité mais aussi en tant qu'être humain digne de respect, alors ils honorent sa réputation, sa « sainteté » – car le mot קודש *koddesh* signifie à la fois « autre » et « sainteté ».

Cet autre est écouté, ce qui est une notion essentielle – et trop rarement mise en acte – dans ce qui est de *son* désir, et non pas comme objet de désir ou moyen pour obtenir ce qui est désiré. « Tu dois faire cela *pour moi,* et peu m'importe l'intérêt que tu y portes, et le peu de joie que tu éprouves à le faire » : imposer ses volontés en allant à l'encontre du souhait de l'autre équivaut à le nier. « La violence, qui semble être l'application directe d'un être à un être, refuse en réalité à l'être toute son individualité, en le saisissant comme un élément de son calcul, et comme cas particulier d'un concept[1]. » C'est un acte de violence qui, dans le visage de l'autre, « ignore le visage de l'être[2] », ainsi que le dit Levinas.

P. B. — L'autre devient le moyen d'une fin qui ne sert qu'à celui qui opprime. Rendre quelqu'un esclave, c'est le rendre esclave de son propre désir. Voici ce que dit avec clairvoyance Rabban Gamliel à propos des dirigeants : « Soyez circonspects dans vos relations avec les grands, car ils ne se rendent accessibles que lorsque leur intérêt le leur commande : ils se disent vos amis quand ils ont besoin de vous ;

1. Emmanuel Levinas, *Liberté et commandement*, Le Livre de poche, « Biblio essais », p. 46-47.
2. *Ibid.*

mais si vous êtes dans l'adversité, ils vous refusent leur appui» (Avoth 2 :3). Ici la relation à l'autre n'est envisagée que dans la nécessité, le besoin, l'utilité. Le visage de l'autre est voilé.

C. B. — Un voile qui dissimule son véritable visage : la singularité de son âme. Ses propos, sentiments et pensées ont disparu derrière l'intérêt qui lui est porté, intérêt non pour ce qu'il est, mais pour ce qu'il peut rapporter, donner de lui – comment peut-on en tirer le meilleur profit? Il en va ainsi pour ceux qui sont regardés avec hauteur et avec la certitude qu'ils ne sont là que pour servir. Même ceux que l'on met sur un piédestal, auxquels on voue un véritable culte, sont des aspects de projection et niés pour ce qu'ils sont. Ils peuvent être un jour rejetés et critiqués avec la même intensité qu'ils ont été idolâtrés : des reproches qu'ils reçoivent d'une violence proportionnelle à l'adulation qui les a précédés.

De même, certains objets, rituels, et même la prière, la méditation ou encore le silence – qui ne sont que des relais, moyens de passage vers des états de conscience plus élevés – prennent parfois tant d'importance que l'on semble oublier leur sens premier et leur intention véritable. «Quand le sage montre la lune, le sot regarde le doigt», disait Confucius. La consommation, l'argent, la beauté et même l'amour ne sont-ils pas devenus des «idoles»? Ils ne sont pas là pour mieux sanctifier l'autre, occasion de lui offrir le meilleur de ce que l'on a et de ce que l'on est. Ils sont devenus *objets* d'amour, sanctifiés en tant que tels, et contribuent à l'oubli de l'être, l'oubli de l'autre. L'idolâtrie va bien à l'encontre de la sanctification.

P. B. — Oui, Levinas parle même de «l'idolâtrie de la Torah». Un joli midrash raconte que les enfants d'Israël transportaient dans l'Arche sainte non seulement les nouvelles Tables de la Loi que Moïse avait rapportées après l'épisode idolâtre du Veau d'or, mais aussi les débris de celles qu'il avait brisées par colère. Pourquoi? Parce qu'il est important de se rappeler que parfois la loi doit être brisée lorsqu'elle est source d'idolâtrie.

LES RÉPONSES DES RABBINS

P. B. — Le midrash propose trois réponses de trois rabbins différents sur la question du sens de la profanation du Nom, ce qui nous montre d'emblée que répondre n'est pas de l'ordre de l'évidence et qu'il n'y a pas qu'une seule réponse possible. Comme le sculpteur de pierre fait jaillir mille éclats, le lecteur ou l'étudiant peut aussi proposer son interprétation du midrash. Les rabbins indiquent des chemins sur lesquels nous pouvons nous engager, mais ce ne sont pas des directions impératives ou des sens obligatoires. La liberté de l'esprit est aussi fondamentale dans la dignité humaine. Le traité Erouvin (13b) du Talmud dit à propos de Hillel et Shammaï : « Celles-ci et celles-là sont les paroles du Dieu vivant. » Il ne s'agit pas de dire tout et son contraire mais, à l'intérieur d'un cadre souple, de nombreuses interprétations sont possibles et offrent le gage d'une tradition vivante.

C. B. — Cette liberté de l'esprit est essentielle ! Elle est source d'inspiration et de créativité. Si l'on craint de se voir puni pour avoir osé exprimer une opinion différente de celle de son voisin – que ce soit dans la cité, à sa table, dans la vie publique ou dans l'intimité – et que l'on se modèle sur la pensée des autres, nous privons l'humanité d'une diversité de vues sur le même sujet. Cette liberté est un signe d'intelligence – *inter-ligere* : « faire des liens » avec l'autre, mais aussi entre diverses approches, modes de pensée et multiples références géographiques, culturelles et religieuses. La pensée unique est la mort de la pensée. Elle constitue un danger pour l'humanité.

P. B. — C'est un des enseignements du récit de la tour de Babel qui commence ainsi : « Toute la terre avait une même langue et des paroles semblables » (Gen. 11 :1). L'absence de diversité a provoqué la destruction de cette tour. Voici ce qu'en dit André Neher : « Dans le monde de Babel, il y a comme une asphyxie de la parole, parce que les mots s'y échangent, indifférents, semblables les uns aux autres, à l'instar de pièces de monnaie, comptées pour leur poids et non pour leur qualité. La parole y est devenue unité d'économie, non pas d'une économie qualitative qui connaît le prix de la parole et ne veut la prononcer que lorsqu'il en vaut la peine, mais d'une économie quantitative qui distribue les mots au prorata de leur efficacité et des nécessités mécaniques de leur emploi[1]. »

C. B. — Cette parole qui se distribuerait de façon mécanique en fonction de ce qu'elle souhaite obtenir dans l'instant pourrait être celle d'un robot. Elle n'est pas orientée vers celui ou celle qu'un élan d'amour ou d'amitié perçoit dans sa singularité. Dénuée de sentiment, elle n'en éveille par conséquent aucun. C'est une parole qui attend un retour sur investissement, quantifiable et vérifiable. Elle peut être répétée, car elle se construit sur un modèle et ne dit rien qui puisse distinguer la personne à laquelle elle s'adresse, ou celle qui l'énonce, de n'importe quelle autre.

Il est une forme d'aide qui se pose comme un acte d'altruisme, mais donne plus d'importance à l'acte en tant que tel qu'à la relation entre celui qui donne et celui qui reçoit. La multiplication des écoles de communication peut ainsi produire des réponses toutes faites, des phrases dont on est assuré de l'efficacité, mais qui ont perdu de leur authenticité. La grande différence entre חילול *hilloul*, « profanation », et קידוש *kiddoush*, « sanctification », n'est-elle pas de voir l'autre dans sa sainteté, c'est-à-dire, au sens fort du terme, dans son altérité, dans son humanité ? Tout acte fait écho à la sainteté de l'autre ou la nie et, dans ce cas, est un acte de profanation.

P. B. — Profaner, c'est bien nier la différence. Pour enseigner, on commence par établir des comparaisons et mettre en valeur des similitudes. J'apprends de l'autre parce qu'il est un peu mon

1. André Neher, *L'Exil de la parole*, *op. cit.*, p. 113.

semblable et, radicalement, irréductiblement différent. « Quand moi, par exemple... » : le maître se prend lui-même comme exemple d'une transgression, ce qui montre que cela peut arriver à tout le monde. Il fait preuve d'une certaine modestie dans son enseignement et il n'accuse pas quelqu'un d'autre. Ainsi il enseigne sans faire honte à quelqu'un, sans humiliation. Il construit sa démonstration à partir de sa propre erreur et reconnaît par là même ses propres limites. Dans la tradition juive, les héros ne sont pas des « superhéros » et ainsi chacun peut s'identifier à leurs qualités comme à leurs défauts. Ils sont des êtres humains et non des dieux. Le rabbin reconnaît ses propres défauts. Voir la perfection en soi serait une forme d'idolâtrie de soi.

C. B. — Ceux qui se veulent parfaits aiment se donner en exemple : « Regardez ma vie, mon œuvre, n'ai-je pas tout réussi ? » À l'inverse le rabbin donne à voir ses failles : il part de son propre exemple justement parce que ce dernier n'est pas exemplaire. Il est un miroir de nos possibles fautes, et il incite, ce qui est plus intéressant, à ne pas agir ainsi : « Ne faites pas ce que je fais ! Regardez bien la façon dont je me comporte pour agir autrement. » S'il montre le mauvais exemple, c'est afin de nous orienter vers la bonne conduite à tenir.

Qui aurait à proposer le modèle le plus facile à suivre : celui qui déclare : « Faites ce que je fais, car je suis parfait » ou : « Ne faites pas ce que je fais, car je suis imparfait » ? Le second cas offre un éventail de possibilités plus grand que le précédent. Il laisse libre cours à l'imagination et ouvre à un choix important de résolution du problème – en plus d'offrir le plaisir de trouver soi-même la bonne solution. Les parents qui prétendent détenir toujours la vérité, être un perpétuel exemple de réussite tendent vers une forme d'intransigeance : ils mettent la barre si haut que les enfants ne se sentent jamais « à la hauteur ». C'est pourquoi certaines fautes des parents libèrent les enfants.

P. B. — Dieu commet des erreurs dans la Bible et nous aussi. Lorsque le rabbin Abraham Heschel participa à une manifestation contre la guerre du Vietnam avec le pasteur Martin Luther King, il commença son discours par cette déclaration puissante : « Si Dieu s'est trompé en voulant détruire l'humanité par le Déluge et a exprimé son regret [« Désormais, Je ne frapperai plus tous les vivants comme Je l'ai fait » (Gen. 8 :21)], le président des États-Unis d'Amérique ne pourrait-il pas regretter de s'être engagé dans la guerre au Vietnam ? » La possibilité de se tromper, de trébucher fait partie de notre humanité.

Pendant longtemps on a pensé en matière d'éducation que les parents ne devaient pas pleurer devant leurs enfants. Aujourd'hui l'on pense que lorsque des enfants voient leurs parents verser des larmes, cela leur permet de le faire aussi, et de penser les larmes non comme une preuve de faiblesse mais de sensibilité. Ces perles de rosée salées, ces gouttes d'humidité qui coulent le long de nos joues, sont comme des bains de jouvence libérateurs. Un midrash dit que lorsque Adam et Ève furent expulsés du jardin d'Éden, ils se sentirent coupables d'avoir désobéi à l'ordre divin de ne pas manger de l'arbre de la connaissance. Dieu les assura alors de son amour et leur dit : « Comme preuve de cet amour je vais vous faire un cadeau précieux, je vais soulager votre tristesse et alléger votre angoisse. » C'est alors qu'Adam et Ève se serrèrent dans les bras l'un de l'autre et se mirent à pleurer. Ils sentirent les larmes couler sur leurs joues et leur cœur en fut allégé. « Ce doit être le cadeau de Dieu », dit Ève en caressant de sa main la joue humide d'Adam. Ce cadeau a été transmis de génération en génération. Et chaque fois que nous sommes tristes, des larmes coulent de nos yeux et nous réconfortent.

C. B. — Jean-Loup Charvet parle du « don des larmes » : « Parce qu'elles sont la chose la plus précieuse au monde, elles se donnent, ou plutôt elles sont données. Les larmes s'offrent à notre visage comme à notre pensée ou à notre cœur. Pour nous donner leur lumière, pour nous donner leur légèreté, pour nous offrir leur silence. [...] Les larmes révèlent ce qui se tait de l'homme[1]. » Elles révèlent notre part de ciel, et allègent le poids de notre incarnation. « Elles tombent vers le haut[2] », nous dit-il encore. Tantôt nous pleurons vers le haut, notre regard est tourné vers le ciel, en signe d'offrande ou de supplication, tantôt c'est à nos mains que nous confions nos larmes, cachant notre chagrin au creux de notre intimité. Les larmes, c'est le cœur qui se fait transparent et qui *fond* : une goutte de lumière au sein de notre quotidien.

P. B. — Regrets et larmes, larmes de tristesse ou de lumière, tout cela constitue notre humanité, mais revenons au midrash où Rav, qui vécut au IIIe siècle, est le premier à nous donner une réponse. Nous nous retrouvons dans un lieu banal, quotidien, comme si l'on voulait nous dire que c'est dans la prose que l'on peut trouver la poésie. Un regard, un serrement de main, un sourire peuvent nous transporter. Pas besoin de grandes mises en scène, d'effets spéciaux spectaculaires, de grandiloquence, c'est dans une simplicité dépouillée d'extravagance que l'essentiel se dit, que l'art évite l'artifice.

C. B. — Nombreux sont ceux qui, dans des moments de difficulté, ont trouvé un véritable baume dans un regard, un petit pain, un chocolat chaud ou tout simplement un « comment ça va ? » sincère et attentionné. À l'inverse, de grandes blessures sont nées de toutes petites phrases, parfois juste d'une intonation. Dans sa pièce intitulée *Pour un oui pour un non*, Nathalie Sarraute décrit une rupture amicale provoquée par la façon dont furent prononcés ces quelques mots : « C'est bien, ça ». L'ami blessé tente d'expliquer ce qu'il a ressenti : « Il y avait entre "C'est bien" et "ça" un intervalle plus grand. C'est biiiien... ça... » Un accent mis sur "bien"... un étirement : "biiien..." et un suspens avant que "ça" arrive... Ce n'est

1. Jean-loup Charvet, *L'Éloquence des larmes*, Éditions Desclée de Brouwer, coll. « Texte et voix », 2000, p. 46-47.
2. *Ibid.*

pas sans importance[1]. » Cette subtilité que chacun de nous détecte dans la façon dont les choses sont dites « n'est pas sans importance ». Elle est parfois de l'ordre de l'inaudible, et plus encore de l'indicible : celui ou celle qui est blessé en a la certitude, mais il ne sait comment le dire, ni s'il peut le dire ; n'est-ce pas lui qui pourrait être accusé de rompre « pour un oui, pour un non ». Celui qui a pris ses distances sait que personne, et certainement pas son ami, ne pourra en comprendre les raisons.

Ces situations sont fréquentes où un certain ton emprunté par une personne de notre entourage éveille chez nous des réactions disproportionnées au regard de ce qui s'est réellement passé ; peut-être y avons-nous perçu une autorité, une ironie, une impatience déjà pénibles à entendre dans le passé. Dans d'autres situations, nous rencontrons une forme de condescendance alors que nous nous pensions autorisés à nous exprimer en toute confiance. « J'y suis allé. Comme ça. Les mains nues. Sans défense. J'ai voulu me valoriser [...], j'ai voulu me hisser là haut dans ces régions que tu habites... et tu m'as soulevé par la peau du cou, tu m'as tenu dans ta main, tu m'as tourné et retourné... et tu m'as laissé retomber en disant : "C'est biiien... ça...[2]" » Merveilleux texte de Sarraute ! Il met en évidence ces intonations à peine perceptibles qui peuvent faire mourir une amitié, car ce qu'elles laissent entendre va à l'encontre de ce que l'on entend être une amitié. À l'inverse, des gestes tout aussi subtils sont empreints de délicatesse : ils vont droit au cœur. Ce sont ces « petits riens » de la vie de tous les jours qui font toute la valeur d'une relation.

P. B. — Les « je-ne-sais-quoi et le presque-rien », comme le dit Vladimir Jankélévitch, qui mis bout à bout s'ajoutent. « La gaffe est l'administration massive, intempestive, et inopportune de ces vérités qu'une posologie civilisée dose en général goutte par goutte » !

---

1. Nathalie Sarraute, *Pour un oui ou pour un non*, Gallimard, coll. « Bibl. de la Pléiade », p. 1499.
2. *Ibid.*, p. 1501.

La vie est faite de ces petits riens et de ces je-ne-sais-quoi. D'ailleurs, les trois exemples de profanation du Nom du midrash sont pris dans la vie quotidienne et dans des interactions entre plusieurs personnes. On en vient à penser que la réputation du Nom divin est maintenue dans une relation respectueuse avec son prochain, créé à l'image divine et porteur de l'étincelle divine.

Bien se comporter avec Dieu, c'est bien se comporter avec son prochain. Rabbi Hanina ben Dosa disait : « Celui qui est aimé des êtres humains est aussi aimé de Dieu, et celui qui n'est pas aimé des êtres humains n'est pas non plus aimé de Dieu. » (Avoth III, 13).

C. B. — Dans chacun de ses comportements, l'humain est garant de la réputation du Nom divin. Dans les plus petits gestes, il peut faire acte de grande noblesse ou de bassesse, et dans les transactions les plus usuelles se montrer respectueux de la loi ou transgressif. La loi régit la relation à l'autre pour mieux servir la relation au grand Autre.

AGIR SUR-LE-CHAMP

P. B. — Chez le boucher donc, le rabbin achète la viande mais ne paye pas aussitôt. Ce qui nous est présenté ici est une éthique de l'immédiateté. Raymond Devos écrit avec humour : « Est-ce que c'est en remettant toujours au lendemain la catastrophe que nous pourrions faire le jour-même que nous l'éviterons ? » Pourquoi l'ajournement perpétuel ou occasionnel remettrait-il en cause le respect de l'autre, la part du divin en nous et en l'autre ? Ici, il s'agit de provoquer une créance et une dette. La viande a été prise, une moitié de la transaction est réalisée mais pas l'autre. Le rabbin crée une dette, il donne un mauvais exemple. Le boucher attend sa rémunération. Il en a besoin et la transaction non achevée peut créer une inquiétude chez lui. Il peut avoir peur d'un oubli, de ne jamais être payé, d'avoir à réclamer son dû. Il est placé dans une situation d'infériorité par rapport à la transaction et à l'acheteur. Cela peut s'apparenter à un vol momentané même si le rabbin paie plus tard. Le rabbin possède alors quelque chose qui ne lui appartient pas. Il n'a pas le droit d'en jouir tant qu'il n'a pas réglé ses dettes. Et si tout le monde se comportait ainsi, le boucher ne ferait-il pas faillite ? Nous trouvons d'ailleurs dans le code d'éthique du Lévitique l'injonction suivante : « Que le salaire du journalier ne reste point par-devers toi jusqu'au lendemain » (19 :13).

C. B. — Il est en effet des facilités, négligences provisoires, libertés que l'on s'octroie et qui mettent l'autre en difficulté ; sans en avoir toujours conscience, nous lui faisons porter les effets de notre légèreté. « Si tout le monde agissait ainsi ! » : remettre toujours à plus tard de payer ce qu'on doit, de tenir ses promesses, de rendre un objet prêté, de se manifester quand des propositions, demandes, invitations nécessitent une réponse rapide (sinon urgente) sont autant d'attitudes qui mettent l'autre dans l'embarras, voire dans une situation critique. « Si tout le monde agissait ainsi ! », chacun aurait à subir les complications d'un comportement inconséquent. Ainsi, une entreprise qui ne reçoit pas l'argent de ses commanditaires ne peut payer ses employés, ces derniers ne peuvent à leur tour régler les commerçants, lesquels ne peuvent payer leurs charges... Ce qui semble n'avoir pas grande importance – « pas de souci », « pas de problème », « ne vous inquiétez pas ! » entend-on souvent – est susceptible d'entraîner une réaction en chaîne.

Pourquoi nous autorisons-nous à être désinvoltes sans toujours mesurer les répercussions possibles de nos actes sur la vie des autres ? C'est une question que chacun de nous peut se poser, car souvent nous aimerions bien faire, nous en serions plus heureux et plus fiers, mais nous nous laissons déborder par une forme de laxisme, une désinvolture, une absence de rigueur. « On se permet un écart » : on s'écarte d'une ligne de conduite sans ignorer que ce n'est pas ainsi que l'on devrait faire. « Oui, je sais que je devrais faire ceci ou cela, mais c'est comme ça... je n'ai pas envie, je suis fatigué, c'est trop tard, à quoi ça sert, l'autre peut attendre, il ne m'en voudra pas... »

Pour nous déculpabiliser, nous pouvons faire porter la faute à l'autre; nos comportements prennent alors prétexte des manquements d'autrui : « Je fais toujours tout pour les autres, et les autres jamais rien pour moi; alors moi j'en ai assez. Maintenant, je ne fais plus rien pour les autres, je pense avant tout à moi... » Ainsi commence l'escalade du « tu fais pas, moi non plus ». Or pourquoi quelqu'un aurait à souffrir de nos propres difficultés à agir ? Par vengeance, plus ou moins consciente, contre une personne de notre passé ? Pour une vieille rancune venue de l'enfance où il nous fallait attendre, toujours attendre, et voir remis à plus tard ce qui nous avait été promis et dont nous avions tant envie ? Ou sommes-nous désormais dans le refus de nous plier à quelque forme d'autorité que ce soit ?

Nous sommes les premiers à souffrir de ces échéances sans cesse reportées : notre tête est encombrée de tout ce que nous n'avons pas dit, pas fait, pas résolu et nos pensées sont envahies de tous nos gestes inaccomplis. Chaque négligence est un compromis : un petit arrangement avec soi-même, avant de l'être avec un autre. Tant que nous ne l'avons pas réparée, nous ne sommes pas en paix.

P. B. — Le mot שלום *shalom*, que l'on traduit habituellement par « paix », signifie aussi l'intégrité et l'entièreté. À la forme passive, il prend le sens d'être « terminé », « achevé », et à la forme active לשלם *leshalem*, celui de « payer », « s'acquitter de ses dettes ». Lorsque l'on s'est acquitté de ses dettes, on ressent un sentiment de plénitude. On ne doit plus rien à personne, on est indépendant. Lorsque l'on créé une dette, on créé un manque chez l'autre et on le met dans une situation de dépendance malgré lui.

C. B. — Celui qui est débiteur met celui qui lui a généreusement prêté une somme d'argent en situation de dépendance; d'autant plus si ce dernier se retrouve dans la position de quémander la somme qui lui est due. Certains finissent par dire : « Je ne prêterai plus d'argent. Après, lorsqu'il faut réclamer, c'est très pénible. » Il est des actes malhonnêtes qui passent inaperçus : ils ne sont pas le fait de fraudes spectaculaires, mais de petites malversations, de non-dits, d'une liberté que nous nous accordons aux dépens d'un proche, de ses besoins, de ses désirs, de ses attentes. Une façon de ne pas le prendre en considération.

Pour certaines personnes, les droits sont des dûs : impitoyables face à ceux qui ne respectent pas la loi, elles sont à l'inverse très conciliantes dans leur interprétation de ladite loi pour elles-mêmes. Il est des lois qui s'appliquent aux autres mais ne les concernent pas. Là est certainement un défi à tenir : être rigoureux sans être rigide face à la loi de l'autre, souple avec les contraintes imposées, sans pour autant se plier aux desiderata d'un autre, oubliant alors de se respecter. Il nous faut trouver le cadre dans lequel nous demeurons cohérents avec notre sens de la justice, mais aussi fidèle à notre liberté.

P. B. — Un certain nombre de règles ne présentent pas, à proprement parler, d'infraction à la loi. Il s'agit plutôt de règles de bienséance, de politesse, ce que la tradition juive appelle דרך ארץ *derekh erets*, « la voie de la terre », qui permettent de saluer l'autre dans son humanité. Faire des compliments sur un nouvel achat, ne pas inviter quelqu'un en présence de quelqu'un d'autre qui n'est pas invité, commencer par les critiques positives avant les négatives, remercier ceux qui nous reçoivent, ne pas laisser quelqu'un seul dans une réception, etc.

C. B. — La loi du cœur se réinvente à chaque instant. Elle est élan et intuition : elle nécessite de laisser la raison de côté. On n'a pas raison de faire plaisir ; on en a l'intime désir et on en éprouve soi-même du plaisir. On n'a pas à dire ou à ne pas dire certaines choses car cela se fait, ou ne se fait pas : on pressent que telle parole peut faire du bien à telle personne qui, à cet instant, en a besoin. La loi du cœur est inspirée par l'écoute de ce que l'ami dit et vit. « La voie de la terre » n'est-elle pas cette politesse qui n'a jamais été apprise mais s'impose d'elle-même, instinctive, naturelle, libre et spontanée ?

Sous prétexte de trop respecter la loi, il se peut que l'on manque de cœur. Inversement, il est possible de manquer à la loi quand on agit selon son cœur. Ainsi cette scène dans *Les Misérables* de Victor Hugo où un homme ment à ceux qui représentent la loi en prétendant qu'il a offert les chandeliers à Jean Valjean, alors que ce dernier les lui a volés. Par sa générosité, par ce geste du cœur « hors la loi », il sauve la vie de cet ancien bagnard, lui donne l'opportunité de ne pas être enfermé dans ses erreurs, d'avoir une existence meilleure et d'ouvrir son cœur. Ce dernier deviendra le bienfaiteur de Fantine et de sa fille Cosette.

Dans la fonction publique, on parle d'un « devoir de désobéissance » quand des ordres vont à l'encontre du bon sens, et du bon cœur ! Et on sait que des « fautes intelligentes » ont sauvé des personnes de situations critiques. Toute forme d'éducation doit-elle obéir à la raison ou au cœur ? Les lois du Décalogue sont-elles celles de la raison ou du cœur ? « Cela ne se fait pas / C'est ainsi qu'il faut faire », n'est-ce pas nier parfois le bien-être au profit de la bienséance, négliger l'être pour le paraître ? L'obéissance à la lettre est oubli de l'Être.

P. B. — Dans la distance à la lettre, on redonne naissance à l'être. Lorsque la loi n'est pas humaine, il faut oser la changer. Certaines lois sont empreintes du cœur, d'autres ne sont plus adaptées à notre conscience de l'éthique qui évolue de génération en génération. Notre devoir est de faire évoluer la loi lorsque cela s'avère nécessaire.

C. B. — Il est une autre loi qui gouverne le monde : la loi du profit. Elle va à l'encontre de celle du cœur quand elle défend l'idée d'un gain qui se fait aux dépens d'un autre et sous-tend l'existence d'un perdant. Les lois du marché, comme celles qui s'imposent dans les entreprises, ont développé une forme de paranoïa collective où la nouvelle morale individuelle est de ne pas « se faire avoir » et en premier lieu ne pas montrer ses sentiments, preuve incontestable de sa faiblesse. Chacun est satisfait d'avoir obtenu le plus d'argent, d'avantages, de pouvoir, d'autorité, de temps libre tout en ayant donné le moins de travail, d'argent, de temps. Quand on se félicite d'obtenir une réduction importante après avoir demandé un rabais, n'est-ce pas rabaisser l'autre, nier la qualité et le temps de son travail? Si marchander est un jeu en Orient qui obéit à un contrat tacite, paradoxalement une façon d'entrer en relation avec l'autre et de tenir compte de son existence, se réjouir de gains obtenus aux dépens de son interlocuteur va à l'encontre d'une forme d'éthique. Une guerre se joue avec pour seul intérêt de défendre son territoire financier!

Et le profit ne se limite pas au seul bonheur de faire fructifier son porte-monnaie, il est profit de la gentillesse de l'autre, de sa confiance, de sa bonne éducation. La recherche est celle d'une jouissance immédiate et de son seul bien-être. Le rabbin jouit de la valeur de son acquis, la viande. Il n'en a payé qu'une part, il l'a achetée à crédit. Il peut ainsi en éprouver du plaisir dans l'instant. « Plus tard, se dit-il, j'aurai remboursé mes dettes, dédommagé l'autre des pénalités occasionnées par mon comportement, réparé mes fautes. » Plus tard. On peut se demander si un acte juste ne doit pas l'être à tout instant, sans présager de ce qu'il sera ultérieurement. N'est-ce pas une question que nous pourrions nous poser à chaque moment de notre vie?

P. B. — La viande à l'époque talmudique est un produit de luxe. On peut imaginer que le rabbin pouvait s'en passer s'il n'avait pas les moyens de la payer immédiatement. La tradition nous enseigne que l'acte doit suivre au plus près l'intention ou l'énonciation. Par exemple, lorsque nous prononçons une bénédiction, l'acte doit suivre sans être différé. Si nous disons le מוציא *motsi*, bénédiction à propos du pain, nous devons immédiatement manger un morceau de pain, sans échanger le moindre mot. Cela montre l'importance de la parole, et vise l'imitation de Dieu dans la Genèse lorsqu'il est dit : « Que la lumière soit et la lumière fut » (Gen. 1 :3), l'acte suit la parole. Nous sommes si souvent distraits, interrompus dans une action, et nous oublions nos promesses. Ces oublis, ces négligences sont de l'ordre de l'éthique.

C. B. — Le midrash utilise le mot לאלתר *lealtar*, sur-le-champ, une façon d'insister sur la relation entre l'espace et le temps, sur l'importance de faire ce que l'on a à faire, ici et maintenant, avec le moins de délai possible. De gros ennuis, nous l'avons dit, peuvent venir d'une échéance non réglée par négligence. On ne sait pas toujours la souffrance engendrée par l'absence d'une réponse, la gêne occasionnée par un retard, la tristesse provoquée par une désinvolture qui s'apparente à de l'indifférence. D'où l'importance de « tenir ses promesses » : celles que l'on fait à un autre et à haute voix, comme celles que l'on se fait à soi-même. De ne pas sans cesse remettre à plus tard quand il s'agit de répondre à une lettre (ou message téléphonique, texto, e-mail), quand on propose de rendre service, quand on pense à remercier dans un élan de spontanéité. Sinon le temps a passé, le service n'est plus utile, l'élan du cœur est parti et les autres n'ont rien reçu de ce qui leur aurait certainement fait autant de plaisir que de bien. On les a privés de ce qu'on souhaitait leur donner et fait subir un préjudice dont ils ne sauront peut-être rien, mais qui n'en est pas moins un.

Un acte qui ne se fait pas est un acte. Nous sommes responsables de ce que nous ne donnons pas, et peut-être davantage encore quand nous avions pensé à le faire. Nos idées sont restées sous la seule forme de bonnes intentions et nous n'avons pas tenu notre parole. Or ces appels, lettres, réponses, remerciements jamais envoyés sont bien plus présents dans notre esprit que s'ils avaient été accomplis à temps. À force de fuir les responsabilités, c'est soi-même que l'on fuit : on cherche à se distraire de ses propres manquements et ignorer ce que l'on a oublié de faire. La culpabilité pèse alors bien lourd et, loin de favoriser un changement, elle l'inhibe.

P. B. — Il est difficile de se départir de cette culpabilité de n'avoir pas fait ce que nous nous étions promis de faire ou ce que nous avions promis à l'autre. Il faudrait trouver un juste milieu entre l'acceptation de nos failles et un sens toujours aigu de l'éthique. Notre idéal ne doit pas être au rabais, même si nous sommes toujours loin de l'atteindre.

C. B. — Cessons d'être sévères envers nous-même si nous ne pouvons pas correspondre à l'image idéale que nous aimerions atteindre, mais sans renoncer en effet à mieux faire : tenter de se perfectionner plutôt que de s'enfermer dans une image négative. « De toute façon, je ne sais pas, je n'ai pas de don, ni de compétence particulière. Je n'y arriverai jamais. » Ceux qui ne cessent de se faire des reproches, lesquels sont stériles et inutiles, finissent un jour par en faire aux autres. La culpabilité devenue trop lourde à supporter, ils la font porter aux autres et transforment leur sentiment d'incapacité en : « Vous êtes des incapables, regardez comme je fais bien. » N'est-ce pas un art à exercer dans son quotidien, un art qui s'exerce au quotidien que d'exiger le meilleur de soi, sans jamais s'en vouloir de ne pas être au meilleur de soi ?

UNE ÉTHIQUE DE LA TRANSPARENCE

P. B. — La seconde réponse à la question posée par le midrash « en quoi consiste la profanation du Nom » est celle d'Abaye (280 ?-338 ?), directeur de l'académie de Pumpedita en Babylonie. Il était fermier et on dit qu'il étudiait dans la journée et irriguait ses champs la nuit. Il était extrêmement honnête dans ses transactions. Ce rabbin porte un peu plus loin encore l'exigence de l'éthique dans les relations humaines. Il s'agit ici de trois personnes et dès qu'un troisième apparaît dans une relation, un sentiment de jalousie peut naître : il faut tout faire pour l'éviter. Le client achète de la viande auprès de deux associés. Il doit donc les payer en même temps. Or il ne le fait pas, puisqu'il les paye l'un après l'autre et, ensuite, fait les comptes avec les deux.

C. B. — On passe d'une relation entre deux personnes à une relation à trois et, en effet, il importe de ne pas éveiller de sentiment de jalousie. Dans la fraternité déjà, dans la scolarité ensuite, nombreuses sont les situations où un troisième vient s'immiscer entre deux partenaires de jeu, de rire, de sorties, mais aussi de travail, de sport, d'étude. Des rivalités s'instaurent qui laisseront ultérieurement des traces : « N'est-il pas donné à l'autre plus de temps et d'attentions qu'à moi ? N'est-ce pas la preuve qu'il est digne d'intérêt et que je ne le suis pas ? »

N'oublions pas que le trio est un rappel constant de « papa, maman et moi ». L'enfant doit trouver sa place en relation avec les deux autres, mais aussi accepter celle de chacun. Il en résulte dans sa vie d'adulte une facilité à vivre toute forme de relation triangulaire, ou au contraire une tendance répétée à pratiquer le « deux contre un » – constatant ou imaginant, une complicité entre deux personnes qui s'instaure à ses dépens, l'exclut et le rejette. Le « deux contre un » peut être aussi, en inversant la situation, de prendre plaisir à établir un lien de connivence « sur le dos » d'un autre, se moquer et même médire, là encore « dans son dos ». Ainsi la présence d'un troisième peut-elle éveiller des doutes quant à ce qui est accordé à chacun et faire naître des sentiments de suspicion ou d'envie : « L'autre ne reçoit-il pas plus d'amour, d'amitié, d'argent, de cadeaux que moi ? »

Certains vont favoriser une compétition et en tirer profit afin d'être l'objet d'une double sollicitude et éprouver ainsi une sensation de pouvoir : « Qui vais-je privilégier ? À qui donner cette soirée, cette *place* de théâtre, ou de concert, ou ce travail dans un bureau, une entreprise ? » On observe ce type de comportements tout autant dans le monde des sentiments que dans celui des affaires. Ce que le rabbin semble signifier est d'éviter de se jouer de deux partenaires en les positionnant l'un contre l'autre et d'être à l'origine d'un malaise suscité par des zones d'ombre, des non-dits, des domaines restés obscurs. Au contraire, il est toujours préférable de favoriser la transparence et de jouer cartes sur table afin d'éliminer toute source de malentendu.

P. B. — Or l'acheteur laisse planer l'ombre d'un doute sur la transaction. C'est ce doute, entretenu, qui n'est pas de l'ordre de l'éthique : l'acheteur est le seul à savoir qu'il a donné la même somme d'argent aux deux associés lors la transaction. Son rôle est de faire en sorte que les associés aient confiance l'un en l'autre, sans créer la moindre suspicion. De la même manière, le salaire de deux salariés qui font un même travail doit être remis en même temps et la distribution d'argent de poche à deux enfants simultanément. Un sentiment de jalousie peut naître entre les deux enfants même si les comptes sont faits ultérieurement.

C. B. — Les bons comptes font les bons amis! Et les enfants, comme les adultes, sont sensibles au choix des cadeaux qui leur sont faits en comparaison avec ceux que les autres reçoivent : si ces derniers sont équitables, leur relation n'en sera que meilleure. Mais les parents peuvent-ils être toujours justes? Même pour ceux qui s'y efforcent, il est des interprétations de leurs actes qui leur échappent. Si un enfant part du présupposé que son frère ou sa sœur reçoit davantage que lui, étant absolument convaincu d'être moins aimé, il semble que ce sentiment de jalousie prime sur toute réalité objective. C'est alors que les parents doivent redoubler d'efforts : exercer leur intuition et développer encore davantage leur sens de l'observation afin d'éviter un éventuel malentendu et restaurer un climat de confiance.

Certains comportements, réflexions, signes de mal-être invitent à une écoute qui permet de prévenir, avant que de les guérir, des doutes qui n'iront qu'en s'empirant s'ils ne sont rapidement effacés. L'équité n'est pas question de quantité. Des jalousies s'éveillent entre deux personnes même si les marques d'attention reçues sont identiques : l'un se sent aimé, il en a la certitude, tandis que l'autre vit dans l'angoisse du doute. L'équité consiste à se montrer différent avec chacun. Alors la présence est de qualité, adaptée à l'autre et à chaque instant, et les gestes, petits ou grands, sont rassurants. Ils mettent de côté tout sentiment de méfiance et d'inquiétude. N'en est-il pas ainsi dans les affaires ?

P. B. — Le judaïsme consacre de nombreux traités à l'éthique des affaires. C'est dans le Lévitique (19 :35-36) et dans le Deutéronome (25 :13-16) que l'on trouve l'injonction de procéder de manière intègre dans les affaires : « Ne commettez pas d'iniquité en fait de jugements, de poids et de mesures. » Il s'agit aussi de ne pas profiter d'une expertise pour donner un mauvais conseil à quelqu'un d'ignorant et l'entraîner dans une transaction qui ne lui sera pas favorable. Ou même de donner un faux espoir à un vendeur en lui demandant un prix sans avoir l'intention d'acheter. Toute transaction doit s'effectuer dans une extrême attention à l'autre pour ne pas le léser.

C. B. — Le rabbin pourrait se dire : « Ne pas payer en même temps les deux associés est un détail sans importance ; ils s'en arrangeront entre eux. » Or s'accorder le droit de dire : « Ce n'est pas grave » nie la valeur du besoin de l'autre ou de tout caractère d'urgence : « Cela ne va pas lui manquer », il ou elle « va vite s'en remettre » et « trouvera bien une solution ». Imaginer pour l'autre ce qui lui importe, c'est bien souvent nier son problème et le mettre dans l'obligation de résoudre seul ses difficultés. Il est donc préférable de réfléchir avant de dire « ce n'est rien » ; d'autant plus si ce « rien » est une autorisation pour nous-même à ne rien faire. Ce positionnement ne respecte pas à sa juste mesure la demande de l'autre, et on peut même dire qu'il n'est pas très honnête.

P. B. — Au cours d'une transaction, pour écarter toute forme de suspicion, il faut non seulement être honnête mais aussi donner à son interlocuteur la possibilité de s'assurer que l'affaire a été conclue avec honnêteté. C'est ainsi qu'une somme d'argent échangée doit toujours être recomptée par celui qui la donne devant celui qui la reçoit.

Plus les termes d'un contrat sont explicites, meilleure est la transaction parce que l'on n'essaie pas de tromper l'autre et on écarte en même temps toute suspicion de fraude. La personne qui passe sous un tourniquet du métro alors qu'elle a un passe valable dans son sac, simplement parce qu'elle n'a pas envie de le sortir, ne commet pas de vol. Mais elle donne une impression d'infraction à ceux qui la voient. Elle donne une image fausse d'elle-même qui peut encourager d'autres à faire pareil.

Dans la Bible, Jacob est pris comme exemple pour son intégrité dans ses transactions avec Laban pour qui il a travaillé : « C'est pourquoi Jacob redouble d'efforts pour montrer un niveau d'honnêteté qui rendra son intégrité objectivement évidente[1]. » Jacob a en effet travaillé deux fois sept ans pour son beau-père, afin d'obtenir Rachel pour épouse. Lorsqu'il quitte son beau-père, son salaire doit être calculé. Il lui faut trouver un critère objectif pour diviser le bétail entre ce qui appartient à Laban son beau-père et ce qui lui appartient. Jacob dit en effet : « Mon droit parlera pour moi au jour à venir, où tu viendras vérifier mon salaire par tes yeux : tout ce qui ne sera pas pointillé ou moucheté parmi les chèvres, brun parmi les brebis, je l'aurais volé » (Gen. 30 :33).

Ainsi le critère de partage de la propriété est de l'ordre de l'évidence, il est visible et nul ne peut le contester. La tradition se fondera sur ce cas pour dire, par exemple, qu'il ne faut pas écrire les clauses d'un contrat en écriture illisible en bas de page et en jargon incompréhensible, car c'est un moyen de tromper le signataire du contrat.

C. B. — Les avocats ont fort à faire afin que soient vérifiés tous les détails d'un contrat. Ainsi préviennent-ils tout possible vice de forme ; ce qui laisse entendre que la malhonnêteté est une tentation bien partagée ! Quand des intérêts sont en jeu sous forme sonnante et trébuchante ou que prime sur tout le reste une possible jouis-

1. Aaron Levine, *Economics and Jewish Law*, KTAV Yeshiva, New York, 1987, p. 10.

sance de l'instant, l'être humain est ainsi fait qu'il est prêt à tout pour obtenir ce qu'il désire.

Dans ces circonstances, la loi est nécessaire ; elle intervient pour défendre ceux qui sont injustement attaqués par des accusations à l'emporte-pièce, des partis pris arbitraires, objets d'une mauvaise foi à la hauteur de la passion qui anime hommes et femmes devenus aveugles à l'intérêt d'autrui. Une grande visibilité est nécessaire dans un contrat afin de se mettre à l'abri d'une possible malversation.

P. B. — Ce principe qui consiste, dans un souci de clarté et de transparence, à aller au-delà de ce qu'exige la loi, לפני משורת דין *lifné meshourat hadin* (au-delà de la ligne de la loi), pour défendre l'honnêteté et écarter toute suspicion de tromperie peut s'appliquer à toute forme de relation humaine. Cela dit, s'il est question d'argent dans le midrash, c'est aussi que les rabbins savent que de nombreux conflits – y compris dans un couple –, débutent par des sujets financiers.

C. B. — La כתובה *ketouba*, le contrat de mariage, n'insiste-t-il pas sur les règlements financiers en cas de divorce ? Tant que l'amour est présent, les questions d'argent n'ont pas lieu d'être. Faire plaisir est un plaisir, le don, une joie, et le manque, même de l'essentiel, peut passer inaperçu – n'est-il pas dit que l'on peut vivre d'amour et d'eau fraîche ? On constate que les relations amoureuses, et amicales, qui se défont, s'aggravent si des intérêts financiers sont en jeu. Le voile d'illusions se dissipe et la sensation d'avoir été usurpé, dupé, trahi ne laisse plus voir que manques et frustrations. Les « règlements de comptes » sont alors d'autant plus douloureux qu'ils portent sur tout ce qui avait été mis en commun par amour et dans l'espoir d'une belle vie partagée. Ainsi est-il préférable de mettre au clair les conséquences financières d'une éventuelle séparation afin que la relation puisse se vivre en confiance et dans la tranquillité.

P. B. — La כתובה *ketouba*, « acte », inventée par Shimon ben Shétah au Ier siècle de notre ère prévoit en effet le dédommagement de l'épouse en cas de divorce. Elle est un contrat créé pour protéger les droits de la femme. Il est surprenant qu'au moment d'une union, il soit question de divorce. C'est le côté pragmatique de la loi juive de penser la rupture de contrat au moment où celui-ci est signé, et de souligner ainsi avec une précision indiscutable tant la fragilité des engagements que leur valeur et leurs conséquences.

La réponse d'Abaye dans le midrash nous dit que le flou n'est pas bon dans les relations humaines. Là où une attitude peut éveiller l'ombre d'un doute sur l'honnêteté d'une transaction, le devoir éthique doit dissiper l'ambiguïté pour que la confiance soit rétablie. On sait combien il est difficile d'accorder sa confiance à quelqu'un et combien un souffle de suspicion peut détruire une relation – même si les doutes sont sans fondement au regard de la réalité. Nous devons faire tout notre possible pour être explicites. C'est ainsi qu'Hillel dit : « Ne t'exprime pas en termes inintelligibles dans l'espoir d'être compris plus tard » (Avoth II : 5).

C. B. — Être le plus clair possible, tout de suite ! Combien de fois, à l'occasion d'une petite dispute obligeant à certaines mises au point, on s'aperçoit que des mots, des intonations – comme le dit si bien Sarraute –, des silences, des petites expressions telles que : « Ah bon, je croyais... », « Quelqu'un m'avait dit... » nous ont mis sur une piste qui s'avère n'être que le fruit de notre imagination ? Nous sommes très doués pour entretenir des peurs d'abandon ou de rejet, et nous chagriner à tort. Aussi est-ce une chance et un bonheur que de pouvoir dialoguer en toute sincérité avec ceux que nous aimons. Nous pouvons faire disparaître ces pensées erronées qui pourraient, à plus ou moins long terme, nous atteindre et détruire la relation.

Mais si un tiers s'infiltre entre deux personnes chères l'une à l'autre, insinue à l'une ce que l'autre *aurait* dit, tout en ne disant pas de quoi il s'agit, il laisse planer un flou qui se prête à toutes sortes d'interprétations – surtout si les deux personnes concernées n'ont pas l'occasion, car elles n'en ont plus le souhait, d'en parler ensemble. Quand quelqu'un en veut à son ami pour des mots que ce dernier aurait pu dire et qu'il aurait appris par un tiers, il peut éviter désormais de lui parler et de le voir – ainsi condamne-t-il toute possibilité de réconciliation. Le tiers est ainsi à l'origine d'une brouille qui empêche des amis de s'expliquer : des paroles resteront à jamais silencieuses. C'est une atteinte portée à une relation : la mise à mort d'un lien qui pouvait être précieux pour l'un comme pour l'autre.

P. B. — Tant de projets volent en éclats à cause de simples malentendus, de paroles non entendues ou de non-dits, de mots pensés mais non prononcés. « Ce que l'on conçoit bien s'énonce clairement / Et les mots pour le dire arrivent aisément », écrivait Boileau dans *L'Art poétique*. Le troisième, dans la réponse d'Abaye, met en péril l'association des deux autres. Profaner le Nom est compris ici comme introduire une brèche dans un lien de confiance, créer une potentialité de dissension entre deux personnes qui travaillent ensemble, tenter de les opposer.

C. B. — Profaner le Nom, c'est poser dans une amitié ou dans toute autre forme de relation, des zones d'ombre, laisser s'infiltrer le doute et la suspicion : faire des secrets de tout et de rien, ne pas transmettre une information, semer la discorde, dire à deux personnes deux « vérités » différentes, ou encore apprendre d'un autre ce qui aurait dû l'être par cette personne. Le tiers pervertit la relation au lieu de l'embellir et, comme dans toute perversion, donne la priorité à son plaisir et à la jouissance de l'instant présent.

Le rabbin laisse entendre le danger possible de ce type de comportement et nous rappelle l'essentiel de la transparence par un énoncé clair et lisible pour tous, dans toute forme de transaction, permettant à une relation de mieux se vivre. L'intervention du « troisième » a fonction alors d'éclaircissement et, de ce fait, d'élévation.

LE DEVOIR D'ESPOIR

P. B. — Que signifie la profanation du Nom ? La première réponse relevait d'une éthique de l'immédiateté qui consiste à ne pas créer de dette. La seconde réponse enjoignait de ne pas faire naître de dissension dans une amitié, l'introduction d'un doute dans une relation de confiance, une faille destructrice comme une fissure dans un verre qui s'étend inexorablement et rend le verre inutilisable. La troisième réponse est plus subtile encore, peut-être à cause paradoxalement de sa banalité. Il s'agit d'une relation entre un groupe d'amis et un individu. Le groupe, la collectivité, a honte de la réputation d'un des leurs.

C. B. — Il y a une logique dans la succession de ces exemples : une relation à deux, puis à trois, et maintenant un homme, ou une femme, seuls face à un groupe. Seuls face à la réprobation d'un groupe qui s'entend pour émettre un jugement sur son comportement et qui s'arrête à cette condamnation, sans appel : il, ou elle, est coupable d'une faute.

En quoi le groupe se distingue de la relation à deux et à trois ? Dans une relation en face à face, le dialogue s'impose : il est possible pour l'un des amis d'émettre, s'il le souhaite, certaines critiques, et pour l'autre de les entendre. À trois, certaines choses peuvent être dites, on l'a vu, entre deux personnes à l'insu d'une troisième. Cette dernière est exclue d'un échange de paroles qui cependant la concerne, et ce, parfois même en sa présence. Il en va ainsi par exemple de certaines consultations à l'hôpital, quand des médecins parlent entre eux de patients « à la troisième personne » – « Il/Elle souffre de tels symptômes... » –, mais également dans certaines familles ou chez certains commerçants. On ne lui laisse pas, à lui ou à elle, son mot à dire et on se permet de s'exprimer à sa place.

Le groupe peut atteindre un paroxysme dans cette forme d'exclusion, de rejet et de négation d'un individu. L'opprobre qui est jeté sur ce dernier est le fait de conversations qui s'autoentretiennent, alliant des croyances et des idées fausses, lesquelles sont alimentées par des faits souvent inexistants. Le groupe peut être le grand ennemi de l'homme : ennemi sournois qui naît d'on ne sait où, car on ne peut le situer nulle part en particulier. Il est par conséquent impossible de se battre contre lui et ses effets peuvent être désastreux. Des personnes peuvent être entraînées dans une escalade de violence, créant ensemble une association de « mal-faiteurs », unis pour le pire et réunis pour détruire.

P. B. — L'Exode dit en effet : « Ne suis pas la majorité pour faire le mal » (23 :2). Ainsi toute assemblée peut être porteuse ou destructrice. La tradition juive parle de לשון שלישית *lashon shelishith*, la « troisième langue » qui consiste à parler d'un tiers en son absence. Et lorsque l'on transforme le malade en objet, en parlant de lui à la troisième personne, on oublie qu'il est partie prenante de sa guérison. Penser à sa place, c'est lui éviter de panser.

Dans ce midrash ce qui lie le groupe d'amis à cet instant est la honte d'un autre. Le liant est bien négatif et ce qui se construit sur une humiliation de l'autre ne peut perdurer. Le Talmud nous dit qu'une parole prononcée en l'absence d'un tiers détruit trois personnes, celui qui transmet la parole, celui qui l'accepte, et celui dont on parle (TB, Ar.15b). Il s'agit d'une parole médisante et, si elle est dangereuse, c'est parce que celui dont il est question ne peut se défendre. Il est exclu du champ social de la conversation : on parle de lui, on ne lui parle pas. Il n'est plus sujet de conversation, il est objet de conversation. Lorsque l'autre devient chose, il cesse d'être.

Emmanuel Levinas décrit la conversation comme l'envers de la violence : « Le fait banal de la conversation quitte, par un côté, l'ordre de la violence [...]. Parler institue donc le rapport moral d'égalité et par conséquent reconnaît la justice. » Et encore, « Je suis comme enfermé dans mon portrait. C'est le propre de la polémique contemporaine que de tracer le portrait de l'adversaire au lieu de combattre ses arguments[1] ». Lorsque médisance il y a, il ne s'agit plus d'un échange d'idées mais bien d'une attaque de la personne. Si l'on mé-dit de quelqu'un en son absence, on ré-institue une forme de violence puisque la possibilité de répondre est niée. L'absent est condamné.

C. B. — On peut se demander qui est le plus coupable de médisance : celui qui en est l'auteur, celui qui la répète à d'autres, ou celui qui le dit à la personne concernée ? Ceux qui les premiers dispersent à tous vents certains ragots et autres propos diffamants, pour mieux se faire valoir et intéresser leur auditoire, sont certainement ceux qui se sentent le plus absous de toute faute. Ils ne font que dire ce qu'ils ont entendu et, ne s'adressant pas à la personne qui pourrait en souffrir, ils ne voient aucun mal à ce qu'ils font.

Ceux qui sont à l'origine des bruits répandus pensent avoir une bonne raison d'agir ainsi : même s'ils sont motivés par la vengeance, la haine passionnelle ou la jalousie, ils prennent prétexte de motifs d'ordre général, tels que prévenir certains d'un danger, s'offusquer d'un comportement qu'il importe de dénoncer, partager leur colère envers telle ou telle personne dont ils désapprouvent la conduite. Là encore où serait le mal, puisqu'il s'agit de défendre le bien, et donc de transmettre des paroles bien pensantes ?

Si on évoque enfin ceux qui font part à la personne des bruits qui courent sur elle : « Voilà ce que l'on dit à ton sujet... », ne sont-ils pas convaincus de faire une bonne action ? « Au nom de notre amitié, il faut que tu saches ! » Et si la personne accuse le coup, ils veulent croire que c'est un mauvais moment à passer, mais cependant nécessaire. Voilà pourquoi un groupe, du plus petit au plus important, colporte des nouvelles, voire des scandales jusqu'à ce que la rumeur gronde et qu'une réputation soit atteinte...

P. B. — Il est question ici de réputation שמועתו *shemouato*, mot à mot ce qui a été entendu de quelqu'un, le bruit, la rumeur.

1. Emmanuel Levinas, *Entre nous*, Grasset, coll. « Biblio essais », 1991, p. 34.

שם *shem*, le « nom », c'est aussi la « réputation ». טוב שם משמן טוב *tov shem mishemen tov*, dit l'Ecclésiaste (7 :1), « un bon nom (une bonne renommée) est préférable à l'huile parfumée ». On sait combien il est difficile de se « faire un nom », de se construire une bonne réputation, et combien les médisances et les calomnies peuvent aisément la détruire. C'est précisément pour cette raison que la tradition juive nous invite à l'attention au langage, l'éthique du mot.

On raconte qu'un homme avait vu un rabbin prendre des pommes sur l'étal d'un marché. Il l'avait raconté à un autre, puis à la vitesse de l'éclair, la rumeur s'était répandue que le rabbin était un voleur. Comment garder un rabbin qui ne respecte pas les Dix Paroles ? Très vite, il avait dû quitter le village. Apprenant que le marchand de pommes lui avait fait cadeau de ces fruits, le médisant était allé voir le rabbin pour lui demander son pardon. « Avant que je puisse te pardonner, avait dit le rabbin, va chercher un oreiller. » L'homme fit ce que le rabbin lui avait demandé. « Éventre-le, dit le rabbin, et répand ses plumes au vent. » L'homme s'exécuta. « Maintenant, dit le rabbin, ramasse les plumes. — C'est impossible, protesta l'homme. — Ainsi sont les paroles médisantes, dit le rabbin, une fois qu'elles sont sorties de notre bouche, elles sont emportées très loin, et nul ne saurait les rattraper. »

C. B. — Une fois prononcées, certaines paroles calomnieuses ont la vie longue. Comme une onde de choc, l'effet se poursuit, inexorablement. Les faits semblent vérifier les médisances tant l'interprétation est orientée dans ce sens, et on n'entend rien de ce qui pourrait démentir les propos mensongers. Dire du mal de quelqu'un, c'est lui faire du mal. Même s'il n'en sait rien, et n'en saura rien, il en subira un jour ou l'autre les retombées pernicieuses. Victor Hugo le dit si bien dans son poème intitulé « La rumeur » :

> Jeunes gens, prenez garde aux choses que vous dites.
> Tout peut sortir d'un mot qu'en passant vous perdîtes.
> Tout, la haine et le deuil ! Et ne m'objectez pas
> Que vos amis sont sûrs et que vous parlez bas

Écoutez bien ceci : tête-à-tête, en pantoufle,
Portes closes, chez vous, sans un témoin qui souffle,
Vous dites à l'oreille au plus mystérieux
De vos amis de cœur, ou, si vous l'aimez mieux,
Vous murmurez tout seul, croyant presque vous taire,
Dans le fond d'une cave trente pieds sous terre,
Un mot désagréable à quelque individu ;
Ce mot que vous croyez qu'on n'a pas entendu,
Que vous disiez si bas dans un lieu sourd et sombre,
Court à peine lâché, part, bondit, sort de l'ombre !
Tenez, il est dehors ! Il connaît son chemin
Il marche, il a deux pieds, un bâton à la main,
De bons souliers ferrés, un passeport en règle ;
Il vous échappe, il fuit, rien ne l'arrêtera.
Il suit le quai, franchit la place, et coetera,
Passe l'eau sans bateau dans la maison des crues
Et va, tout à travers un dédale de rues,
Droit chez l'individu dont vous avez parlé.
Il sait le numéro, l'étage ; il a la clef,
Il monte l'escalier, ouvre la porte, passe,
Entre, arrive et, railleur, regardant l'homme en face,
Dit : Et c'est fait. Vous avez un ennemi mortel[1].

C'était un ami, nous en avons fait un « ennemi mortel » ; quand l'atteinte vient du côté d'un ami, le coup est « mortel ». Des amis ne sont-ils pas censés connaître leurs amis, les apprécier et les aider ? Et s'ils expriment ensemble leur mécontentement, sous forme de reproches et de critiques, sans en faire part à ceux qui sont les premiers concernés, c'est une double trahison : renier ce que sont leurs amis sans rien leur en dire et leur refuser ainsi toute possibilité de se racheter, éventuellement de démentir des faits ou de les expliquer et de se faire mieux comprendre. Et, si l'ami n'est pas parfait, ne peut-on plus l'aimer ? L'amitié ne serait-elle pas de l'aider à être perfec-

1. Victor Hugo, « Le mot », in « À ceux qui font de petites fautes », *Toute la lyre*, *op. cit.*, 1888.

tible ? « Que Dieu lui pardonne », ainsi qu'il est dit dans ce midrash, c'est le laisser entre les mains de Dieu, car seule une intervention de l'ordre du divin peut lui être de quelque secours. Ses amis « ne peuvent plus rien pour lui ». Triste constat.

P. B. — C'est un constat d'échec, une reconnaissance d'impuissance. La remontrance est la composante nécessaire de l'amitié. Une amitié trop complaisante n'est pas sincère et chaque être humain est responsable de la réputation de son ami. Le silence est une acceptation tacite des défauts de l'autre. Les amis de cet homme qui entendent dire du mal de lui – même si c'est vrai – ne peuvent l'abandonner à son triste sort. « Ne va point colportant le mal parmi les tiens », dit le Lévitique (19 :16), et la suite du verset est : « Ne sois pas indifférent au danger de ton prochain. » Le colportage, la calomnie, est un danger. Rester silencieux devant ce qui nous fait honte, en s'en remettant à Dieu, au destin ou au déterministe, à la nature ou à des « c'est comme ça », « il n'y a rien à faire », « rien ne pourra le changer », revient à dire « ce n'est pas mon problème ! ». C'est abdiquer devant notre devoir éthique. Cette attitude a provoqué le meurtre d'Abel par son frère Caïn. Mais, à l'inverse de Caïn, nous sommes les gardiens de nos frères. L'autre nous importe ! L'autre « est le miracle de la sortie de soi[1] », écrit encore Levinas. Nous ne pouvons lui interdire sa liberté de changer, d'être autre, de s'améliorer. Si nous le réduisons à n'être que ce qu'il est, nous lui refusons sa capacité de devenir meilleur, en un mot son humanité.

C. B. — Implorer une instance divine, c'est ne plus croire en la capacité de l'ami à s'améliorer, ne pas être son « gardien », et lui dire cette parole si réconfortante : « Je crois en toi. » Parole que l'on peut dire à un enfant et à toute personne que nous aimons : « Je crois dans ta force et ta beauté, ton aptitude à t'élever au-dessus de tes difficultés, de tout ce qui pèse sur toi, t'alourdit et te diminue. »

1. Emmanuel Levinas, *Difficile liberté*, Albin Michel, 1976, p. 63.

Dès lors que l'on en appelle au ciel pour sauver notre ami, nous semblons avoir renoncé à cette part du ciel qui est en lui. Si nous n'avons pas confiance en son étoile, nous le laissons choir à terre, dans sa souffrance et sa misère, et nous lui retirons sa dignité, voire sa part d'humanité. N'est-ce pas alors nous-mêmes qui portons sur lui un regard dénué d'humanité ?

P. B. — La réflexion de ceux qui disent « que Dieu lui pardonne ! » est une invocation du nom de Dieu qui paradoxalement est une profanation : elle mêle le divin à quelque chose qui relève de l'humain. Ce n'est ni Dieu, ni quelqu'un d'autre, ni les circonstances qui sont responsables de la réputation de mon prochain, c'est moi-même. Et si je rejette la responsabilité ailleurs, je ne suis plus digne de lui. L'indifférence est la négation du lien à l'autre – je me désolidarise. Je deviens égoïste et, là où est l'ego, il n'y a pas de place pour Dieu.

C. B. — Avoir honte de son ami, c'est avoir honte de soi par le biais de son ami : ne plus le voir avec les yeux de l'amitié, mais ceux de son ego blessé. « Mon ami n'a pas le droit de se comporter comme ceci, il porte atteinte à *ma* réputation. » Les enfants, adolescents et adultes qui souffrent du comportement de leurs parents, d'un mode de vie, d'habitudes vestimentaires, alimentaires, culturelles et autres us et coutumes, dans lesquels ils ne veulent ni peuvent se reconnaître, rejettent leurs propres origines. La honte rejaillit sur eux : ce qu'ils sont, comme ce qu'ils ne sont pas. Un sentiment d'humiliation, d'indignité, de déshonneur est associé au regard qu'un autre porte sur eux : la honte naît d'« une représentation que l'on a de soi dans le regard d'un autre », dit Boris Cyrulnik qui a consacré un livre sur ce thème.

Les enfants, en effet, imaginent la façon dont leurs parents peuvent être vus, surtout par ceux qu'ils estiment le plus, et ils sont très touchés par toute parole ou réflexion pouvant exprimer une dévalorisation, parfois même un mépris. Ils souffrent dans leur chair autant d'être leurs enfants, que de les voir déconsidérés par l'entourage. Si nous pouvons tous émettre des critiques sur nos parents, comme sur ceux que nous aimons, nous ne supportons pas qu'elles puissent être dites par d'autres que la « famille de cœur » ! Ainsi certains cherchent-ils à fuir leurs parents et à éviter le reflet de leur propre image dans les yeux d'autrui. La honte de soi procure l'envie de se cacher ; la honte de l'autre, de le cacher. Et dans tous les cas, c'est un sentiment que nous voulons garder secret, évitant tout acte ou parole pouvant le laisser deviner.

Avoir honte d'un ami, c'est avoir honte du regard qui lui est porté et se dissocier de l'opprobre dont il est l'objet. Si des amis rejettent ainsi l'un des leurs, ils rejettent une honte qui est déjà la leur. Quand une mère dit à son enfant : « Tu *me* fais honte », ne dit-elle pas : « Ton comportement me fait honte. L'éducation que tu donnes à voir jette sur moi un discrédit. Je t'en veux de n'attirer que blâme et mépris dans l'opinion des gens. Aussi conduis-toi bien et fais des efforts pour moi. » Une mère ou un père se permettent ces réflexions pensant à tort qu'elles ont une part éducative. Mais il est aussi difficile de dire à son ami que la façon dont il s'habille, parle, mange, ne va pas dans le sens de « ce qui se fait » et est la preuve qu'il est « mal élevé ». À chacun de juger quand, et si, cela s'avère nécessaire. Il ne faut pas oublier que la honte concerne davantage celui qui a honte que celui dont on a honte. Le jour où on n'a plus honte de soi, on n'a plus honte de quiconque.

P. B. — « Celui qui a honte n'apprend pas », dit le Traité des principes (II, 6). Si la honte est une condamnation parce qu'elle reflète une indignité, on ne peut corriger cette image, on perd l'espoir d'une amélioration. Le nom de l'ami est alors définitivement lié à la honte et non à l'espoir de ce qu'il pourrait atteindre, d'un au-delà de lui qui, parfois, peut être tout près, à portée de main, à portée de mots – il suffirait juste de le dire. « D'où savons-nous que si quelqu'un voit quelque chose d'inapproprié chez son prochain, il doit lui faire des remontrances ? Parce qu'il est dit : Tu dois certainement lui faire des remontrances (Lév. 19 :17) [...] et ainsi tu n'assumeras pas la faute à cause de lui » (TB, Ar. 16b).

L'art de la remontrance est difficile mais le silence est une forme de complicité. Et puis la remontrance, si elle est faite avec bienveillance et délicatesse, ouvre la porte à l'explication, l'apaisement, le pardon. Nahmanides nous dit : « Tu dois le réprimander en disant : "Pourquoi as-tu agi ainsi envers moi ?" Et tu ne porteras pas de faute à cause de lui en dissimulant dans ton cœur la haine que tu ressens à son égard et sans rien lui dire, car lorsque tu lui feras des reproches, il se justifiera devant toi ou il regrettera son action et reconnaîtra sa faute, et tu lui pardonneras [...]. » Le reproche est le miroir correcteur de l'autre. Je dois compter sur mon ami pour me faire des reproches comme il doit compter sur moi. C'est ainsi qu'il me respecte et que je le respecte. Abaye dit d'ailleurs que lorsqu'un sage est aimé de ses compatriotes, ce n'est pas le signe d'une vertu supérieure, mais le signe qu'il ne leur fait pas assez de remontrances (TB, Ket. 105b). Israël Salander, fondateur d'un mouvement qui défend l'action éthique (Moussar) abonde dans ce sens et écrit : « Un rabbin qui n'a pas d'ennemi n'est pas un vrai rabbin. »

C. B. — Celui qui est apprécié de tous est suspect ! Celui qui veut être aimé de tous ne peut l'être véritablement de personne – certainement parce qu'il n'aime rien tant qu'être aimé ! Éprouver pour un ami du respect et de l'attention est pouvoir prendre le risque de se faire rejeter par lui et de recevoir son inimitié : on ne peut pas toujours aller dans le sens de ce que l'autre veut entendre.

S'autoriser une remarque sur une parole, un geste, un comportement, qui semblent n'être pas justes, peut « attirer les foudres » ; mais si celle-ci n'est pas désobligeante, ne juge ni ne condamne, elle est pour celui ou celle qui l'accepte un vrai cadeau. Elle permet d'évoluer, de grandir, de se magnifier. Bien pire est d'entendre la faute et ne pas reprendre son ami, le laissant errer dans un chemin d'ignorance et se perdre sur une voie erronée. Si on ne le reprend pas, on porte la faute avec lui. On ne lui permet ni de s'améliorer, ni de se justifier, ni de dire pardon : « J'entends ton erreur, tes fautes de langage au sens propre comme au figuré et je ne dis rien. Je me moque de toi en silence, je te critique et tu n'en sauras rien. Je ris dans ma barbe. Et nous sommes plusieurs à rire ensemble de ta faute. »

Il est dans l'amitié trois trahisons : entendre et ne rien dire, partager avec d'autres ce que l'on ne dit pas à la personne concernée et, sans compassion aucune exprimer entre amis la honte ressentie à son égard. Est-ce possible que plusieurs *amis* voient leur ami se noyer et gardent le silence ? N'ont-ils pas la correction de le corriger, la générosité de le sauver ?

P. B. — C'est comme si on voyait quelqu'un tomber et qu'on se disait : « Pas la peine de l'aider, de toute façon, il n'arrivera pas à se relever ». La parole collective des בריות *berioth*, « créatures » dans le midrash, la parole des autres est désespérante. « En Israël, disait David Ben Gourion son premier président, pour être réaliste, il faut croire aux miracles ! », et Edmond Fleg insistait sur l'espoir : « Je suis juif, parce que, en tout temps où crie une désespérance, le juif espère. » Nier toute éventualité que l'autre peut grandir, c'est étouffer l'étincelle de divinité qu'il a en lui. Prononcer une parole d'espoir, c'est lui redonner vie.

C. B. — C'est remettre l'ami dans la lumière, dans sa lumière. Les trois exemples cités dans ce midrash montrent comment celle-ci peut être altérée dans notre quotidien. Le premier exemple insiste sur l'importance de mettre autant que possible les choses au clair et d'être à jour. Le deuxième nous invite à agir dans la transparence afin de ne pas laisser planer des zones d'ombre et ainsi donner lieu à des interprétations erronées. Le troisième révèle cette part céleste en l'autre qu'il importe d'évoquer, de réveiller, d'appeler à l'aide afin que puisse vivre en chacun son humanité, le meilleur de ce qu'il est.

P. B. — Chacun apprend à partir de l'expérience et des erreurs de l'autre. Cette jolie histoire attribuée au Rabbi Hayim de Zans l'illustre : un homme avait erré dans une forêt pendant plusieurs jours. Soudain son cœur s'emplit de joie à la vue d'un autre homme. Il lui demanda son chemin. L'autre répondit : « Je suis perdu aussi, mais ce que je peux te dire, c'est de ne pas suivre le chemin d'errance que j'ai emprunté. Ensemble nous pouvons chercher un nouveau chemin. »

C. B. — « Chantez au Nom un chant nouveau ! » (Ps. 96 :2).

Table

La photocomposition de cet ouvrage
a été réalisée par
GRAPHIC HAINAUT
59163 Condé-sur-l'Escaut

Cet ouvrage a été imprimé
en avril 2013 par

CPI

FIRMIN-DIDOT

27650 Mesnil-sur-l'Estrée
N° d'édition : 52613/01
N° d'impression : 116627
Dépôt légal : avril 2013

Imprimé en France